Larisa Renar

Die Macht der Weiblichkeit

Larisa Renar

Die Macht der Weiblichkeit

Aus dem Englischen von Dagmar Mallett

////////////////////////////////// SILBERSCHNUR ❄ VERLAG

Copyright der deutschen Ausgabe © 2014 Verlag »Die Silberschnur« GmbH
Copyright der Originalausgabe: Copyright © Ренар Лариса, 2007
© «Круг женской силы. Энергия стихий и тайны обольщения», издательство «Вектор», 2007

ISBN: 978-3-89845-420-9

1. Auflage 2014
2. Auflage 2015

Aus dem Englischen von Dagmar Mallett
Gestaltung & Satz: XPresentation, Güllesheim
Umschlaggestaltung: XPresentation, Güllesheim; unter Verwendung eines Motivs von © Hitdelight, www.shutterstock.com
Druck: Finidr, s.r.o. Cesky Tesin

Verlag »Die Silberschnur« GmbH · Steinstraße 1 · D-56593 Güllesheim
www.silberschnur.de · E-Mail: info@silberschnur.de

Inhalt

Widmung

Dieses Buch ist meinen Lehrerinnen gewidmet: Svetlana Dmitrijevna Tokton, Hüterin des uralten Wissens über den verlorenen Kontinent Mu, die mich den Großteil der weiblichen Rituale lehrte; Alicia, die mich mit der nordamerikanischen Tradition vertraut machte; Virginia, die mir half, die Geheimnisse der Sufi-Tradition zu entdecken; sowie vielen anderen, die ihr Leben der Entdeckung der weiblichen Kräfte und der Erforschung unschätzbaren Wissens gewidmet haben. Dieses Buch ist darüber hinaus allen Studierenden und Lehrenden der *Academy of Private Life* gewidmet, und ich bin dem Universum dankbar, dass ich ihnen allen begegnen durfte. Wie viele magische und faszinierende Stunden haben wir miteinander verbracht! Wir haben gemeinsam studiert und sind gemeinsam gewachsen, und viele von uns sind weiter bei uns. Ich danke Larissa Sokolova, Olga Michajlova und Natalja Maksimova sowie den Gründern und Lehrern der Moskauer Schule für weibliche Künste: Zhenja und Oleg Frolov, Marjanna, Olga und anderen, die diese Welt zu einem besseren und freundlicheren Ort machen und sie täglich mit Liebe erfüllen.

Dieses Buch ist meinen liebsten Freundinnen gewidmet: Natalja Dimanis, Jelena Michajlova und Olga Bogoljubova, die stets an mich geglaubt haben und mir bei allen meinen Abenteuern zur Seite stehen.

Und natürlich ist es meiner Familie gewidmet, meiner wunderbaren Mutter und meinem klugen und kreativen Vater, hauptsächlich aber meinem Mann, der das Beste in mir zum Vorschein bringt, mir bei allen meinen Projekten eine große Hilfe ist und mir seit 20 Jahren seine Weisheit und Liebe schenkt.

Sehr dankbar bin ich auch meiner Verlegerin Marija Smirnova, die bereit war, sich auf neue und ungewöhnliche Projekte einzulassen, der Lektorin Jelizaveta Zvereva, die meinem Buch Charme und Vollständigkeit verlieh, Veronika Jurkus, durch deren eindrucksvollen Film viele Menschen diese Rituale anschauen und nacherleben können, und unserer Marketingleiterin Julija Dzhurinskaja, die alle unsere kreativen Ideen mit ihren Fähigkeiten lebendig macht.

Wir alle erschaffen unsere eigene Welt, und ich hoffe, dass mein Buch Ihnen helfen wird, sich eine Welt zu schaffen, in der Sie Glück und Liebe finden!

Larisa Renar

Einführung

Larisa Renar zeigt Ihnen eine Welt, in der Elemente und Energieströme ebenso wichtig sind wie Wechselkurse, in der Beziehungen sich nicht einfach von selbst ergeben, sondern kunstgerecht und nach den Regeln der Psychologie aufgebaut werden. Eine Welt, in der Legenden Wirklichkeit werden. Weibliche Energierituale werden hier erstmals auf faszinierende Weise und mittels eines beeindruckend effektiven Systems vorgestellt. Aphrodite kehrt mit ihrer Macht in die Welt des 21. Jahrhunderts zurück, und Larisa Renars Buch *Die Macht der Weiblichkeit* ist der beste Beweis dafür.

TEIL I

Ein neues Leben und die Kunst des Genießens

KAPITEL 1:

Eine vielversprechende Bekanntschaft

2003 Manche Frauen sammeln Kochrezepte, andere sammeln Schminktipps und wieder andere Gesundheitsregeln. Meine Urgroßmutter, die Fürstin Varvara Vasilijevna Renar, sammelte Verführungsrezepte. Allerdings kann man die Tagebücher, in denen sie ihr unschätzbares Wissen über die Herrschaft von Männern aufzeichnete, auch nicht als Rezepte bezeichnen. Nach ihren Reisen um die halbe Welt hatte sie viel gelernt, und sie legte ihr Wissen in diesen geheimen Tagebüchern nieder. Rezepte zur Verführung von Männern finden sich wie kostbare Perlen über die Seiten verstreut. Diese Tagebücher bewahren ihre Erinnerungen an die Liebesaffären, die sie auf ihren Reisen erlebte, ihr Wissen um die ewigen Gesetze der Liebe, Beschreibungen verschiedener Männertypen und die Geheimnisse der Frauen, die von jenen Auserwählten weitergegeben wurden, die jahrhundertelang in den verschiedensten Ecken der Welt Kostproben des machtvollen Wissens um weibliche Kräfte gehütet haben.

Mit über 80 Jahren sah meine Urgroßmutter immer noch aus wie eine Fünfunddreißigjährige und scharte wie eh und je die Bewunderer um sich. In der Familie wird erzählt, dass ihr die Männerwelt St. Petersburgs zu Füßen gelegen habe, obwohl sie eigentlich keine bemerkenswerte Schönheit gewesen sei. Niemand konnte erklären, worin ihre Anziehungskraft bestand, aber ein Mann, der auch nur eine kurze Zeit mit ihr verbrachte, verfiel ihr unweigerlich und verliebte sich Hals über Kopf in sie. Sie war noch als junges Mädchen mit dem französischen Fürsten Renar verheiratet worden, und nach seinem Tod verbrachte sie einige Jahre damit, um die Welt zu reisen. Was während dieser Reisen geschah, hat niemand je erfahren – nur dass die bescheidene, schüchterne und unauffällige junge Frau als beeindruckende, sexuell aufgeladene und bedrohliche Erscheinung mit feurigem Blick zurückkehrte.

Ich habe ihre Leidenschaft für Männer geerbt, aber das Tagebuch, das ihr geheimes Wissen enthielt, war in den Wirren der Kriege und Revolutionen anscheinend unwiederbringlich verloren gegangen. Oh, wie sehr fehlte mir dieses geheime Wissen während meiner zahlreichen Liebesaffären! Ich wiederholte immer wieder dieselben Fehler, die jeder macht. Warum bringt uns niemand bei, wie eine Beziehung aufgebaut wird oder wie es gelingt, dass ein Mann sich in eine Frau verliebt, und wie man unvermeidliche Trennungen so vollzieht, dass niemand leiden muss?

Meine Verwandten hielten mich ausnahmslos für eine exakte Wiedergeburt meiner Urgroßmutter. Ich hatte ihr rotes Haar, die großen Augen und die bezaubernden Grübchen – doch ihr Wissen über den Umgang mit Männern fehlte mir.

Als ich 28 wurde, genauso alt wie meine Urgroßmutter, als sie zu reisen begann, war ich von Männern völlig enttäuscht und hatte die Hoffnung aufgegeben, meinen Wunschpartner zu finden und endlich zu heiraten. Meine Urgroßmutter war bereits gestorben; wir waren gerade dabei, ihr Haus zu verkaufen.

Als Kind hatte ich viele Stunden auf dem Dachboden über alten Zeitschriften verbracht – und vielleicht sollte ich aus diesem

Grund das Gerümpel dort oben durchgehen, falls sich etwas Wertvolles darin verbarg. Was ich dann entdeckte, war das Tagebuch meiner Urgroßmutter, sorgfältig in einen dünnen Seidenschal gewickelt und mit einem altersdunklen Band umwickelt – ein unschätzbarer Fund! Meine Urgroßmutter hatte andere Sorgen; sie hatte sich nie für die Geheimnisse ihrer Mutter interessiert, und mein Vater natürlich schon gar nicht. Und jetzt hielt ich unverhofft diesen Schatz in den Händen, das Tagebuch mit ihrem Geheimwissen und den Verführungsrezepten. An jenem sonnigen Junitag wusste ich allerdings noch nicht, wie vollständig diese Entdeckung mein Leben verändern würde ...

1903 Wie unvermittelt sich mitunter alles ändert ... Bis vor kurzem habe ich noch ein ruhiges Leben in unserem großzügigen Pariser Appartement geführt, aber seit Fürst Renar, mein Gemahl, von uns gegangen ist, hat mein Leben sich völlig verändert. Ich war vollkommen außer mir vor Trauer und wusste nicht, was nun werden sollte. Meine Eltern hatten mich verheiratet, ohne mich zu fragen; ein 48 Jahre alter Fürst aus französischem Adel war in ihren Augen einfach eine zu gute Partie für ihre vierundzwanzigjährige Tochter, obwohl er über kein nennenswertes Vermögen verfügte. Sie hatten die Bekanntschaft des Fürsten in Nizza gemacht, und meine strenge Erziehung im Smolnyj-Institut duldete keinerlei Widerspruch. Außerdem hatte ich schon immer davon geträumt, in Frankreich zu leben.

Ich habe allerdings trotzdem nie ganz verstanden, wie es eigentlich zu dieser Heirat gekommen ist. Nach fünf Jahren Ehe hatte ich mich dann an ein ruhiges, geregeltes Leben gewöhnt und war völlig ratlos, als ich so unerwartet und plötzlich alleine dastand. Meine Tante, die Fürstin Sofija Nikolajevna Illirijskaja, fuhr umgehend zu mir, als sie vom Tod meines Gemahls erfuhr, um mir beizustehen. Sie war eine Legende. Ihr Äußeres war eher unauffällig, sie hatte ein schmallippiges Lächeln und sanfte Augen, aber etwas in ihr brachte die Männer dazu, sich nach ihr umzudrehen, wo immer sie ging, obwohl sie bereits weit über fünfzig war.

Sie hatte drei Söhne aufgezogen und beneidete meine mit einer Tochter gesegnete Mutter sehr. Als ich älter war und ins Smolnyj-Institut gegeben wurde, sahen wir einander nur noch selten, aber ich erinnerte mich begeistert an ihre wundervollen Abendroben, die glitzernden Juwelen, den Duft ihres Parfüms und vor allem an ihre funkelnden Augen, mit denen sie ganz St. Petersburg verrückt machte. Als sie zum Begräbnis kam und sah, wie sehr mich der Tod meines Gatten mitgenommen hatte, bot sie mir an, sie zu begleiten und eine Weile bei ihr in St. Petersburg zu bleiben. Um auf andere Gedanken zu kommen, entschied ich, einen kleinen Umweg über Athen zu machen und dann nach Russland zu fahren. Ich ließ meine Kleider und den Schmuck verpacken und machte mich auf ins Ungewisse.

2003 »Ich bin auf dem Weg in die Ungewissheit«, machte ich mir klar, als ich zum ersten Seminar an der Business School aufbrach. Ich wollte mein Leben verändern – und mich selbst auch. Ich hatte lange als Vertreterin einer niederländischen Werbefirma gearbeitet, deren Spezialität große Vinylbanner für den Außeneinsatz waren. Die haltbaren, leuchtenden Farben, die wir verwendeten, die gute Qualität unserer Arbeit und mein ererbter Charme führten dazu, dass ich recht erfolgreich war. Aber ich wollte mich endlich selbstständig machen, und bevor ich den Absprung wagte, belegte ich einige Gründerseminare.

Zuerst stand ein fünftägiges Blockseminar in einem Hotel in einer abgelegenen Vorstadt an, in dem wir mit den Grundlagen von Strategie, Marketing, Finanzwesen und Management vertraut gemacht würden. Nur 10 der 30 Teilnehmer waren Frauen; so würde ich also nicht nur die Regeln der Geschäftswelt studieren, sondern auch Gelegenheiten finden, Regeln einer ganz anderen Art einzuüben.

Diese Regeln beschrieb meine Urgroßmutter in ihrem geheimen Tagebuch, doch bisher hatte ich noch keine Zeit gehabt, es zu lesen, und daher nahm ich mir vor, das nachzuholen, sowie ich den ersten Lehrgang abgeschlossen hatte.

Ich fuhr also aus der Stadt nach Repino hinaus und konnte es kaum erwarten, die anderen Teilnehmer endlich kennenzulernen. In den vergangenen Jahren hatte ich die kleine Welt der Außenwerbung viel zu gut kennengelernt, und weder geschäftlich noch privat konnte ich dort auf neue Entwicklungen hoffen. Der Gedanke, die Bekanntschaft 20 erfolgreicher und interessanter Männer zwischen 25 und 45 Jahren machen zu dürfen, regte meine Vorstellungskraft an. Ich freute mich auf diesen völlig neuen Abschnitt in meinem Leben.

Ich brauchte einen halben Tag, um mich auf den ersten Lehrgangstag vorzubereiten, weil ich nicht wusste, was ich anziehen sollte. Das eine Outfit schien mir zu frivol, das nächste zu sachlich, das dritte zu romantisch. Schließlich entschloss ich mich für einen weißwollenen Hosenanzug, der sowohl seriös als auch sexy aussah. Die kurze, über den Hüften ausgestellte Jacke mit goldenen Knöpfen wirkte auf den ersten Blick sehr geschäftsmäßig, gab aber über meinem Bauch den Blick auf ein Stück Haut frei und sorgte so unweigerlich für Aufmerksamkeit. Ich drehte mich noch ein wenig vor dem Spiegel hin und her, dann griff ich meinen riesigen Koffer voller Kleider für jeden denkbaren Anlass und brach auf. Die meisten anderen Teilnehmer waren schon vor mir mit dem Bus angekommen, als ich die Halle des Hotels Baltiets betrat. Alle standen in Gruppen beisammen und unterhielten sich lebhaft. Ich steuerte auf eine Gruppe vertrauter Gesichter zu und stolperte prompt über einen Koffer, der auf dem Boden stand. Sogar mitten im Fallen bemerkte ich, wie stark die Hände waren, die mich auffingen, und auch, wie die Stimme klang, die sagte: »Nur die Ruhe! So sehr darf man sich vom Wissensdrang nicht mitreißen lassen!«

Dankbar sah ich meinen Retter an. Tja, er sah so durchschnittlich aus, dass er fast unsichtbar war - kurzes, fast weißes Haar, ein makelloser leichter Anzug und ein leicht ironischer Ausdruck in seinen kalten hellgrünen Augen.

»Danke, dass Sie mich aufgefangen haben«, stotterte ich beschämt.

Der Fremde musterte mich von Kopf bis Fuß, wobei seine Augen eine Sekunde auf meinem entblößten Nabel verweilten. Er fragte: »Woher kommen Sie, charmantes Geschöpf?«

1903 »Woher kommen Sie, charmantes Geschöpf?«, fragte mich der dunkelhaarige Fremde, während er mich weiter fest umarmt hielt. Seine braunen Augen betrachteten mich ironisch und interessiert. Unmittelbar nach der Einschiffung auf dem Dampfer nach Athen hatte ich es bereits geschafft, mich in Schwierigkeiten zu bringen. Auf der Suche nach meiner Kabine war ich, da ich die steilen Treppen nicht gewohnt war, gestolpert und wäre gestürzt, wenn der hochgewachsene Gentleman mich nicht aufgefangen hätte. Männer wie er hatten mir eigentlich noch nie gefallen, aber er nahm meine Aufmerksamkeit gefangen. Ich versuchte mir vorzustellen, wie ich auf ihn wirkte: eine ungeschickte Rothaarige mit riesigen türkisfarbenen Augen und charmanten Grübchen in den Wangen ...

Der Fremde war groß, gut gebaut und in seinen braunen Augen lag ein geheimnisvoller Blick. Die hohen Wangenknochen, die breite Stirn, die scharfgezeichneten Lippen, die leidenschaftliche Küsse versprachen, und ... Hier gebot ich meiner galoppierenden Vorstellungskraft Einhalt, löste mich vorsichtig aus seiner Umarmung, murmelte ein hastiges »Danke« und eilte in meine Kabine, wo ich rasch die Tür hinter mir abschloss. Mein Herz schlug bis zum Hals, nicht wegen des knapp vermiedenen Sturzes, sondern weil ich mich von diesem Mann, den ich ja nur wenige Sekunden gesehen hatte, so stark angezogen fühlte. Ich lief nervös in der Kabine auf und ab, während ich versuchte, mich zusammenzunehmen und zu entscheiden, wie ich weiter vorgehen sollte. Ich hatte zwar bereits eine Ehe hinter mir, aber eigentlich keine Vorstellung, wie man mit Männern umging. Ich dachte daran, wie viel ich noch lernen musste ...

2003 »Wie viel ich doch noch lernen muss!«, flüsterte ich vor mich hin, als ich mein Hotelzimmer betrat. Verwirrt von der Begegnung mit dem Fremden hatte ich seine Frage mechanisch mit »aus St. Petersburg« beantwortet. Das kurze Gespräch war jedoch unterbrochen worden, kaum dass es begonnen hatte, denn ich war sofort von freundlichen Bekannten umgeben gewesen. Begrüßt und umarmt von allen, die ich kannte, verlor ich den Unbekannten aus den Augen. Nachdem ich endlich den Zimmerschlüssel abgeholt und festgestellt hatte, dass mein riesiger Koffer bereits gebracht worden war, atmete ich erst einmal tief durch. Das erste Seminar sollte in einer halben Stunde beginnen, danach folgte das Mittagessen. Ich machte mich frisch und ging in den Tagungsraum hinunter. Der Dozent sah mich überrascht an und fragte, ob ich sicher sei, mich nicht verlaufen zu haben.

›Vielleicht zieht man sich ja in Schweden nicht so elegant an, wenn man ein Seminar besucht‹, dachte ich, aber jetzt war keine Zeit mehr zum Umziehen. Ich fühlte mich wie eine völlige Außenseiterin, tröstete mich aber damit, dass ich so wenigstens allen in Erinnerung bleiben würde. Leider erschien derjenige, dem ich mich am meisten in Erinnerung bringen wollte, gar nicht. ›Wahrscheinlich ist er nur zur Erholung im Baltiets‹, dachte ich enttäuscht, bevor ich mich in die Vorlesung zur Makroökonomie stürzte, die mich so sehr gefangen nahm, dass ich darüber den Vorfall in der Hotelhalle fast vergaß.

Mit meiner neuen Freundin Marina ging ich dann in den Speisesaal; wir sprachen immer noch über das Thema des Seminars.

»Wie war denn die Vorlesung?«, hörte ich plötzlich eine bekannte Stimme und zuckte vor Überraschung zusammen.

»Ziemlich interessant«, erwiderte ich, als ich mich umdrehte und dem Blick der grünen Augen begegnete.

»Wirklich schade, dass ich sie verpasst habe, aber ich hatte noch zu tun«, sagte der Fremde bedauernd. »Ich bin übrigens Matvej. Matvej Winner.«

›Was für eine irre Kombination aus einem urrussischen Vornamen und einem amerikanischen Nachnamen‹, dachte ich.

»Und wie heißen Sie? Sie waren so schnell verschwunden, dass wir keine Gelegenheit hatten, einander besser kennenzulernen.«

1903 »Sie waren so schnell verschwunden, dass wir keine Gelegenheit hatten, einander besser kennenzulernen«, hörte ich jemanden sagen. Ich saß mit einem ältlichen französischen Paar im Speisesaal; die beiden waren jedoch schnell fertig und zogen sich mit der Entschuldigung, dass sie sehr müde seien, zurück. Ich blieb alleine an meinem Tisch zurück. Als ich beim Dessert war, kam es mir vor, als beobachte mich jemand. Ich hob den Blick und sah mich meinem dunkelhaarigen Retter von vorhin gegenüber.

»Vielleicht darf ich mich zu Ihnen setzen und Ihnen Gesellschaft leisten?«, bat er höflich.

»Ja, gewiss«, erwiderte ich.

»Es freut mich, dass es Ihnen gut geht.«

»Das verdanke ich Ihrem heldenhaften Eingreifen.«

»Ja, ich verdiene auf jeden Fall eine Medaille für die Errettung charmanter Geschöpfe.«

»Ich kann Ihnen ja eine malen«, lachte ich. »Welcher Name soll denn draufstehen?«

»Erlauben Sie mir, mich vorzustellen: Mark Golber. Ich bin Militärarzt aus St. Petersburg.«

»Wirklich?«, freute ich mich. »Genau dorthin fahre ich, um meine Tante zu besuchen, wenn ich in Griechenland gewesen bin! Sie wohnt ebenfalls in St. Petersburg.«

»Ich sehe schon, wir haben jedenfalls eine Menge Gesprächsstoff«, sagte er mit einem geheimnisvollen Lächeln. »Aber Ihren Namen haben Sie immer noch nicht preisgegeben.«

»Varvarija Vasilijevna Renar«, entgegnete ich ein wenig kühl.

»Meine Güte, warum so offiziell!«, lachte er.

Wieder war es mir, als würde ich, überwältigt von einer ungeheuren Anziehungskraft, den Boden unter den Füßen verlieren. Trotz seiner äußerlichen Zurückhaltung schien in diesem Mann ein Feuer zu lodern, und wenn ich nicht weglief, würde ich womöglich meine Selbstkontrolle verlieren.

»Bitte entschuldigen Sie mich, ich muss leider gehen!«, verabschiedete ich mich abrupt. »Ich hoffe, wir begegnen uns wieder!«

»Ja, ich hoffe sehr, ich werde Sie wiederfinden«, lächelte Mark zum Abschied.

›Ich frage mich‹, dachte ich, ›was er in einer Frau wohl sucht?‹

2003 »Was sehen sie nur alle in ihr?«, fragte Marina, als wir Katja nachsahen, die mit ihrem neuesten Bewunderer in einer Vorlesungspause wegging. In den folgenden Tagen hatten wir alle Zeit, miteinander bekannt zu werden und Freundschaften zu schließen. Die männlichen Kursteilnehmer interessierten sich vielleicht für die Theorie, aber die Mädels waren hauptsächlich damit befasst, die Männer und ihre eigenen Erfolgschancen zu analysieren. Ich schloss mich niemandem enger an – oder, genauer gesagt, ich fand zwar viele interessante Kandidaten und flirtete mit allen, gab aber keinem den Vorzug. Alle anderen beäugten einander nur vorsichtig. Meine Beziehung zu Matvej war immer noch rein platonisch. Und jetzt sprachen wir im Licht der Märzsonne darüber, wie Katja es schaffte, die Männer anzuziehen, während wir anderen Frauen, obwohl schön, klug und ungebunden, auf weibliche Gesellschaft beschränkt blieben.

Nachdem wir uns einig geworden waren, dass es im Leben viel nützlicher wäre, die Geheimnisse der Verführung zu studieren als

Geschäftsstrategien, machten wir uns trotzdem zur Vorlesung über SWOT-Analyse auf. Mir war allerdings, als sei die Welt stehen geblieben; meine Gedanken kreisten um das geheime Tagebuch meiner Urgroßmutter. In diesem Moment wurde mir bewusst, dass diese Regeln, wenn sie vor 100 Jahren funktionierten, vielleicht ewig und auch heute noch galten, und so entschloss ich mich, auf der Stelle zu versuchen, dieses Geheimwissen meiner Urgroßmutter auf das heutige Leben anzuwenden. Ich stellte mir vor, dass ich sicher viel Interessantes über mich selbst herausfinden würde.

1903 Ich war gespannt, ich würde sicher viel Interessantes über mich selbst herausfinden. Der Klang der Wellen erzählte ein ewiges Abenteuermärchen, und die Brise spielte ein ungeduldiges Stakkato am Mast des Schiffes. Es war dieselbe Ungeduld, die ich auch in mir spürte.

Obwohl wir uns angenehm unterhielten, blieb Mark doch immer höflich und zurückhaltend.

Marks Berührungen erinnerten mich an ein bestimmtes Ritual, eines, wie ich es zuvor nicht gekannt hatte. Jeden Morgen nach dem Frühstück gingen wir an Deck, und er hüllte meine Schultern sanft in ein wollenes Plaid. Wie zufällig legte er dabei seine warme Hand auf meinen entblößten Nacken. Mein Haar war modisch hochgesteckt, und ich spürte, wie er meine entblößte zarte Haut bewunderte. Ich fiel fast in Ohnmacht und wollte, dass er weitermachte, aber es folgte immer nur derselbe Satz: »Guten Morgen. Sie sind so frisch wie die Seebrise, und ich versinke in den Tiefen Ihrer geheimnisvollen türkisfarbenen Augen.« Dann holte er den Kaffee, und wir sprachen über Medizin und Politik, Russland und Frankreich.

Nach der dritten Wiederholung spürte ich allmählich Wut in mir aufsteigen und sagte mir im Stillen, dass er vermutlich in einem Verführungsratgeber gelesen hatte, sich so zu verhalten, um junge Närrinnen wie mich damit zu blenden. Als die Begrüßung am vierten

Tag jedoch ausblieb, fehlte sie mir plötzlich. Am fünften Tag dürstete ich bereits danach, sie zu hören und die Wärme seiner Berührung im Nacken zu spüren. Auf einmal merkte ich, dass Rituale doch keine so schlechte Sache sind. Aber mehr passierte nicht, Mark versuchte immer noch nicht, mich zu verführen. Vielleicht entsprach ich nicht seinem Geschmack, oder er wartete immer noch auf den richtigen Moment. Vielleicht entging mir aber auch irgendetwas.

2003 Auch in meinem Leben ereignete sich etwas vollkommen Neues. Mir wurde klar, dass ich mich verliebt hatte. Die Business School war geprägt von einer allgemeinen Atmosphäre des Flirtens, die auch mich berührte. Und obwohl mein Traummann eigentlich nicht blond sein durfte, erreichten Matvejs sanfte Aufmerksamkeiten mein Herz, selbst wenn es nur Kleinigkeiten waren. Ich fragte mich unruhig, ob er sie allen Frauen zuteilwerden ließ – oder nur mir?

Aber mit dem Kurs endete auch der morgendliche Kaffee und sein unweigerliches »Guten Morgen, meine Liebe«. Das war zwar keine blumige und ausgefeilte Formel, wie sie meine Urgroßmutter gehört hatte, aber dafür bekam ich sie die ganzen fünf Tage des Lehrgangs über zu hören.

Dass ich mich verliebt hatte, wurde mir erst am letzten Tag bewusst. Ich schaffte es, mir eine Erkältung einzufangen, und als ich am letzten Morgen aufwachte, war ich zu krank, um die Seminare zu besuchen oder auch nur aufzustehen. Marina klopfte an meine Tür, um mich zum Frühstück abzuholen. Als sie meine schwache Stimme hörte, versprach sie sofort, mir das Frühstück ans Bett zu bringen. Was für eine Überraschung war es dann, als Matvej statt Marina mit Tee, Honig, Aspirin und Orangen hereinkam! Ob er das aus Höflichkeit oder aus tiefer gehendem Interesse trat, war mir noch nicht klar – aber dass er nicht einmal versuchte, mich zu küssen, begann mich zu beunruhigen.

1903 Was geschehen war, hatte mich tief beunruhigt. Ich begann bereits an meiner Wirkung auf Männer zu zweifeln. Die Reise endete, ohne dass zwischen uns etwas geschehen wäre. Ich fragte mich, wie lange Mark sich noch höflich mit mir unterhalten wollte, während ich mich vor Verlangen fast verzehrte.

Eines Abends wurde im Restaurant ein Konzert gegeben. Ich saß neben Mark, lauschte den Arien und fühlte mich, als müsse ich sterben vor Leidenschaft. Meine Zuneigung wurde so stark, dass ich alleine durch seine Gegenwart schon einen Orgasmus bekam. Er dagegen wirkte unerschütterlich und ruhig. Nur gut, dass die Halle verdunkelt war und niemand sehen konnte, was mit mir vorging. Ich riss mich zusammen und hoffte, dass mein züchtiges Kleid und das Korsett mein Geheimnis behüten würden. Ich hätte nicht gedacht, dass so etwas überhaupt möglich ist. Mark bot mir galant seine Hand, und als ich mich von ihm hinausbegleiten ließ, bemerkte ich, dass ihm nicht entgangen war, was mit mir geschehen war.

Natürlich muss man sich an die Anstandsregeln halten, aber mitunter scheint es mir, als seien sie von Männern als ein Mittel geschaffen worden, sich in aller Höflichkeit einer Frau zu entledigen, die sie nicht interessiert. Aber wenn eine Frau einem Mann wirklich gefällt, vergisst er augenblicklich sämtliche Anstandsregeln. Ich war wütend, ließ mir aber nicht das Geringste anmerken. Erst als ich wieder in meiner Kabine angelangt war, ließ ich meiner Entrüstung freien Lauf: »Wie kann er es wagen, mich zurückzuweisen, wo er doch sieht und spürt, was über mich gekommen ist?«

2003 » Wie kann er es wagen, mich zurückzuweisen, wo er doch sieht und spürt, was über mich gekommen ist?«

Als Ergebnis meiner Entrüstung löste sich immerhin meine Erkältung in Luft auf. Aber wie konnte er erst fünf Tage lang langsam das Feuer der Leidenschaft in mir entfachen und mich dann in der letzten Minute mit einem freundschaftlichen Lächeln abspeisen und sich bis zum nächsten Lehrgang verabschieden?

Innerlich immer noch vor Wut kochend, begann ich, meine Kleider in den Koffer zu stopfen. Marina, die mich abholen kam und mein Gesicht sah, fragte besorgt, was geschehen sei.

»War etwas mit Matvej? Ich dachte, als er dich umsorgen kam, dass das etwas länger dauern würde ... Aber er war viel zu schnell wieder zurück und ist sofort zu einem Meeting gegangen.«

»Genau das verstehe ich nicht – was für ein Spiel spielt er eigentlich? Entweder hat er eine ungeheure Selbstkontrolle oder seine Fürsorge ist wirklich einfach nur Höflichkeit und nichts weiter.«

»Mach dich nicht verrückt«, riet Marina versöhnlich. »Wir müssen sowieso abreisen. Mein Koffer steht schon unten in der Halle. Sollen wir jemanden rufen, der deinen trägt?«

»Nein, den trage ich selbst! Wut kann auch Kraft verleihen. Immerhin etwas!« Empört packte ich den Koffer und schleppte ihn zum Aufzug. Mein Kraftausbruch war jedoch schnell vorüber, und als ich im Aufzug zufällig auf Gleb aus unserer Gruppe traf, war ich sehr froh, als er meinen Koffer in meinen roten Volvo lud.

»Marinka, ich schlage vor, wir feiern unseren erfolgreichen ersten Lehrgang!«, schlug ich meiner Freundin auf der Rückfahrt vor. Ich raste derart, dass wir mehrmals von Polizisten angehalten wurden, die um die Verkehrssicherheit besorgt waren und uns um einiges an Bußgeld erleichterten.

»Oh ja, wo denn?«, fragte Marina neugierig.

»Bei mir zu Hause! Ich glaube, ich habe noch diesen teuren Frapin-Cognac. Mein Ex-Chef hat ihn mir als Abschiedsbonus für gute Arbeit geschenkt. Männerlogik. ›Nimm, o Gott, jenes, dessen wir nicht selbst bedürfen.‹«

Als wir in meinem Apartment am Kai ankamen, öffnete ich den Cognac, schnitt eine Zitrone auf und bestreute sie mit Käse und gemahlenem Kaffee. Marina nahm ihr Glas und stieß mit mir an: »Auf unser neu erworbenes Wissen! Und nimm dir Matvej nicht zu Herzen. Ich tröste mich immer damit, indem ich mir sage: ›Jammern sollen diejenigen, die uns nicht bekommen haben, und sterben sollen die, die uns vernachlässigt haben.‹«

»Danke für deinen Trost!«, lächelte ich und nippte an meinem warmen Cognac.

Dann fiel Marinas Blick auf ein antikes Band aus feingeschmiedetem Metall, das auf dem Bücherregal lag.

»Was ist das denn?«, fragte sie, während sie es in die Hand nahm und neugierig betrachtete.

KAPITEL 2:

Einige seltsame Ereignisse

1903 »Was ist das denn?«, wunderte ich mich und zog das Ding hervor, das sich mir in die Seite gedrückt hatte. Ich stand mitten auf der Akropolis und hielt auf einmal ein Diadem aus altersdunklem Silber in den Händen. Aber diesem Moment waren einige seltsame Ereignisse vorausgegangen.

Der Abschied von Mark in Athen verlief ziemlich kühl, doch immerhin hatte ich mich mit ihm in zwei Monaten in St. Petersburg verabredet. Ich eilte ins Hotel, stellte schnell mein Gepäck ab und machte mich sofort zur Akropolis auf. Es war bereits etwa drei Uhr nachmittags, und ich hatte nur noch zwei Stunden, um mir dort alles anzuschauen. Plötzlich aber, gerade als ich einen halb verfallenen Tempel betreten hatte, spürte ich, dass ich unbedingt bei Nacht hier sein musste. Da das Gelände um fünf Uhr geschlossen wurde und Besucher nachts nicht zugelassen waren, verbarg ich mich solange in einer Kabine der Damentoilette, bis alle Besucher gegangen waren. Ich konnte nicht anders, etwas in mir ließ mir keine Wahl.

Langsam leerte sich die Akropolis, bis auch die letzten Stimmen, die ich noch hören konnte, endgültig verklungen waren. Ich wartete sicherheitshalber noch eine Weile, bis ich über die verlassene Akropolis zurück in den Tempel eilte. Ich stellte mich in die Mitte des Tempels, hob meine Hände zum Himmel und spürte, wie Energieströme aus dem Weltraum durch die Handflächen in meinen Körper drangen und Energieströme aus der Erde durch die Füße. Ich spürte, dass ich in eine andere Dimension eingetreten war. Ich sah, wie Aphrodite lachend ein Diadem aus den Händen des Hephaistos nahm, der sie bewundernd ansah. Dann sah ich, wie Aphrodite das Diadem der Hohepriesterin weiterreichte. Ich sah ein schönes Ritual. Vier Priesterinnen versammelten sich in einem Zirkel weiblicher Kraft, reichten einander die Hände und bildeten so einen Trichter weiblicher Energie, der in den Weltraum gerichtet war. Ich sah, wie das Diadem der stärksten der vier Priesterinnen überreicht wurde, denn ihr war es gelungen, alle neun Steine zu sammeln, alle vier Initiationsschritte zu bestehen, und sie hatte gelernt, die männliche Energie zu lenken, nachdem sie all ihre grundlegenden Qualitäten erlebt hatte.

2003 ›Sie sehen und spüren die Frau in mir einfach nicht‹, dachte ich, indem ich eine wenig schmeichlerische Schlussfolgerung zog. Ich saß mit Aniska, einer Freundin aus Studientagen, in ihrer Datscha und versuchte, die Informationen zu verarbeiten, die ich aus dem Tagebuch meiner Urgroßmutter gewonnen hatte. Meine Freundinnen und ich gaben ein gutes Bild ab für ein Studentenlied über rothaarige Frauen:

Eine rothaarige Frau
ist verspielter als ein Kätzchen.
Und wo immer man sie berührt –
überall ist sie Feuer.

Der Refrain traf auf mich zu, die erste Strophe auf meine Freundin Manetshka. Sie ist eine nette und einladende Frau, Kinderpsychologin von Beruf. Früher war sie die typische Blondine, inzwischen ist ihr Haar dunkler geworden, aber ihr Wesen hat sich nicht geändert.

Und Blondinen
sind wie Eiszapfen.
Es gibt keine Worte dafür:
Man beginnt, sie zu liebkosen,
und sie beginnt,
die Wanzen an der Wand zu beobachten.

Die zweite Strophe könnte Kisa beschreiben, meine zweite Freundin. Sie ist eine freimütige und temperamentvolle Brünette mit blauen Augen und arbeitet als Designerin.

Und Brünette
sind sehr kokett.
Sie sind gut, wenn sie jung sind.
Und wenn sie vierzig werden,
ist es vorbei,
und nicht einmal der Teufel braucht sie noch.

Aber es war noch lange hin, bis wir vierzig werden würden, und Kisa war weit entfernt davon, sich Sorgen zu machen, ob jemand sie brauchte oder nicht. Sie schlief praktisch mit allen ihren Kunden und Freunden. Kisa war überzeugt, dass Sex das Beste in ihrem Leben sei, außerdem gut für die Gesundheit. Über Aniska, unsere sehr dunkelhaarige Freundin, sagte das Lied aus irgendeinem Grund überhaupt nichts. Vielleicht kannten wir auch nur die Strophe nicht, aber wir wussten, dass Aniska sehr attraktiv war.

Mit einer Größe von 1,74 Meter und stattlicher Oberweite, schlanker Figur sowie langen, voluminösen Haaren zog sie immer sofort die Aufmerksamkeit auf sich. Aniska war, im Gegensatz zu uns, mehrfach kurz verheiratet gewesen und hatte bereits mit Männern zusammengelebt. Aber ihr gefiel die Ehe oder die Rolle als

Ehefrau nicht besonders. Sie konzentrierte sich lieber auf ihre Karriere. Ihre Ehemänner kamen da nicht mit und verschwanden immer irgendwie.

So saßen wir jetzt also mit Aniska auf der Veranda der Datscha, tranken Wein und sprachen über ungeheuer aufregende Themen – ich hatte ihr gesagt, dass ich das Tagebuch gelesen hatte.

»Wenn man darüber nachdenkt, erklärt es, warum unattraktive Frauen manchmal erfolgreicher sind als Supermodels. Männer spüren wahrscheinlich, ob eine Frau diese Energie hat oder nicht. Jetzt verstehe ich, warum Gala, die Frau Salvador Dalís, so erstaunlich erfolgreich bei Männern war, obwohl sie ziemlich maskulin wirkte und kein besonders schönes Gesicht hatte, um es milde auszudrücken. Wir sind wahrscheinlich wie das Benzin für ein Auto, ohne Treibstoff kann es nicht fahren. Ein Mann kann also ohne eine Frau nichts erreichen. Interessant – wird man mit dieser Energie geboren, oder kann man sie irgendwie entwickeln?«

1903 »Interessant – wird man mit dieser Energie geboren, oder kann man sie irgendwie entwickeln?«, fragte ich meine Tante.

»Natürlich, es ist möglich sie zu entwickeln. Es handelt sich um ein mündlich überliefertes Wissen, das von der Mutter an die Tochter weitergegeben wird. Frauen erkunden seit Jahrhunderten geheime Methoden, wie man die weibliche Energie schützt und stärkt, und geben diese Methoden weiter. Und diejenigen, die dieses Wissen hatten und anwenden konnten, gewannen enorme Macht. Die Männer gingen sogar so weit, dass sie bereit waren, ihr Leben für eine Nacht mit einer solchen Frau zu geben. Die Energie wird nämlich nur in Momenten größter Intimität übertragen. Eine einzige Nacht mit einer solchen Frau kann das Leben eines Mannes für immer verändern. Deshalb ist die Jungfräulichkeit etwas so Kostbares, besonders in adligen Familien. Die Menschen haben immer gewusst, dass die Energie eines Mädchens, das unbefleckt ist, vollständig dem Gedeihen ihres Stammes zugutekommt, anstatt an einen Unbekannten verschwendet zu werden. Deshalb hatte im Mittelalter der Feudalherr das Recht der ersten Nacht mit jeder Frau; so könnte er sich aller Energie bemächtigen, die sonst einen seiner Lehnsleute gestärkt hätte. Eine Frau verliert ihre Energie und wird geschwächt, je mehr Partner sie hatte, mit denen sie geschlafen hat. Zu viele Männerbekanntschaften berauben sie ihrer Kraft und Attraktivität. Eine Prostituierte gibt einem Mann nichts, denn sie kann ihn nicht stärken. Sie vollzieht einen mechanischen Akt, der von einer kraftlosen, leeren Energie geprägt ist, das ist alles«, erklärte meine Tante. »Um dich selbst wieder mit Energie aufzuladen, musst du die Affäre hinter dir lassen, die du hattest. Jede Verbindung wirkt sieben Jahre lang.«

»Selbst eine Verbindung mit jemandem, der nicht länger lebt?«, fragte ich.

»Ja, selbst wenn er diese Welt verlassen hat und auch wenn er Tausende Kilometer weit weg ist. Selbst wenn du nur eine einzige Nacht mit ihm verbracht hast, zieht er weiterhin Energie von dir ab und hindert dich so daran, den Mann in dein Leben zu ziehen, nach dem du so sehr suchst«, erklärte sie. »Ich werde dir zeigen, mit welcher Methode man sich aus solchen Verbindungen löst, so dass du nicht länger an deinen Mann gefesselt bist.«

Und so begann meine Tante, mich aufzuklären.

»Wenn du deinen Daumen, der die weibliche Sexualität symbolisiert, gegen deinen Zeigefinger drückst, der für Autorität steht, schaffst du einen Kreis weiblicher Macht. Lege diesen Kreis weiblicher Macht auf deinen Bauch, dort, über der Gebärmutter. Die Gebärmutter ist eine Quelle weiblicher Kraft, in ihr sammeln wir Energie und bewahren die unsichtbaren Fäden, die uns mit allen Männern verbinden, mit denen wir Affären hatten. Wir stellen uns ein Uhrenzifferblatt vor und platzieren diesen Ring weiblicher Macht auf zwölf Uhr. Dann wenden wir den Kopf nach links, in Richtung unserer Vergangenheit, atmen ein und denken dabei an den Mann, mit dem wir eine Nacht verbracht haben. Nun wenden wir das Gesicht nach vorne, in die Gegenwart, und mit einer Spiralbewegung entgegen dem Uhrzeigersinn und auf die Mitte zu nehmen wir den betreffenden Faden der Macht auf. Jetzt beschreiben wir drei Kreise, dann wenden wir das Gesicht nach rechts, also in die Zukunft, und atmen diese Verbindung aus. Am besten führt man dieses Lösungsritual am neunzehnten Tag des Mondzyklus aus, aber wenn du nicht so lange warten möchtest, kannst du es jederzeit tun.«

2003 »Wie soll ich mich denn an jeden erinnern, mit dem ich in den letzten sieben Jahren geschlafen habe?« Kisa war sehr verwirrt. »Du verlangst wirklich etwas Unmögliches. Und das um zwei Uhr morgens! Wo hast du denn das gelesen?«, fragte sie nachdrücklich.

Aniska und ich waren all unsere Affären durchgegangen und hatten endlich sämtliche Verbindungen durchtrennt, es war bereits spät gewesen und der Wein war ausgetrunken.

»Hör zu«, hatte Aniska gesagt, »vielleicht bin ich zu leichtgläubig, aber ich fühle mich schon nicht mehr wie ein Ballon ohne Luft, und ich fühle mich viel lebendiger. Ich muss unbedingt Kisa anrufen und ihr alles erzählen.«

Also hatten wir Kisas Nummer gewählt und ihr von unserer Entdeckung berichtet. Kisa hörte sich unsere Anweisungen an, was sie tun sollte und warum, wünschte uns eine gute Nacht und legte auf. Aniska und ich wechselten einen Blick. Wir hatten jedenfalls unsere Pflicht getan und gingen schlafen.

Eine Woche später hatte ich unsere freundschaftliche Geste schon fast wieder vergessen, als plötzlich das Telefon klingelte. Es war Kisa.

»Ich habe fast drei Tage gebraucht, um alle Namen aus den letzten sieben Jahren zusammenzubekommen«, berichtete Kisa. »Stell dir vor, immer wenn ich jemanden abgetrennt hatte, rief er mich sofort an, als ob er spürte, dass er etwas verloren hatte. Aber das Erstaunlichste ist gestern passiert, als ich mit Aniska bei Ivanhoe essen war. Ich bin Albert wiederbegegnet.«

»Dieser Hund.« Ich erinnerte mich gut an Kisas Affäre mit dem unverbesserlichen Frauenhelden, schließlich hatte sie vor drei Jahren sehr darunter gelitten.

»Ja, und stell dir vor, er hat mich so interessiert und begehrlich angestarrt, dass es mir beinahe leidgetan hat, dass ich die Verbindung zu ihm getrennt habe.«

»Er hat dich angestarrt, gerade weil du ihn abgetrennt hast. Außerdem könntest du ihn immer tauschen«, hörte ich mich zu meiner eigenen Verwunderung sagen.

»Tauschen?« Kisa hatte das nicht verstanden.

Ich eigentlich auch nicht, aber ich sprach wie in Hypnose weiter: »Wenn du nur Geld von einem Mann willst, bilde wieder den Kreis mit der linken Hand, aber mit dem kleinen Finger statt mit dem Zeigefinger; wenn du eine Heirat willst, dann mit dem Ringfinger, und wenn du willst, dass er dich wieder wie beim ersten Mal begehrt und dich unbedingt wiedersehen will, bilde ihn mit dem Mittelfinger. Der Zeigefinger steht für Autorität, mit ihm kannst du die Verbindungen und die gesellschaftliche Stellung eines Mannes nutzen.«

»Stimmt, es sieht so aus«, überlegte Kisa, »als ob ich ihnen keine Energie mehr gebe, und ehrlich gesagt ist mir das auch völlig egal.«

»Ja, wie eine Dame mit einem Rudel Hündchen an der Leine«, fuhr ich fort. »Wunderbare Hundeleinen der Macht.« Wir lachten beide laut.

»Genau, und rate mal, was passiert ist? Kannst du dir vorstellen, dass der alte Hund Aniska und mich zum Essen eingeladen hat? Das will etwas heißen. Weißt du, ich fange an, deinen Methoden zu glauben und meine Meinung über Männer zu ändern. Ich habe nur drei Tage gebraucht, um alle alten Bindungen zu durchtrennen, und sofort hat die Energie wieder angefangen, in mir zu brodeln, meine Augen haben angefangen zu leuchten und meine Hoffnung auf einen Prinzen ist wieder da«, schloss Kisa optimistisch.

Ich freute mich wirklich für sie; in letzter Zeit hatten alle ihre Romanzen ein schnelles Ende gefunden, und ihr Glaube, dass alle Männer Tiere seien, drohte, ihr Leben zu zerstören. Nur gut, dass ich nicht so viele Affären gehabt hatte und ein Abend genügt hatte, um alle alten Bindungen zu lösen.

KAPITEL 3:
Freiheit und Energie

1903 »Welche Steine braucht es, um seine frühere Macht zurückzugewinnen?« Meine Tante war von meiner Frage so überrascht, dass sie auf dem Weg ins Speisezimmer beinahe gestürzt wäre. Nach unserer Unterhaltung über weibliche Kraft hatte ich meiner Tante eine gute Nacht gewünscht und war zu Bett gegangen. Mitten in der Nacht schreckte ich plötzlich wie von der Tarantel gestochen hoch. Wie hatte ich nur vergessen können, meiner Tante von dem Diadem zu erzählen und von meinem Erlebnis im Tempel in Athen? Ungeduldig erwartete ich den Morgen, um ihr endlich die Fragen stellen zu können, die mich umtrieben. Und als ich am nächsten Morgen die Stimme Sofija Nikolajevnas hörte, wie sie den Dienstboten Anweisung gab, das Frühstück aufzutragen, warf ich einen Morgenmantel über und eilte, den silbernen Reif in den Händen, nach unten.

Meine Tante lächelte geheimnisvoll und nahm mir das geschwärzte und verformte, aber noch immer elegante Diadem aus den Händen. Dünne, ineinander verflochtene Drähte bildeten ein ungewöhnliches Muster, wie einen Kranz aus Rosenstängeln; statt der

Blüten trugen sie Fassungen für Edelsteine, vier große und dazwischen vier kleine. Am erstaunlichsten war aber, dass von den vier größeren Fassungen aus schlanke Bögen in Form von Zweigen nach oben in einer weiteren kleinen Fassung für einen neunten Stein zusammenliefen. Dieses Diadem glich also eher einer ungewöhnlichen Krone. Meine Tante bewunderte die feine Silberschmiedearbeit.

»Ich habe dir ja noch gar nicht erzählt, was ich in Griechenland erlebt habe«, setzte ich an.

Meine Tante unterbrach mich mit den ruhigen Worten: »Ich glaube, ich weiß schon, was es war.«

Ich sah Sofija Nikolajevna erstaunt an.

»Was denn?«, war alles, was ich herausbrachte.

»Dies hier ist ein Diadem weiblicher Kraft. Die Legende besagt, dass Hephaistos es seiner Gattin Aphrodite geschmiedet hat, als Geschenk der Liebe und da er den Zauber ihrer Weiblichkeit anbetete. Die vier großen Steine symbolisieren die vier Elemente, die vier Weltgegenden und die vier Manifestationen weiblicher Energie, die vier kleinen entsprechen den vier Manifestationen männlicher Energie und den vier Grundtypen von Männern. Der neunte Stein aber ist das grundlegende Symbol weiblicher Energie. Eine Frau, der es gelingt, alle neun Steine zu sammeln, gewinnt Macht über die Männer und über sich selbst, Macht über die ganze Welt.«

»Ist das schon einer Frau gelungen?«, brachte ich heraus.

»Die Erste war Aphrodite selbst«, lächelte die Fürstin. »Für sie war es natürlich einfach, jedem Mann den Kopf zu verdrehen. Dann wurde das Diadem lange Zeit im Tempel der Aphrodite aufbewahrt, wo ihre Priesterinnen die Geheimnisse weiblicher Macht erforschten. In diesem Tempel gab es vier Hauptpriesterinnen, sie repräsentierten die vier Manifestationen weiblicher Energie. Wenn sie sich im Kreise weiblicher Macht versammelten und ihre vier Energien miteinander verbanden, besaßen sie sagenhafte Kräfte. Andere Priesterinnen mussten nach Abschluss ihrer Ausbildung als Prüfung einen Mann aus einem bestimmten Clan verführen und sich von ihm einen bestimmten Halbedelstein schenken lassen. Wenn eine Priesterin vier

Männer aus vier verschiedenen Clans erkannt und vier Halbedelsteine gesammelt hatte, konnte sie den nächsten Schritt tun und sich vier Edelsteine von einem einzigen Mann schenken lassen. Der dritte Schritt der Prüfung war bestanden, wenn sie den neunten Stein als Geschenk einer sehr mächtigen Person erhielt. Mit allen neun Steinen besitzt das Diadem enorme Macht.«

»Mit ›erkennen‹ meinst du wahrscheinlich, die Nacht mit einem Mann zu verbringen?«, hakte ich nach.

Meine Tante lächelte nachsichtig und erwiderte mit einem traurigen Lächeln: »Ach, Männer können sich oft nicht einmal mehr an den Namen einer Frau erinnern, wenn sie die Nacht mit ihr verbracht haben. Die Kunst liegt nicht darin, einen Mann ins Bett zu bekommen, sondern seine Psyche zu verstehen und seine geheimen Begierden zu erkennen, ohne die Nacht mit ihm zu verbringen, so dass er dich mit Schmuck überschütten wird, nur um bei dir sein zu dürfen.«

2003 »Möchtest du, dass ein Mann dich mit Schmuck überschüttet, nur um bei dir sein zu dürfen?«, fragte ich Marina, die verblüfft war, als ich sie im Frühsommer anrief.

»Naja, welche Frau möchte nicht begehrenswert sein?«, fragte Marina überrascht zurück.

»Dann musst du weiter studieren!«, rief ich. »Theorie ist ja schön und gut, aber Wissensvermittlung auf energetischer und verbaler Ebene ist etwas ganz anderes. Eine Fähigkeit kann man nur von einem Meister erlernen. Marina, du bist meine letzte Hoffnung! Weißt du, ob es in Moskau irgendwo eine solche Schule für Frauen gibt?« Ich hatte bereits eine Freundin nach der anderen angerufen. Aniska war keine Hilfe, bat mich aber, sie mitzunehmen, falls ich so etwas fände. Kisa hatte mit Studieren nicht viel am Hut; sie zog die Schule des Lebens jeder theoretischen Ausbildung vor. Jetzt blieb nur noch Marina; ich setzte darauf, dass es in Moskau schließlich alles gab, und Marina enttäuschte mich nicht.

»Ja, die gibt es! Eine meiner Freundinnen hat mir einmal erzählt, dass sie eine solche Schule besucht hat, als ihr Mann fünfzig wurde und anfing fremdzugehen. Nach ihrer Ausbildung vergaß er alle seine jungen Liebhaberinnen, kann seine Augen nicht mehr von ihr wenden und ruft sie zwanzigmal am Tag an.«

»Perfekt! Hast du die Telefonnummer?«

»Ja«, erwiderte Marina. »Wir gehen beide zusammen hin, vielleicht lernen wir tatsächlich etwas Nützliches.« Sie überlegte kurz: »Aber bevor wir unsere verrückte Energie einsetzen, ist es vielleicht gut zu wissen, wo ihr Ursprung liegt.«

1903 »Nachdem sie alle ihre Verbindungen gelöst hat, kann eine Frau beginnen, ihre Energie zu sammeln«, erklärte mir Sofija Nikolajevna. Wir saßen im Innenhof ihres Schlosses und schauten zum Mond empor. »Heute ist der neunzehnte Tag des Mondzyklus, und du kannst jetzt die Verbindung, die dich noch an deinen Mann fesselt, beenden.«

»Aber du hast mir noch nicht gesagt, wie ich meine Energie sammeln kann!«, wandte ich ein, nachdem ich das Lösungsritual vollzogen hatte.

»Dann versuchen wir es einmal«, summte meine Tante, wurde aber sofort wieder ernst. »Aber wir müssen erst einmal feststellen, ob du überhaupt Energie besitzt. Du erkennst es, indem du tief in dich hineinschaust, ob du diese Energie besitzt – und wenn ja, wie viel. Schließe die Augen, atme tief ein und konzentriere dich beim Ausatmen auf deine Gebärmutter. Wenn die Dunkelheit sich langsam lichtet, wirst du den Ursprung deiner Weiblichkeit erkennen. Schau dir an, welche Bäume dort wachsen, welche Blumen dort blühen, was es für Gerüche und Geräusche gibt, welche Vögel singen – und wenn etwas unangenehm ist, wenn etwas die Schönheit und Harmonie dieses Ortes stört, dann entferne es. Entferne alles Unnötige, allen Schmutz, alles allzu Materielle und alle hässlichen Spuren. Wenn alles in Ordnung ist, fühlst du dich leicht und frei, und wenn du dann zu den hellen weißen Wolken aufsteigst, blicke hinunter wie ein Vogel im Flug, schaue deine Welt an und bewundere sie. Vielleicht siehst du ihre verborgensten Winkel oder etwas Neues, vielleicht möchtest du etwas ändern oder etwas hinzufügen. Wenn du dich so an der Schönheit und Harmonie der Quelle der Weiblichkeit erfreut hast, kehre in die Wirklichkeit zurück und öffne deine Augen.«

2003 »Nun, was hast du gesehen?«, fragte Aruna, als ich die Augen aufschlug. Ihre Worte waren absolut nicht diejenigen Sofija Nikolajevnas, aber die Bedeutung war fast dieselbe. Ich musste die Quelle meiner Weiblichkeit ausmachen.

Aruna war eine Meisterin weiblicher Rituale, eine massive Burjatin mit langen schwarzen Haaren, die mich selbst im Sitzen überragte und einem unwillkürlich Ehrfurcht einflößte. In ihrem burgunderroten Gewand mit den seltsamen Symbolen auf der Brust glich sie mehr einer Schamanin als einer verfeinerten Fürstin, aber die Tiefe ihres Wissens und ihre enorme innere Kraft zwangen einen buchstäblich, jedes ihrer Worte zu beachten. Ich war wieder in Moskau, und zwischen den Kursen der Business School wollten Marina und ich altes Wissen mit moderner Auslegung verbinden.

»Es war sehr schön – eine Wiese mit Gänseblümchen! Es waren zwar auch einige verbrannte Baumstümpfe da, aber die habe ich entfernt.«

»Schlaues Mädchen, aber hast du auch Wasser gesehen?«

»Nein, du hast auch nichts von Wasser gesagt«, erwiderte ich überrascht.

»Ja, ich habe das Wasser nicht eigens erwähnt. Wasser symbolisiert die weibliche Energie. Wenn eine Frau diese Energie hat, dann sieht sie Wasser. Bei manchen ist es ein kleiner Bach, bei anderen ein Meer. Nicht umsonst sagt ein Mann über eine Frau, die von dieser Energie erfüllt ist: ›Ich dürste nach ihr.‹ Aber wenn sie ausgetrocknet ist, kann er die Quelle nicht finden. Daher muss man sie suchen.

Schließe die Augen, atme tief ein und beim Ausatmen kehrst du zur Quelle der Weiblichkeit zurück. Schau dich um, du bist hier, um nach der Quelle zu suchen, vielleicht entdeckst du sie in einem Grasdickicht, vielleicht bittest du um Regen, vielleicht musst du graben und eine unterirdische Quelle freilegen. Die Hauptsache ist, du findest deine Quelle.«

Ich lauschte Arunas Worten, ohne sie wirklich zu hören. Ich sah einen schönen Wasserfall, badete in seiner Reinheit und genoss die Liebkosungen des Wassers auf meiner Haut. Mir erschien es, als ob das Wasser jede Zelle meines Körpers erfüllte und dabei alle Misserfolge, Beleidigungen und Ängste auflöste und davontrug. Es erschien mir, als ob ich mich auflöste und selbst zu Wassertropfen wurde, als ob mich ein Fluss auf dem Weg zum Meer aufnähme und davontrüge. Ich segelte bereits auf den Wellen, und eine Strömung, die zum Strudel wurde, trug mich auf den Grund hinunter.

1903 »Du sinkst hinab auf den Boden und siehst eine schöne Muschelschale. Du schwimmst zu dieser Muschel und öffnest sie«, wies mich die Stimme meiner Tante an. Als sie nach der ersten Meditation entdeckt hatte, dass ich kein Wasser gesehen hatte, bat sie mich, meine Augen erneut zu schließen und mir das Meer vorzustellen. Ich sah die Muschelschale und war bereits hingeschwommen und hatte sie geöffnet, bevor ich ihre Worte hörte: »In der Schale findest du die schöne, schimmernde Perle deiner weiblichen Anziehungskraft. Nimm diese Perle, lege sie in deine Gebärmutter und spüre, wie sie dich mit ihrem Schimmer erfüllt und dich attraktiv macht. So gefüllt steige hinauf an die Oberfläche, hin zur Sonne, und dort wirst du wie die antike Göttin Aphrodite aus dem schäumenden Meer neugeboren. Doch dies ist die Geburt einer neuen Frau, einer Frau, die so ruhig ist wie das Meer bei Windstille und so verspielt wie der anrollende Schaum, eine Frau, so stürmisch und unwiderstehlich wie ein Tsunami, aber auch sanft und einschläfernd. All das kann sie sein, und doch bleibt sie immer sie selbst. Und diese Frau erreicht den Strand, bereit zu geben und zu erfüllen. Die Perle ist ein Symbol weiblicher Energie, und der Strudel ist die primäre Struktur dieser Energie.«

Ich öffnete die Augen und sah meine Tante an, immer noch unter dem Einfluss dieser magischen Bilderwelt, und spürte, wie ich mich regenerierte.

»Liebes, welche Farbe hatte die Perle?«, fragte sie.

»Schwarz«, erwiderte ich und sah die schöne schwarze Perle mit dem bläulichen Umriss wieder vor mir.

»Jetzt weißt du, welchen neunten Stein du als Geschenk erhalten sollst.«

»Einen neunten Stein?«

»Ja, den krönenden Edelstein deines Diadems, das Symbol weiblicher Energie, eine Perle. Erinnerst du dich, wie ich dir gesagt habe, dass eine Frau Energie aus dem Universum beziehen kann? Du hebst die Hände gen Himmel und stellst die Füße fest auf den Boden, genau parallel zueinander. Dann spürst du, wie ein dichter, dunkler und zäher Energiestrom aus der Erde durch deine Füße eindringt und durch die Beine zur Gebärmutter aufsteigt. Von oben kommt ein heller, durchscheinender Energiestrom aus der Luft durch deine Handflächen und in zwei dünnen Bächen auf die Gebärmutter zu. Beide treffen sich, und die Energie beginnt in Spiralen aufwärtszusteigen und dabei allmählich deinen ganzen Körper bis zu den Fingerspitzen zu erfüllen. Du spürst, wie deine Energie sich mit der Energie aller Frauen der Welt vermischt, mit den Energien der lebenden, mit denjenigen, die vor uns gelebt haben, und mit denjenigen, die nach uns leben werden. Du spürst, dass dein Energiestrudel immer stärker wird. Und wenn du diese neue Kraft gefunden hast, kehrst du zum Strudel zurück, schließt ihn in deine Gebärmutter ein und dankst dem Universum. Wenn du den Strudel hervortreten lässt, musst du ihn nachher wieder verhüllen. Das ist die Regel des Universums, ansonsten entsteht das Chaos und Kreativität und Liebe gehen unter. Wie du bereits weißt, ist die Gebärmutter der Sitz deiner weiblichen Macht, und sie muss gefüllt werden. Führe dieses Ritual einige Tage lang durch, und danach machen wir weiter.«

»Kann man denn nicht einfach irgendeinen Zauberstab schwingen, und schon bin ich mit Energie gefüllt?«, fragte ich hoffnungsvoll.

»Manchmal muss man sich einfach Zeit für sich selbst nehmen, so dass sich für den Rest des Lebens andere Menschen Zeit für einen nehmen«, erwiderte Sofija Nikolajevna kühl und fügte wie nebenbei hinzu: »Nur gut, dass Mark erst in zwei Monaten hier eintrifft. So hast du noch Zeit, an dir zu arbeiten ...«

2003 Kisa und ich wollten nach Tunesien fliegen und uns dort Zeit für uns selbst nehmen. Nach der Rückkehr aus Moskau hatte ich Aniska und Kisa sofort von den Kursen an der *Academy of Private Life* erzählt, die ich besucht hatte. Aniska hatte eine Deadline, die sie einhalten musste, und konnte darum nicht mitkommen, aber Kisa stimmte mir zu, dass man solche Dinge am besten am warmen Meer anstatt im grauen und kalten Wetter St. Petersburgs tun sollte. Eine Woche später waren wir bereits in Tunis.

Die ersten drei Tage lagen wir einfach nur am Strand und schwammen im Meer. Langsam erholten wir uns von der Hetze der Arbeit und kamen bei uns an. Dann schauten wir uns ein wenig um und bemerkten, dass wir von gut aussehenden Männern umgeben waren.

»Wir wollen ja üben«, sagten wir uns und beschlossen, den Beginn unseres neuen Lebens mit einem Shoppingtrip zu feiern.

In einem der kleinen Läden entdeckte ich eine wunderschöne Halskette aus Weißgold mit schwarzen Diamanten, die sofort meine Aufmerksamkeit auf sich zog. Sie wirkte orientalisch, als käme sie direkt aus einem Harem. Ich bat den Verkäufer, sie mir zu zeigen.

»Warten Sie, ich helfe Ihnen, sie anzulegen«, hörte ich eine tiefe Männerstimme in gutem Englisch und fühlte, wie der Verkäufer vorsichtig mein Haar anhob und die Kette im Nacken verschloss. Ich stellte mich vor einen Spiegel, hatte aber mehr Augen für ihn als für die Kette. Er war ein gut aussehender Mann mit schmaler Nase, dunkelbraunen Augen, zwei Grübchen, starken Händen, kräftigen weißen Zähne und vollen, sinnlichen Lippen.

›Sicher ist das der Einfluss meiner Urgroßmutter, dass ich plötzlich den orientalischen Typ mag‹, dachte ich. Mit jeder Zelle spürte ich den animalischen Magnetismus, der von ihm ausging. Die Halskette sah großartig aus, kostete aber ein Vermögen. Mit Bedauern ließ ich sie mir wieder abnehmen und spürte abermals die warme Berührung seiner Hände.

»Wollen wir gehen?«, fragte Kisa.

»Ja«, erwiderte ich zögernd, immer noch verzaubert und hypnotisiert von diesem Mann.

»Darf ich Ihnen vielleicht etwas Tee anbieten?«, fragte der Verkäufer, der uns offenbar nicht gehen lassen wollte und so sanft sprach, als ob er eher zu sich selbst redete.

»Ja, gerne«, erwiderte ich sofort.

»Bist du verrückt?«, zischte Kisa. »Er hat Tausende wie dich!«

»Wir wollen doch üben!«, erinnerte ich sie unerschütterlich.

»Ich heiße Walid«, stellte der Verkäufer sich vor. »Und Sie?«

»Wir sind Kisa und Lara!«

»Darf ich Sie vielleicht für heute Abend in die Disco einladen? Ich kann Sie um 22:00 Uhr im Hotel abholen; wir gehen vorher noch eine Wasserpfeife rauchen und trinken einen Kaffee. Ich mache Sie mit unseren örtlichen Süßigkeiten vertraut, und dann gehen wir in die Disco«, beschrieb Walid den kommenden Abend, ohne auch nur im Geringsten an unserem Einverständnis zu zweifeln.

»Das ist ja geradezu eine Zwangsheirat!«, lachte Kisa. »Aber das wäre auf jeden Fall amüsanter als mit lauter Ehepaaren im Hotel zu hocken!«

»Okay«, sagte ich.

»Gut, dann warte ich heute Abend mit einem Freund um 22:00 Uhr in der Hotelhalle auf Sie.«

»Wir sind wirklich verrückt«, erklärte Kisa, sobald wir den Laden verlassen hatten. »Warum tun wir das?«

Ich zuckte mit den Schultern. »Vielleicht als Teil unseres Studiums anderer Kulturen.«

»Ach, jetzt ist es auf einmal kultureller Austausch!«, sagte Kisa sarkastisch.

Plötzlich hörten wir, wie jemand nach uns rief. Als wir uns umdrehten, lief Walid hinter uns her. In der Hand hielt er eine Rose.

»Die ist für Sie«, sagte er und reichte sie mir, bevor er, mit einer erneuten Erinnerung an unsere Verabredung, wieder verschwand.

»Oh, es ist also schon eine ernste Sache! Er ist ein Profi!«, kommentierte Kisa.

»Ach Kisa, nicht ironisch werden«, bat ich sie. »Du weißt doch, eine Rose steht immer für Leidenschaft!«

1903 »Eine Rose steht immer für Leidenschaft!«, sagte meine Tante, als sie mit mehreren Bouquets weinfarbener Rosen im Arm auf mich zukam.

Ich las gerade in einem Buch. Meine Tante hatte mich mit einem Stapel französischer Romane versorgt und mir die Aufgabe gestellt, beim Lesen nicht auf die Handlung, sondern auf den Aufbau von Beziehungen zu achten. Ich war so in das Buch versunken, dass ich gar nicht mitbekam, was sie sagte.

»Entschuldige, was hast du gesagt?«, fragte ich und sah auf.

»Es geht um den Ort deiner weiblichen Macht, deine innere Blume, deinen Schoß. Leg das Buch weg und komm mit in den Garten.«

Ich mochte den Wintergarten meiner Tante. Er war voller Grünpflanzen und hatte an der Wand ein riesiges Bild, das eine rote Mohnblüte mit vier ausgebreiteten Blütenblättern darstellte. Ich hatte meine Tante schon oft gefragt, ob das Bild eine spezielle Bedeutung habe, aber sie lachte immer nur und meinte: »Alles zu seiner Zeit.«

Im Wintergarten stellte sie die Rosen in eine große Bodenvase und stellte sie in die Mitte des Raumes. Dann drapierte sie bestickte Kissen drumherum, und schon war unsere Oase ein Haremszimmer. Meine Tante ließ sich bequem auf den Kissen nieder und bewunderte die Rosen. Ich folgte ihrem Beispiel und fühlte mich wie eine Odaliske. Die Frische und der Duft der Blumen verzauberten mich.

»Das sind schöne Blumen«, sagte sie und wandte sich mir zu. »Nun, wollen wir uns einmal deine innere Blume ansehen?«

»Meine innere Blume?«

»Ja, den Ort deiner weiblichen Kraft, deine Vagina und Gebärmutter! Die Wände der Vagina gleichen den vier Blütenblättern: oben und unten, rechts und links.«

Ich schaute automatisch zum Bild der Mohnblüte an der Wand. Meine Tante nickte: »Ja, jetzt kennst du die geheime Bedeutung dieses Bildes. Das ist unser schönes Wesen! Schließe deine Augen und schaue mit deinem inneren Blick. Welche Farbe haben deine Blütenblätter, oben, rechts, unten und links?«

»Dunkelblau«, erwiderte ich überrascht und öffnete die Augen wieder. »Warum?«

»Du liest zu viel. Du solltest weniger denken und mehr fühlen«, sagte meine Tante. »Weiß steht für Unschuld, Rosa für Schutzbedürftigkeit, Rot für Leidenschaft und Dunkelblau und Violett für intensives Denken.«

»Liebe Tante«, entgegnete ich gereizt, »man kann es dir einfach nicht recht machen. Du hast mich doch zum Lesen verdonnert.«

»Das stimmt zwar, aber willst du vielleicht zum Blaustrumpf werden?«

»Blaustrumpf?« Ich staunte. »Daher kommt das Wort also!«

»Das habe ich nicht gesagt, aber du hast wahrscheinlich Recht. Und jetzt sieh dir noch einmal alle diese Rosen an – und suche dir die aus, die dir am besten gefällt.«

Ich wusste nicht, worauf sie hinauswollte, wählte aber eine dicke Knospe aus dem Bukett.

»Deine Rose ist noch nicht erblüht. Du bist der Welt und den Männern gegenüber noch verschlossen! Nimm eine Blüte und atme ihren Duft ein, erfülle dich mit ihm, fülle deine Gebärmutter mit diesem Duft. Und jetzt berühre mit der Rose deinen Schoß.«

»Ich weiß nicht, liebe Tante«, murmelte ich verwirrt.

»Gut, ich lasse dich alleine. Du bist dann ganz ungestört mit dir und deiner Blume und kannst versuchen, dein Wesen mit der Rose zu berühren. Stell dir vor, wie du die Rose langsam an das obere Blütenblatt führst und es mit Farbe und Blütenduft erfüllst, dann sanft weiter zum linken, das sich ebenfalls färbt, dann zum rechten, das sich ebenfalls färbt, und dann zum unteren Blütenblatt, das sich ebenfalls färbt.«

Nach diesen Anweisungen verschwand sie. Ich drehte die Rose in den Händen und überzeugte mich, dass niemand mich sehen konnte, dann schloss ich meine Augen und fing an, meinen Körper mit der Rose zu berühren.

2003 Ich spürte die Berührung der Rose auf meinem Körper, öffnete die Augen und sah Walids dunklen Kopf über mich gebeugt, als er die Rose langsam von meinem Po bis an die Lippen führte. Ich lag auf Bettlaken, die mit Rosenblütenblättern bedeckt waren, und genoss seine leidenschaftlichen Küsse. Es war unser drittes Rendezvous.

Sommeraffären entwickeln sich immer so schnell! Kisa war mit Walids Freund schon in der ersten Nacht verschwunden, um sich am Strand »vom Mond bräunen« zu lassen, und kehrte schrecklich glücklich zurück.

»Wie war der Kulturaustausch?«, fragte ich sie beim Frühstück.

»Er hat alle meine Zehen geküsst und eine Menge schöner Worte auf Englisch, Deutsch und Russisch geflüstert!«, erzählte Kisa, während sie sittsam zu Boden blickte. »Reiche kulturelle Tradition«, fasste sie zusammen. »Und bei dir?«

»Ich wollte das Vergnügen etwas verlängern und bin nach der Disco direkt ins Bett gegangen. Aber ich wäre gerne noch geblieben«, erwiderte ich.

»Und wohin gehen wir heute?«, fragte Kisa unternehmungslustig.

»Wohl kaum in die Oper«, scherzte ich.

»Gut, warten wir's ab. Sie haben sich für heute Abend um zehn angekündigt. Vielleicht bringen sie uns ja ein Ständchen!«, sagte Kisa verträumt.

Am zweiten Abend hörten wir uns die Lieder eines örtlichen Sängerstars an. Ich verhielt mich immer noch abwartend, schaute aber neidisch auf Kisa, die zwar nicht gut geschlafen hatte, aber am Morgen geradezu strahlte. Gesunder Sex wirkt eben Wunder. Und warum heißt es eigentlich immer, der Mann benutze die Frau? In diesem Fall gehörte der Sex zur Sommererholung und diente der Entspannung und Gesundheitsförderung. Man darf es nur nicht zu ernst nehmen, und an diese Regel hielt Kisa sich; Bessem, Walids Freund, war für sie nur eine Sexmaschine. Sie schienen beide gut damit zurechtzukommen. Ich war neidisch, weil ich anders war, ich hätte das nicht gekonnt. Sex ohne Gefühle war einfach nichts für mich. Doch Walid überschüttete mich mit kleinen Geschenken – erst ein silbernes Armband, dann ziemlich lächerliche Ohrringe, schließlich Schildkröten aus Keramik – und der dauernden Frage: »Wann?«

Am dritten Abend, als ich mich gerade für die Disco zurechtmachte, entschloss ich mich, die arabischen Liebestraditionen etwas genauer zu studieren. Die orientalische Disco brachte mein Blut zum Kochen, und der Tanz erinnerte eher an die Bewegungen beim Sex. ›Die Disco ist eine Art Verträglichkeitstest für Paare‹, dachte ich, während ich die Tanzenden betrachtete. Man sieht sofort, wer zusammenpasst und wer nicht. Wer auf derselben Welle reitet, ist im Fluss und die Bewegungen werden zu einer und verschmelzen in einem gemeinsamen Rhythmus. Wer den Rhythmus nicht findet, merkt wahrscheinlich, dass er auch im Sex nicht zusammenfinden wird.

Walid und ich passten – zumindest beim Tanzen – vollkommen zueinander. Als ich müde wurde, setzte ich mich, um Luft zu schnappen und etwas Wasser zu trinken. Walid setzte sich neben mich und fragte scherzhaft wieder: »Wann?« Und ich antwortete ebenso spielerisch:

»Heute Abend.« Ein Blumenverkäufer, der zufällig vorbeikam, wurde sofort angehalten; Walid flüsterte ihm etwas ins Ohr. Wenige Minuten später kam der Verkäufer mit einem großen Paket zurück.

»Was ist das denn?«, fragte ich neugierig.

Walid lächelte und flüsterte: »Komm, lass uns weitertanzen!« Wir schlossen uns wieder der brodelnden Menge auf dem Tanzboden an. Und plötzlich wurde ich mit Rosenblütenblättern überschüttet! Es war ein absolut unbeschreibliches Gefühl!

»Ein paar habe ich noch aufgehoben, für unsere gemeinsame Nacht! Lass uns gehen! Ich möchte dich nackt sehen, gebettet auf Rosen!«

Ich errötete und war froh, dass hier nur wenige Leute Englisch sprachen, folgte ihm aber bereitwillig. Walid trug mich zum Bett, legte mich darauf und überschüttete mich mit Küssen und Rosenblütenblättern. Ich schmolz in seinen heißen Händen dahin und hörte auf, mir Vorwürfe zu machen, ich sei zu leicht zu haben. Ich nahm, was er mir bot. Alle Männer, die ich je gehabt hatte, erschienen mir im Vergleich dazu reizlos und primitiv. Das arabische Temperament erstaunte und verblüffte mich, und ich verstand endlich, was es heißt, wenn man sagt: »Er brachte die Frau in ihr zum Vorschein, er entdeckte ihre innere Blume.«

1903 »Hast du deine innere Blume geöffnet?«, fragte meine Tante, als sie nach einer halben Stunde zurückkehrte.

Ich lag immer noch auf den Kissen, verloren in tiefen Empfindungen.

»Ich habe es versucht«, erwiderte ich.

»Deine leuchtenden Augen verraten, dass du erfolgreich warst! Es ist immer schade, wenn eine Frau darauf wartet, von einem Mann geweckt und geöffnet zu werden, wenn sie doch sehr gut selbst eine Schlucht der Leidenschaft in sich öffnen kann. Und du kannst die Blume deines Verlangens nicht nur öffnen, sondern sie auch wieder verschließen, bevor sie Probleme bereitet«, fuhr sie fort.

»Wie kann ich sie öffnen?«

»Stelle dir vor, dass deine Blütenblätter sich auf das Objekt deines Begehrens oder auf ein gewünschtes Ereignis richten, und wenn du ausatmest, strecken sie sich über die Grenzen deines Körpers hinaus. Dann, bevor du wieder einatmest, ergreifst du das Bild des gewünschten Ereignisses und ziehst es beim Einatmen in deine Gebärmutter. Womit möchtest du dir heute eine Freude machen?«

»Fangen wir mit etwas Einfachem an, mit Gebäck«, entschied ich und stellte mir frischgebackene Éclairs mit Schokolade vor. Ich öffnete meine Blütenblätter und zog die Blüte zurück. »Ich finde, das sieht wie eine fleischfressende Pflanze aus, die ein Insekt fängt!«, fiel mir ein.

»Eine echte Frau ist immer ein wenig auf Beute aus!«, stimmte meine Tante ohne Zögern zu; der Vergleich störte sie nicht. »Die Kunst dabei ist, auf das richtige Opfer zu warten, anstatt Zeit und Kraft mit Kleinigkeiten zu vergeuden! Nun aber wieder zu unserer Blume. Du kannst dein Universum vor Problemen oder unerwünschten Ereignissen verschließen! Stell dir ein unerwünschtes Ereignis vor, dann strecke wieder deine Blütenblätter aus, aber ergreife das Bild nicht damit, sondern verschließe die Blütenblätter davor und ziehe sie wieder zurück.«

»Ja, das ist wirklich der Ort weiblicher Macht«, stimmte ich zu.

»Wenn du dir über deine Macht klar geworden bist, dann kannst du damit beginnen, Energie zu tanken, so dass deine Blume stets frisch bleibt«, sagte sie und fuhr fort: »Atme durch einen Punkt in der Mitte deiner Stirn (das Zentrum der Intuition) und spanne gleichzeitig die Muskeln deiner Vagina an. In den Pausen zwischen den Atemzügen leitest du die Energie durch das Rückenmark in deine Gebärmutter weiter und füllst sie an, und beim Ausatmen lässt du die Energie wie eine Welle nach oben steigen, ins Zentrum deiner Intuition. Dann nimmst du den nächsten Atemzug. Das wiederholst du zwanzigmal. Je stärker deine Muskeln werden, desto mehr Energie kannst du sammeln und behalten. Ich werde dir spezielle Übungen für deine Muskeln zeigen, die du morgens und abends machen solltest.«

KAPITEL 4:
Das Feld der Sexualität

2003 »Diese Übungen solltest du morgens und abends machen. Wir Frauen haben sie jahrtausendelang praktiziert, um unsere sexuelle Energie zu stärken. Im Altertum haben die Mütter diese Übungen ihren Töchtern gezeigt, wenn sie acht Jahre alt wurden. Kräftige Muskeln helfen einer Frau bei der Geburt und schenken, was noch wichtiger ist, dem Mann wie der Frau unbeschreibliche Lust. Gleichzeitig kann eine Frau damit aber auch einen Mann am Eindringen hindern. Die Männer hatten Angst vor solchen Frauen, weil sie ihre Macht spürten, und legten darum einen Bann über die Sexualität und alles, was mit den Scheidenmuskeln zu tun hatte.

So wurde diese Tradition nur noch in den Frauentempeln bewahrt und weitergegeben, die hier und da auf der Welt weiterbestanden. Gewöhnlichen Frauen blieb dieses Wissen verborgen, und mit der Zeit wurde die weibliche Macht zur bloßen Legende«, sagte Zhenetshka, die Dozentin für sexuelle Rituale an der *Academy of Private Life*.

Kisa und ich waren glücklich und ausgeruht aus Tunis zurückgekehrt und sofort nach Moskau weitergefahren, um unser Studium so schnell wie möglich zu beenden. Am zweiten Tag glaubten wir, dass unsere Vorstellungen über uns selbst, über die Männer und die Welt im Allgemeinen jetzt der Realität ein wenig näher gekommen seien. Das Beste aber war der »Kleine Stimulator« (wie man ihn in der Akademie liebevoll nannte) für die Scheidenmuskeln. Ich drehte ihn in meinen Händen, betrachtete ihn und war erstaunt über die Einfachheit und Eleganz des Prinzips (er wurde von V. Muranivskij erfunden, der als junger Mann eine Nacht mit einer Frau verbracht hatte, deren Muskeln trainiert waren, danach suchte er für den Rest seines Lebens nach einer Frau mit dieser Fähigkeit; und weil er keine fand, schuf er dieses Gerät, um allen anderen Frauen dieselbe Lust zu schenken). Ich begann zu trainieren. Das Gute daran war, dass ich nur fünf Minuten am Morgen und noch einmal fünf am Abend erübrigen musste, und schon nach zwei Wochen spürte ich die veränderten Reaktionen der mich umgebenden Männer auf meine Gegenwart. Ihre eigentümlichen Blicke schmeichelten meiner Eitelkeit; ich fühlte mich begehrt und unwiderstehlich.

1903 Endlich fühlte ich mich begehrt. Allerdings übte ich einen Monat, um mit dem täglichen Ritual meine Muskeln zu trainieren. Jeden Morgen hockte ich mich auf die Fersen, drückte den Rücken durch, neigte den Kopf ein wenig nach vorne und schloss die Augen. Ich atmete ein, spannte die Muskeln an und hielt sie so. Dann zählte ich die Sekunden, bis ich ausatmen musste, und entspannte mich völlig. Zuerst konnte ich die Muskeln nur etwa eine Sekunde angespannt halten, dann waren es zwei, dann drei und schließlich zehn Sekunden. Meine Tante hatte mich ermahnt, dass ich es nicht übertreiben und die Übungen nicht länger als zehn Minuten durchführen sollte: Immer abwechselnd zehnmal langsam und zehnmal schnell. Mir erschienen 100 Kontraktionen hintereinander zuerst unerreichbar, aber Sofija Nikolajevna beruhigte mich und versprach, dass ich in zwei oder drei Wochen problemlos auch 300 Kontraktionen schaffen könne.

Gleichzeitig studierte ich verschiedene Rituale und sinnliche Massagen, so dass die Zeit wie im Fluge verging. Die Ankunft des Schiffes erschien wie ein ferner Traum, und ich wollte, dass er endlich Realität würde. Fürs Erste genoss ich die begehrlichen Blicke der anderen Männer.

»Liebes, es ist Zeit, auszugehen und zum Nevskij Prospekt aufzubrechen«, sagte meine Tante eines Tages. »Und schau die Männer bitte an, senke deinen Blick nicht zu Boden. Männer nehmen nur die Frauen wahr, die ihren Blick auf sie richten und von einem Feld der Attraktivität umgeben sind. Es kommt darauf an, dass die Wirkung, die du hast, dir tiefe Erfüllung schenkt!«

2003 Die Wirkung, die ich hatte, schenkte mir tiefe Erfüllung! Wenn ich auf der Straße erschien, hielten sogar die Autos an. Und was für Autos! BMW, Porsche, Mercedes! Vorher war es in Moskau immer schwierig und langwierig gewesen, ein Auto anzuhalten, und jetzt – wie mit dem Schwung eines Zauberstabs – tauchten sie alle dort auf, wo ich gerade war. Die Männer überschlugen sich geradezu, mich an mein gewünschtes Ziel zu fahren, und waren beleidigt, wenn ich dafür bezahlen wollte.

Natürlich musste ich, bevor ich ausging, zunächst die Blume öffnen und mich mit dem erregenden Feld der Sexualität einhüllen. Dazu spannte ich die Muskeln beim Ein- und Ausatmen an, um die Blütenblätter in der Gegend der Gebärmutter, etwa vier Fingerbreit unter dem Nabel, zu öffnen, und zwar so lange, bis ich eine angenehme Wärme in meiner Magengrube spürte. Die Ergebnisse waren der Mühe wert.

Als ich eine Einladung zum Sommerfest der Business School erhielt, fühlte ich mich gut vorbereitet. Wie gut, dass es den Stimulator gab und ich nicht so viel Zeit für das Training meiner Muskeln und die Entwicklung meiner Sexualität aufwenden musste wie meine Urgroßmutter! Zwei Wochen Training reichten vollkommen, um mich für die Party zu wappnen. Inzwischen, so war mir aufgefallen, sahen mich sämtliche 20 männlichen Teilnehmer in der Gruppe mit ganz anderen Augen als zuvor.

»Du tanzt mit jedem, nur nicht mit mir«, flüsterte Matvej empört, als er mich endlich aus der Umarmung eines anderen Kursteilnehmers losbekommen hatte. Das Sommerfest war eine Poolparty und in vollem Gange. Alle amüsierten sich großartig; ich amüsierte mich über die Furore, die ich machte, und schwebte lachend von einem Partner zum nächsten. Ich erhielt von verschiedenen Seiten sehr nette Angebote für den weiteren Verlauf der Nacht.

Leider erwies sich der eine, den ich am meisten begehrte, als resistent gegenüber den Methoden der Antike.

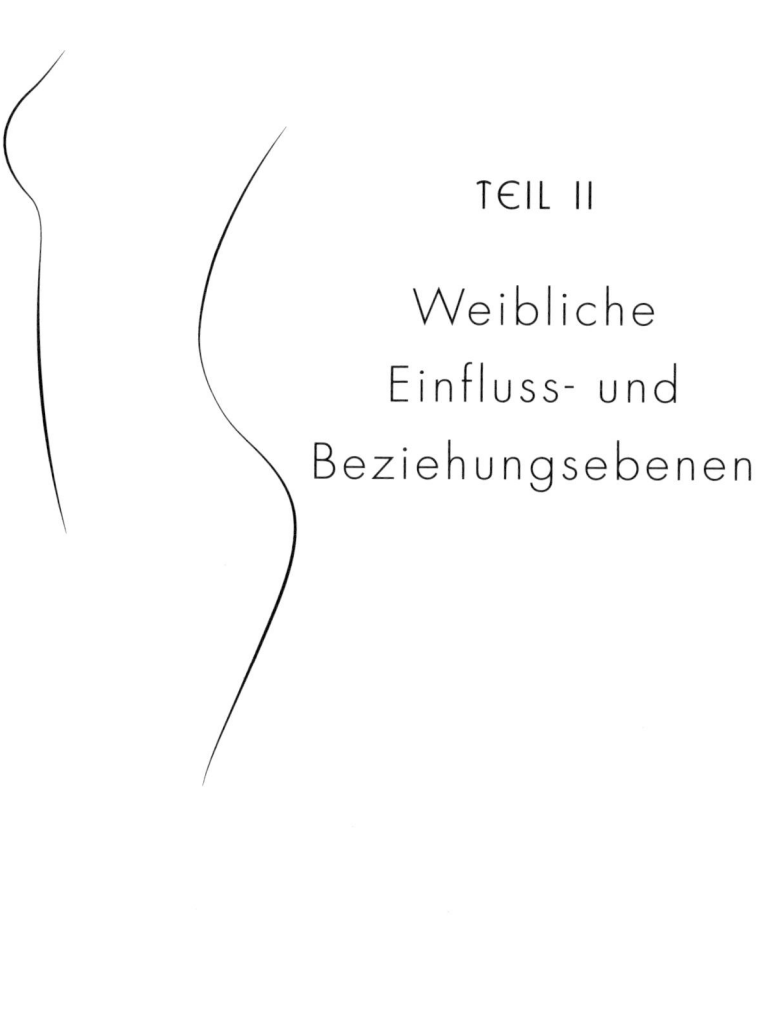

TEIL II

Weibliche Einfluss- und Beziehungsebenen

KAPITEL 5:

Von Interesse zu Leidenschaft

1903 »Um Interesse in Leidenschaft zu transformieren, musst du genug Macht ansammeln, mein Mädchen. Wenn du bereits imstande bist, das Interesse eines Mannes zu wecken, dann hast du diese Macht schon«, lobte mich meine Tante während unseres kleinen Spaziergangs. Ich versuchte, anziehend zu wirken, wie sie es mir gesagt hatte, war aber so verwirrt, dass ich die Reaktionen vorübergehender Männer gar nicht wahrnahm. Meine Tante achtete allerdings umso genauer darauf. Aus ihrer Bemerkung konnte ich schließen, dass sie mit der Wirkung, die ich erzielte, zufrieden war.

»Je mehr weibliche Energie du hast, desto stärkere und erfolgreichere Männer kannst du anziehen«, fuhr sie fort. »Das Begehren eines Gärtners zu wecken ist leicht, aber nur eine Frau, die über große sexuelle Energie verfügt, kann das Begehren eines Zaren wecken. Manche Frauen verfügen von Geburt an über diese Energie, andere brauchen jahrelange Übung, um sie zu erlangen.

Die erste Ebene der weiblichen Macht ist körperliche Ausstrahlung und die Kraft, Männer anzuziehen. Sie ist uns angeboren und hängt gewöhnlich von unserer körperlichen Attraktivität ab, aber sie ist nicht der einzige Faktor. Doch die Macht unserer sexuellen Energie bestimmt, wen wir anziehen, ob es ein Bettler oder ein Minister ist.

Männer wiederum haben unterschiedliche männliche Energien, und zwar in sieben verschiedenen Ebenen. Auf der ersten Ebene verdient ein Mann gerade genug Geld zum Überleben, auf der zweiten kann er ein Haus unterhalten und eine Familie ernähren, ist aber gewöhnlich noch lohnabhängig. Auf der dritten Ebene hat er genug Energie für eine Existenz als selbstständiger Geschäftsmann. Das Geschäft ist vielleicht nur klein, bringt aber ein beständiges Einkommen und gibt auch anderen Menschen Arbeit. Die vierte Ebene männlicher Energie ist die des Sonnenplasmas. Er wird bekannt; Geld fließt ihm zu wie ein Fluss. Aber sein Ruhm geht vorbei, wenn er nicht zur fünften Ebene aufsteigt, der Ebene der Autorität. Auf dieser Ebene wird er ein gefeierter Würdenträger, ein Minister oder ein Industrieller und Millionär. Das ist die Ebene der Besitzer internationaler Konzerne mit Tausenden von Arbeitern. Die sechste Ebene ist die der geistigen Autorität, die Ebene der Könige und Kaiser oder derjenigen, deren Namen jahrhundertelang unvergessen bleiben: Philosophen, Dichter, Künstler. Die Ideen eines Mannes, der die sechste Ebene der Macht erreicht hat, beeinflussen die Menschheit tief und hinterlassen ihre Spuren in der Geschichte. Für einen Mann, der die siebte Ebene erreicht, ist schließlich der Geist wichtiger geworden als alle irdischen Probleme.

Aber hinter jedem von ihnen steht eine Frau. Nur sie kann einen Mann zu solchen Höhen führen oder ihm alles wieder nehmen. So wie die Sonne die Planeten anzieht, zieht eine von Energie erfüllte Frau Männer an. Und je mehr Energie sie hat, desto größer ist der Planet, den sie anziehen kann, desto bedeutsamer der Mann, den sie anzieht. Jeder Ebene entspricht eine bestimmte Energiemenge. Mit der nötigen Anzahl von Umdrehungen stärkst du deine potenzielle Energie und baust die Zellen deines Körpers wieder auf. Du hast bereits einen Strudel für die Ansammlung von Energie geschaffen, jetzt solltest du diesen Strudel wieder zurückdrehen, um ihn zu verstärken.

Strudel, um Männer anzuziehen

Atme ein und falte dabei die Hände vor der Brust, wie beim Beten. Beim Ausatmen hebe die Hände seitlich und tritt in einen Kraftstrom ein, wobei du die Handflächen über dem Kopf aneinanderlegst. Beim Einatmen senkst du die Hände wieder auf Brusthöhe, zwischen den Atemzügen drehst du sie mit den Handflächen nach unten und senkst sie bis auf die Höhe des Zentrums der Leidenschaft (vier Fingerbreit unter dem Nabel). Nun konzentrierst du deine Energie, nimmst die Handflächen auseinander, legst die Finger zu einem Dreieck um dieses Zentrum zusammen und beim Ausatmen öffnest du den Strudel, indem du die Hände hebst, ohne die Ellenbogen zu beugen.

Drehe dich dabei im Uhrzeigersinn. Die Anzahl der Umdrehungen hängt von der Ebene des Mannes ab, den du anziehen willst: 3 Umdrehungen für die erste Ebene, 7 für die zweite, 17 für die dritte, 34 für die vierte, 72 für einen Minister und 108, wenn du einem Kaiser begegnen möchtest. Es dauert 28 Tage, bis deine Zellen sich von einer Ebene auf die nächste regeneriert haben. Versuche es zunächst mit 7 Umdrehungen; wenn dir das leichtfällt, kannst du dich auf 17 steigern. Vergiss nicht, nach dem Ritual zu danken und das Universum geistig zu schließen.

2003 »53, 56«, zählte ich, während ich mich um mich selbst drehte, gegen die Übelkeit ankämpfte und mich gerne einfach kraftlos auf den Boden fallen gelassen hätte. ›Das kann vielleicht eine Ballerina, die von Kind an gelernt hat, Pirouetten zu drehen. Wahrscheinlich konnte die Kshesinskaja deshalb drei Großherzöge in den Wahnsinn treiben‹, dachte ich, erreichte endlich die 72 und sank erschöpft aufs Sofa.

Es wurde Juli, und ich fand, dass es an der Zeit war, meine Fähigkeiten zu verbessern; ein Ölbaron wäre genau das Richtige für mich. Ich schätzte, dass sie in der heutigen Zeit der fünften Ebene entsprechen müssten. Wenn ich die erreichen konnte, wären alle Manager (zweite

Ebene), kleinen selbstständigen Geschäftsleute (dritte Ebene) und Prominenten aller Art (vierte Ebene) automatisch inbegriffen. Allerdings konnte ich mir nur schwer vorstellen, wie man es anstellte, einen Ölbaron zu treffen, doch mein Glaube an die Macht der antiken Methoden ließ mich auf ein Wunder hoffen. Und das Wunder geschah tatsächlich – allerdings nicht in St. Petersburg, sondern in Sotshi, wo unsere Firma ein dreitägiges Seminar veranstaltete.

Am zweiten Tag meines Aufenthalts in dieser wunderbaren Stadt kam ich gerade zum Frühstück, hatte mir bereits ein Croissant genommen und suchte nach einem Sitzplatz. Alle Einzeltische waren besetzt, und da ich verschlafen hatte, gab es auch keine Bekannten, zu denen ich mich hätte gesellen können, als drei Männer mich freundlich einluden, mich zu ihnen zu setzen. Während wir frühstückten, entwickelte sich eine Unterhaltung, in deren Verlauf wir feststellten, welche verschiedenen Winde uns nach Sotshi gebracht hatten.

»Wir sind auch geschäftlich hier«, sagte einer von ihnen. »Wir wollen eine unserer neuen Tankstellen inspizieren, die gerade im Bau ist. Aber das Geschäft kann auch warten. Wenn man ein so charmantes Mädchen trifft, genießt man besser das Meer und einen Törn auf der Jacht. Wie lange dauert Ihr Seminar?« Er sah mich neugierig unter gesenkten Lidern an.

»Bis um sieben«, murmelte ich undeutlich und war innerlich ganz außer mir vor Freude, dass sich vor meinen Augen gerade drei wahrhaftige Ölbarone materialisiert hatten.

»Geben Sie uns Ihre Nummer, wir melden uns«, fuhr er gebieterisch fort. Die beiden anderen, wahrscheinlich seine Angestellten, lächelten nur zustimmend.

Ich saß den ganzen Tag wie auf Kohlen, innerlich den Anruf erwartend ... der nicht kam. Einerseits war ich erleichtert: mit drei Unbekannten auf einer Jacht, wer weiß, was einem da alles passieren konnte. Und wahrscheinlich wäre ich sowieso nicht gekommen. Aber die Tatsache, dass er nicht einmal anrief, deprimierte mich. Ich hatte zwar anscheinend gelernt, wie man Männer anzieht, aber nicht, wie man sie dann auch hält.

1903 »Anscheinend habe ich schon gelernt, wie man Männer anzieht. Vielleicht ist jetzt die Zeit für ein Treffen mit Mark gekommen?«, bettelte ich. »Es ist jetzt genug Zeit vergangen, ich habe etwas unternommen, aber bis jetzt habe ich ihn noch nicht getroffen.«

»Du kannst ihn anziehen, aber kannst du ihn auch halten?«, fragte meine liebe Tante zweifelnd. »Die zweite Ebene weiblicher Macht wird auch durch die Fähigkeit definiert zu halten – den eigenen Platz, Männer, Geld. Es gelten wieder dieselben Zahlenebenen, die unsere Fähigkeit definieren, das zu halten, was in unserem Leben aufgetaucht ist. Diese Ebene definiert bereits den Platz, den wir einnehmen. Manche leben in einer Hütte, andere in einem Palast. Es ist leicht, die Frau eines Schusters zu sein, aber man braucht sehr viel mehr Kraft, um die Frau eines Kaisers zu sein. Aber das ist alles auf der zweiten Ebene und unterscheidet sich nur durch die Stärke der Energie. Die Macht von jemandem, der in einem Palast lebt, entspricht der Zahl 108. Es liegt also vollkommen an dir, wen du dir als Ehemann sichern kannst.

Du weißt bereits von mir, dass die Frau den Mann erschafft. Wenn du dich in einen Schuster verliebst und ihn heiratest, kann er trotz seiner niedrigen Herkunft zum Kaiser aufsteigen. Solche Fälle sind aus der Geschichte bekannt. Bleibt er jedoch ein Schuster, so liegt es an der Kraft deiner Energie. Es bedeutet, dass du dich nicht weiterentwickelt und keine Energie gespeichert hast, sondern sie im Laufe der Zeit verloren hast, anstatt darauf zu achten, sie zu bewahren und angemessen zu gebrauchen.

Aber kehren wir zur zweiten Ebene der weiblichen Macht zurück, der Ebene sexueller Autorität.

Du führst wieder die Übung mit dem Strudel durch wie für die Anziehungskraft, öffnest ihn jedoch nach unten und drehst dich entgegen dem Uhrzeigersinn. Es ist sinnvoll, dieselbe Anzahl Umdrehungen nach oben und nach unten auszuführen. Für manche ist es einfacher, anzuziehen als zu behalten, für andere umgekehrt. Wenn du die Übung durchführst, wirst du es gleich sehen. Es ist sehr schwierig – und vergiss nicht, das Universum zu schließen. Und denk daran, deinen Dank zu entrichten, wenn du fertig bist.

Über die folgenden Ebenen kann ich dir leider nichts sagen, bis du die ersten zwei beherrschst.« Meine Tante überlegte, als schaue sie in die Zukunft, und fuhr fort: »Wer weiß, wer dir später davon erzählen wird … Auf jeden Fall beziehst du die Energie für die höheren Ebenen aus der weiblichen Energie. Es ist daher sehr wichtig, dass du eine Reserve anlegst, die du in Zukunft nach deinen Wünschen verwenden kannst, für einen Mann, für Ruhm, für Autorität oder für die Gewinnung von Reichtum.«

2003 »Die Fähigkeit, selbst Geld zu verdienen, ist die dritte Ebene der weiblichen Macht, die soziale Macht«, erklärte mir Aruna. (Direkt nach der Rückkehr aus Sotschi war ich nach Moskau geeilt, um die Antwort auf meine Fragen zu erfahren.)

»Diese Ebene heißt Wirbelwind, und deshalb sagt man von einer erfolgreichen Geschäftsfrau in Russland, sie sei ›entfesselt‹. Sie hat nämlich ihren Wirbelwind entfesselt.

Wenn du einatmest, falte deine Hände vor der Brust wie im Gebet zusammen. Beim Ausatmen hebst du die Hände und trittst in den Kraftstrom ein, wobei du die Hände über dem Kopf zusammenlegst. Beim nächsten Atemzug senkst du sie wieder bis zur Brust, in der Pause zwischen zwei Atemzügen drehst du die Handflächen nach unten und senkst sie bis zum Solarplexus. In der Pause zwischen zwei Atemzügen konzentrierst du die Energie, und beim Ausatmen hebst du die Hände wieder über den Kopf und faltest sie, wobei du alle Finger bindest und nach oben richtest. Stell dich auf die Zehenspitzen und drehe dich 3, 7, 17, 34, 73, 108 oder 117 Mal um dich selbst.

Auf der dritten Ebene kann eine Frau Tausende Dollar verdienen, das ist die Ebene einer kleinen Boutique, eines Friseursalons oder Cafés. Vor 100 Jahren erreichten nur wenige Frauen diese Ebene, aber die Zeiten haben sich geändert, und mittlerweile gibt es viele erfolgreiche Frauen in der Wirtschaft.

Da ist nur ein Problem. Auf der dritten Ebene beginnt die männliche Energie zu dominieren, und wenn eine Frau all ihre Kraft auf das Geldverdienen richtet, verliert sie die weibliche Energie aus der zweiten (sexuellen) und vierten (emotionalen) Ebene. Der Mann nimmt sie dann nicht mehr als Frau wahr - als Partnerin, als Freundin, manchmal als Konkurrentin, aber nicht mehr als Frau. Und das ist unabhängig von Alter oder Erscheinung.

Das ist das Hauptproblem vieler Geschäftsfrauen. Sie haben die dritte Ebene, die Ebene der Autorität erreicht, aber ihre Manifestation weiblicher Energie ist blockiert. Wenn man nicht weiß, wie man diese Energie auffüllt und vermehrt, ist man nur im Geschäft erfolgreich, nicht jedoch in der Liebe.

Schauen wir einmal, welche Energie in dir vorherrscht, weibliche oder männliche.

Schließe die Augen und stell dir vor, dass du deinem eigenen Bild gegenüberstehst. Du hast eine Palette in der Hand mit nur zwei Farben, Rot und Weiß. Nimm einen Pinsel und male dich selbst - Kopf, Hände, Torso und Beine. Wenn du fertig bist, öffne die Augen wieder.

Was ist mit dir geschehen? Wenn du einen Prozentsatz angeben solltest, welche Farbe herrscht dann vor?«, fragte mich Aruna.

»Ungefähr 60 Prozent Weiß und 40 Prozent Rot«, erwiderte ich.

»Dann herrscht die männliche Energie in dir vor. Im Idealfall wären es nicht mehr als 25 Prozent männlicher Energie und 75 Prozent weiblicher. Wenn das Gleichgewicht überschritten wird, beginnt deine männliche Energie die Energie deines Mannes zu übertreffen. Der Mann einer solchen Frau verliert dann an Macht und wird zu einem ›Pantoffelhelden‹. Aus diesem Grund halten sich starke und erfolgreiche Männer unbewusst von starken und erfolgreichen Frauen fern.«

»Das erklärt vieles, aber warum herrscht in mir die männliche Energie vor?«

»Du hast zu viel Verantwortung auf dich geladen. Du verdienst nicht deshalb Geld, weil es dir Spaß macht, sondern weil du für deinen Lebensunterhalt sorgen musst.«

»Na und? Viele Menschen verdienen ihren Lebensunterhalt selbst. Was ist falsch daran, erfolgreich und wohlhabend zu sein?«

»Das ist nichts Schlimmes, aber es sollte dich nicht überraschen, dass so viele Männer ihre sexuelle Orientierung geändert haben und es jetzt so viele impotente und schwache Männer gibt. Unsere Unabhängigkeit und Macht zerstören sie. Aber wirklich schlimm ist es, dass die Frau durch zu große Verantwortung auch zerstört wird. Dominiert die männliche Energie, führt das zu Frauenkrankheiten. Der Körper verzeiht es nicht, wenn wir unser Wesen vernachlässigen.«

»Aber wie soll man erfolgreich sein Geld selbst verdienen, ohne dadurch quasi zum Mann zu werden?«

»Geld kommt aus der Schöpferkraft. Frauen sind die Verkörperung der kreativen Energie des Universums. Die wenigen Frauen, die ihr kreatives Talent entdeckt haben, in welchem Bereich auch immer, sind erfolgreich und wohlhabend und behalten gleichzeitig ihre weibliche Energie, weil das Geldverdienen nicht ihr oberstes Ziel ist. Seinen Lebensunterhalt zu verdienen ist das Hauptziel des Mannes.«

»Erdrückt eine solche Verantwortung nicht den Mann?«

»Nein, gerade nicht. Diese Verantwortung macht den Mann sogar stärker, aber eine Frau bezahlt dafür, indem sie krank wird. Die Natur ist weise, und man muss ihren Regeln folgen. Weiblichkeit gehört zur Frau, Männlichkeit zum Mann.«

1903 »Weiblichkeit gehört zur Frau, Männlichkeit zum Mann. Jetzt trennen wir die männliche von der weiblichen Energie«, hörte ich durch meine Träume hindurch. Es war früh am Morgen, ungefähr vier Uhr, als meine Tante mich wecken kam. »Warum so früh?«, protestierte ich. »Kein Mann ist diese Quälerei wert!« Ich zog mir die Decke über den Kopf.

»Kein Mann«, stimmte meine Tante zu, »aber du tust das ja für dich selbst und nicht für einen Mann. Also steh auf; nach dem Sieg kannst du schlafen!«

Ich kroch aus dem Bett, wusch mich ein wenig und kam ins Speisezimmer. Meine Tante wartete dort bereits auf mich und trank Kaffee.

»Gehen wir besser in den Wintergarten, damit die Dienerschaft nicht aufwacht.«

Im Wintergarten blühten Zitronenbäumchen in ihren Töpfen und füllten den Raum mit ihrem Duft.

»Diese antike Methode heißt ›Die Hähne‹. Sie wird dir dabei helfen, deine männliche von der weiblichen Energie zu trennen sowie dich selbst zu akzeptieren und zu lieben. Schließe die Augen und sprich mir nach.

Wir stellen unsere Füße parallel zueinander, atmen aus, heben die Hände über den Kopf und verbinden sie zu einem Dreieck. Beim Einatmen senken wir das Dreieck bis zur Brust und teilen dabei die Energie im Geiste: die weiße nach rechts, die rote nach links. Beim Ausatmen drehen wir das Dreieck nach unten und senken es zum Boden. Das wiederholen wir drei Mal. Dann setzen wir uns, stützen die Ellenbogen auf die Knie und warten, bis die Hände zusammenkommen. Die Hand, die sich schneller bewegt, zeigt, welche Energie in uns vorherrschend ist. Wenn die Hände zusammenkommen, heben wir sie bis zum Kinn, stützen das Kinn auf die Daumen und drücken mit den Zeigefingern auf einen Punkt unter der Nase (den Punkt des Vorgedächtnisses). Die anderen Finger formen wir zu einem Trichter vor dem Mund. In diesen

Trichter atmen wir acht Mal aus und rufen drei Mal ›Kikeriki‹, um den Sonnenaufgang willkommen zu heißen. Danach schieben wir die Daumen im Gesicht aufwärts bis zum Scheitel, dann strecken wir die Finger und heben die Hände zur Sonne.

Du kannst jetzt die Augen öffnen.«

Ich öffnete meine Augen und sah meine Tante an.

»Das Krähen war lächerlich!«, sagte ich. »Aber meine rechte Hand hat wirklich ein Eigenleben entwickelt.«

»Du solltest nicht alles mit einem so frommen Gesicht tun; Lachen tötet die Furcht. Dieses Ritual nimmt auch die Furcht vor dem Erfolg, die Furcht vor der Öffentlichkeit und die Furcht vor Popularität. Wenn du mit deinen männlichen und weiblichen Energien zurechtkommst und diese Ängste überwinden kannst, dann kannst du weiter zur vierten Ebene der weiblichen Autorität gehen, das ist die emotionale Ebene.«

2003 »Die vierte Ebene der Autorität ist die emotionale Autorität. Auf dieser Ebene der Verzauberung wird eine Frau zum Idol aller und wird von allen geliebt. Wenn sie diese Ebene erreicht hat, wird sie bekannt; es ist die Ebene des Ruhms. Wenn eine Frau diese Ebene erreicht, strömt ihr das Geld von selbst zu«, fuhr Aruna fort. Ich hatte mich entschlossen, eine Woche in Moskau zu bleiben, um ihre Kurse zu besuchen.

»Den Strudel von der Herzensebene aus zu öffnen, hilft dir dabei, emotionale Autorität zu erlangen. Wie immer stellen wir die Füße parallel zueinander. Beim Ausatmen heben wir die Hände und legen sie über dem Kopf zusammen. Beim Einatmen senken wir das Dreieck zum Herzen und öffnen beim Ausatmen einen horizontalen Strudel. Zwischen den Atemzügen stellen wir uns vor, wie seien von Bewunderern umgeben, die unser Autogramm wollen, und baden

im Lichte des Ruhms; beim nächsten Atemzug schließen wir den Strudel und legen die Hände auf die Brust.«

Beim Wiederholen dieser Übung kam mir eine Idee.

»Vielleicht ist meine Urgroßmutter eine deiner vorherigen Inkarnationen?«, fragte ich nachdenklich.

»Nein, aber das Wissen ist unteilbar«, erwiderte Aruna leichthin. Meine Frage hatte sie nicht überrascht. »Jede Frau stellt sich ihr eigenes Mosaik zusammen, ihre eigenen Informationssteinchen, um daraus ein Bild von der Welt zu machen. Du hast das Zeug, um eine Frau der fünften Ebene zu werden.«

»Die fünfte Ebene der Autorität ist eine existenzielle Autorität«, fuhr Aruna fort. »Sie ist die Ebene der Persönlichkeit, der Milliardäre, der großen Autorität. Eine Frau, die die fünfte Ebene erreicht hat, wird Gouverneurin, Premierministerin oder Konzernchefin.

Die sechste Ebene ist die geistige Autorität, eine Frau, die definiert, worüber und was die Menschheit denkt. Vielleicht schreibt sie nur ein einziges Buch, aber das bringt ihr alles – Ruhm, Geld und einen Mann, wie zum Beispiel bei J. K. Rowling, die *Harry Potter* geschrieben hat, oder sie wird Modeschöpferin wie Coco Chanel oder sie überschreitet physische und geistige Grenzen.

Die siebte Ebene ist die spirituelle Autorität, die Verbindung zwischen den höchsten Mächten und den Menschen. Diese Frauen sind die spirituellen Lehrerinnen der Menschheit, wie etwa Jelena Roerich und Mutter Teresa.

Du selbst entscheidest, welche Ebene du erreichen willst. Alles hängt von deiner weiblichen Energie und deiner Geschicklichkeit ab, sie in die notwendigen Richtungen zu lenken. Je mehr Energie du hast, desto mehr kannst du erreichen und desto mehr Männer werden in dein Leben treten.«

»Aber ich will ja nicht viele Männer, ich will nur einen – den einen«, widersprach ich, immer noch gebannt von dieser faszinierenden Aussicht.

KAPITEL 6:

Was für eine Beziehung möchtest du haben?

1903 »Ich will nur einen Mann – den einen«, flehte ich eines Abends meine Tante an. »Langsam verliere ich wirklich die Hoffnung, dass ich ihm je begegnen werde.«

»Liebes, bevor du ihm begegnest, musst du erst vollständig gelernt haben, wie man eine Beziehung aufbaut. Du musst dich selbst kennenlernen und wissen, was du möchtest. Du hast zwei Möglichkeiten: Du kannst seine Liebhaberin oder seine Ehefrau werden.«

»Liebe Tante, jede Frau will ihren geliebten Mann heiraten«, widersprach ich.

»Nicht unbedingt, aber du hast Recht; es ist einfacher, den zweiten Weg zu wählen, die Heirat. Ist man erst einmal die Geliebte, wird eine Heirat fast unmöglich. Daher ist es besser, eine Beziehung anfänglich so aufzubauen, als wolle man heiraten. Einen potenziellen Ehemann kann man zu einem Liebhaber oder Bewunderer machen, wann immer man möchte.

Eine Geliebte zu sein, ist nur einer der vier möglichen Zustände einer Frau. Von einer Ehefrau erwartet ein Mann alles: eine leidenschaftliche Geliebte, eine inspirierende Muse oder eine unnahbare Königin, ein begeistertes Mädchen und eine feurige Liebende. Der Mann erwartet, wenn auch nur unbewusst, die Befriedigung all seiner Bedürfnisse: der geistigen, der emotionalen, der körperlichen und der sexuellen.

Auf der körperlichen Ebene erwartet er von einer Frau, dass sie ihn versorgt, ihm schmackhaftes Essen zubereitet, das Haus in Ordnung hält und ihn in schwierigen Momenten unterstützt und beruhigt. Dieser Zustand heißt *die Geliebte*.

Auf der emotionalen Ebene braucht er jedoch ein hilfloses Mädchen, das seinen Schutz braucht, ein Mädchen, das ihn bewundert und jedem seiner Worte bewundernd lauscht. Ein Mädchen, das seinen Talenten vollkommen vertraut, sich über seine Erfolge freut und selbst seine einfachsten Bemühungen und Geschenke akzeptiert.

Auf der geistigen Ebene erwartet der Mann von einer Frau Klugheit und Bildung, die Fähigkeit zu intelligenten Gesprächen und Interesse für seinen Beruf und seine Probleme, so dass sie ihn leiten und inspirieren kann, interessant und unabhängig, kreativ und unberechenbar ist. Er möchte in ihr eine Königin oder eine Muse sehen.

Aber all das ist nichts dagegen, was der Mann nachts erwartet. Deshalb sagt ein Sprichwort: ›Ein Nachtvogel bekommt mehr als ein Tagvogel.‹ Eine leidenschaftliche und geschickte Liebhaberin, die ihre Intimmuskeln völlig unter Kontrolle hat und alle Geheimnisse der Liebeskunst und die geheimen Stellen des Männerkörpers kennt, hat keine Angst vor verbotenen Liebkosungen und erhält unbegrenzte Autorität. Ein Mann ist einer solchen Frau nie überdrüssig, er fühlt sich wieder und wieder zu ihr hingezogen, dürstet nach ihr und möchte jede einzelne Nacht nur mit ihr verbringen.

Ein Mann träumt davon, in einer einzigen Frau all dies zu finden – Liebhaberin, Geliebte, Königin und Mädchen. Das sind die vier grundlegenden Manifestationen der weiblichen Energie, die vier Grundzustände der Frau.

Schon immer werden Männer intuitiv zu jenen Frauen hingezogen, die mehrere Manifestationen in sich vereinen, weil sie spüren, dass nur sie einen Mann zu Macht und Integrität erheben können. Nur wenn eine Frau einen Mann auf allen vier Ebenen ergänzt, wird er von Energie erfüllt und ist zu jeder Leistung fähig.

Nur solch eine Frau kann einem Mann helfen, die Welt zu erobern, die er ihr dann zu Füßen legen wird. Nur eine solche Frau kann ihrem Mann dazu verhelfen, jene Höhen zu erreichen, die das Schicksal für ihn bereithält. Wenn eine Frau alle diese Zustände in sich verkörpert, schließt sie den Kreis der weiblichen Macht und bekommt als Symbol dafür gewöhnlich einen Ehering.

Während eine Frau umworben wird, sollte sie alle diese vier Stadien durchlaufen: das Mädchen, die Liebhaberin, die Königin und die Geliebte. Ein Mann überprüft, wie gut sie alle diese Ebenen beherrscht und ob sie später seine Bedürfnisse erfüllen wird. Darauf beruht die Heiratsstrategie.«

»Die Heiratsstrategie?« Ich sprang aus dem Lehnsessel. »Liebe Tante, erzählst du mir davon?«

»Gewiss«, erwiderte Sofija Nikolajevna. »Es gibt eine bestimmte Abfolge, die man beachten muss, wenn man eine Beziehung aufbaut. Man muss die Richtung kennen, in die das Ganze läuft; dann vermeidet man viele Schwierigkeiten und erreicht sein Ziel sicher, kann aber gleichzeitig den Weg selbst bestimmen. Was glaubst du, in welchem Zustand eine Frau am meisten Aufmerksamkeit auf sich zieht?«

»Als Liebhaberin?«, nahm ich an.

»Das stimmt!«, sagte meine Tante erstaunt. »Es scheint, ich habe dir schon alles erzählt! Vielleicht solltest du selbst fortfahren?«

»Nein, lieber nicht«, bat ich. »Bitte erzähle weiter!«

»Nun«, ließ sich meine Tante erweichen, »eine Liebhaberin zieht Männer an, aber wenn man dann eine Nacht mit einem Mann verbringt, bleibt man nur eine Geliebte in seinen Augen. Um ihn zu heiraten, musst du in den Zustand einer Königin eintauchen und seinen Jagdinstinkt wecken. Und nachdem er dich gewonnen hat, wirst du zum folgsamen Mädchen, das ihm alle Entscheidungen und die ganze Verantwortung überlässt. Erst nach der Verlobung darfst du zeigen, was für eine bemerkenswerte Geliebte du sein kannst. Wenn du diese Reihenfolge nicht einhältst, geht die Beziehung entweder schnell zu Ende oder schleppt sich ohne Ergebnis dahin. Wenn du alles richtig machst, schließt du den Kreis der weiblichen Macht.«

»Für immer?«, zweifelte ich.

»Nicht unbedingt. Wenn die Frau sich wegen irgendeines Ereignisses oder ihrer eigenen Prägung und Erziehung auf einen bestimmten Zustand konzentriert und die anderen vernachlässigt, wird der Kreis der weiblichen Macht durchbrochen, und der Mann beginnt, nach einer anderen Frau zu suchen, die seine unerfüllten Bedürfnisse befriedigt, nach einer, die ihm Liebhaberin, Mädchen oder Königin sein kann.«

»Aber Mutter hat mir immer gesagt, dass eine gute Ehefrau zuallererst eine gute Geliebte sein müsse!«, erinnerte ich meine Tante.

»Und dann sind die Mütter immer empört, wenn sich der Schwiegersohn eine Liebhaberin nimmt.« Meine Tante zuckte mit den Schultern. »Im Familienalltag konzentrieren sich allzu viele Frauen darauf, eine gute Geliebte zu sein. Die russische Tradition hat uns daran gewöhnt. Aber darin liegt noch eine größere Gefahr: Eine Frau widmet sich dem Haushalt, der Kindererziehung und gleichzeitig auch der Erziehung ihres Mannes. Wenn sie ständig damit beschäftigt ist, die Dienstboten anzuleiten oder Ähnliches, vergisst sie, wie man eine leidenschaftliche Liebhaberin oder ein begeistertes Mädchen ist.

Sie vergisst, dass ein Mann zwar die Geliebte schätzt und ihr dankbar für das gemütliche Heim ist, das sie ihm bietet, sie aber nicht begehrt. Man muss bei allem Maß halten. Um einen Mann immer so in Leidenschaft entflammt zu halten wie in den ersten Jahren, muss man sich ständig verändern und von einem Zustand in den anderen wechseln.«

»Liebe Tante, glaubst du, dass ein Mann überhaupt einer einzigen Frau treu bleiben kann? Das widerspricht seiner Natur!«

2003 »Glaubst du wirklich, dass ein Mann einer einzigen Frau treu bleiben kann?«, fragte ich Antonina, die Dozentin des Seminars *Die Frau und die Elemente,* das ich begeistert verfolgte.

Ich hatte beschlossen, an jedem Kurs teilzunehmen, der etwas mit weiblicher Energie zu tun hatte, und bis jetzt gefielen mir alle sehr gut. Ich saß mit drei Freundinnen, die ich mit großem Eifer überzeugt hatte, ihren Urlaub darauf zu verwenden, sich selbst kennenzulernen, um Antonina herum auf dem Fußboden und lauschte gebannt ihren Worten. Antonina sah mich scharf an und erwiderte leichthin:

»Doch, wahrscheinlich schon, wenn die Frau klug genug ist, alle ihre Rollen vollständig zu erfüllen. In verschiedenen Traditionen tragen diese Rollen unterschiedliche Namen, aber sie bedeuten im Grunde immer dasselbe. Es gibt vier grundlegende Manifestationen der weiblichen Energie: Liebhaberin, Schlampe, Mädchen und Geliebte.«

»Das ist fast dasselbe, was meine Urgroßmutter geschrieben hat; sie hat statt Schlampe allerdings Königin gesagt«, bemerkte ich.

»Ja, die Schlampe ist eine neuere Entwicklung. Erfolgreich, selbstständig, zielbewusst. Es gibt Hunderte Bücher darüber, wie man eine Schlampe wird. Man sollte dabei aber nicht vergessen, dass das nur einer der vier Zustände ist. Eine Schlampe zieht Männer an, aber der Mann heiratet das Mädchen, nicht die Schlampe.«

»Und ein Mädchen wird zur Geliebten, und die verlässt der Mann für eine Liebhaberin«, ergänzte ich traurig.

»Ja, das passiert, wenn die Frau aufhört, gleichzeitig Schlampe, Liebhaberin, Mädchen und Geliebte zu sein. Aber wenn sie all das hat, warum sollte der Mann woanders suchen? Leider vergessen Frauen das mit der Zeit oft.«

»Wieso vergessen? Ich habe das bis jetzt gar nicht gewusst, und meine Freundinnen auch nicht.« Aniska, Kisa und Manetshka nickten zustimmend.

»Vielleicht hast du noch nichts davon gehört, aber das heißt nicht, dass diese Zustände dir unvertraut wären. Als Frau geboren zu werden, bedeutet, dass man bereits intuitiv um alle diese Zustände weiß; lediglich das Ausmaß ihrer Manifestationen unterscheidet sich von Frau zu Frau. Bei manchen herrscht die Geliebte vor, bei anderen die Schlampe oder die Liebhaberin oder auch das Mädchen.

Wenn der Zustand des Mädchens vorherrscht, sind immer alle überrascht, warum ein so nettes, liebenswertes und gehorsames Mädchen immer noch alleine ist, und vergessen dabei, dass es nicht das Mädchen ist, das Männer anzieht, sondern die leidenschaftliche Liebhaberin. Wenn eine Frau dagegen lieber unabhängig und frei ist, für sich selbst entscheidet und den Zustand einer Schlampe bevorzugt, dann ist das in mancher Hinsicht am besten, um einen Mann verrückt zu machen, aber wenn er dann erreicht hat, was er haben will, erwartet der Mann, dass sich die Tigerin in ein zahmes Kätzchen verwandelt, und wenn das ausbleibt, erträgt er irgendwann diesen Druck nicht mehr und verschwindet.«

»Wovon hängt es ab, in welchem Zustand man sich befindet?«

»Von dem in dir vorherrschenden Element. Jedes Element ordnet dich im Moment der Geburt einer bestimmten Energie zu. Das Element Erde, stark und nach innen gekehrt, verleiht einer Frau Ruhe, praktisches Gemüt und Verlässlichkeit. Das Element Feuer ist heiß und pulsierend und macht eine Frau unberechenbar, leidenschaftlich und sexuell aktiv. Das Element Wasser verleiht einer Frau Emotionalität, Spontaneität, Verspieltheit und Nachgiebigkeit. Das Element Luft macht eine Frau selbstständig und hartnäckig, unabhängig und rational.

Aber eine Frau ist frei, und muss nicht das von der Geburt vorherbestimmte Leben führen. Sie kann die Energien, die weniger stark ausgeprägt sind, entwickeln und kräftigen. Die Verbindung mit den Elementen unterstützt eine Frau dabei, so dass sie in den Zustand von Integrität und Macht gelangt.

Die Legende sagt, dass die ersten Lehrerinnen der Priesterinnen im Tempel der Aphrodite vier Göttinnen gewesen seien, die diese

Elemente verkörperten und jeder Frau davon je nach ihrer Macht, ihrem Wissen, ihrer Autorität und ihrer Weisheit zuteilten.«

Antonina zeigte uns die Abschrift eines alten Manuskripts, das vier Göttinnen zeigte, und erzählte uns von ihnen:

»Die schöne gelbe Göttin kam aus dem Westen und verkörperte das Element Erde. Eine Frau, in der die Erde vorherrscht, ist eine gute Geliebte.

Die raffinierte rote Göttin kam aus dem Osten und verkörperte das Element Feuer. Eine Frau, in der das Feuer vorherrscht, ist eine temperamentvolle Liebhaberin.

Die charmante grüne Göttin kam aus dem Süden und verkörperte das Element Wasser. Eine Frau, in der das Wasser vorherrscht, ist ein begeistertes Mädchen.

Die wundervolle blaue Göttin lebte im Norden und verkörperte das Element Luft. Eine Frau, in der die Luft vorherrscht, ist eine kluge Schlampe.«

Fasziniert betrachteten wir die schönen Göttinnen und atmeten dann beinahe gleichzeitig aus.

»Und wie erfahren wir, welcher Zustand in uns vorherrschend ist?«

Antonina lächelte; offensichtlich hatte sie diese Frage erwartet. »Um zu lernen, welches Element in euch vorherrscht, müsst ihr euch auf eine imaginäre Reise zu jeder Göttin begeben und in ihre Energie und ihre Schwingungen eintauchen und sie selbst fühlen. Seid ihr bereit? Dann schließt die Augen, atmet ein und stellt euch beim Ausatmen vor, dass ihr in einem antiken Wald seid. Ihr tretet auf eine Lichtung hinaus und seht ...«

1903 Ich trat auf eine Lichtung hinaus und schaute mich um. Irgendwo erklang eine Flöte, und ich wollte meine Tante fragen, wer sie spielte. Aber sie legte den Finger an die Lippen und schüttelte den Kopf. Am Morgen des 23. Juni hatte meine Tante verkündet, wir brächen zu einer kleinen Reise auf und würden die Nacht der Sonnenwende auf einer Insel im Ladogasee verbringen. An diesem Tag sind die Elemente aktiv, und es ist möglich, ihre Energie aufzunehmen.

Es wurde bereits dunkel, als wir den See erreichten, und am Ufer wartete schon ein Boot auf uns. Alles war geheimnisvoll und interessant. Das Boot glitt still über die dunkle, glatte Wasserfläche. Meine Tante schwieg. Schweigen hilft beim Energiesparen, und seit dem Morgen hatte meine Tante kein Wort mehr gesprochen und auch mir Stille geboten.

Wir erreichten eine kleine Insel. Wir stiegen aus, und das Boot verschwand. Die Insel schien verlassen zu sein, doch dann tauchten wie Phantome vier Frauengestalten aus dem Nichts auf. Sie waren in lange Gewänder in unterschiedlichen Farben gekleidet: hellblau, golden, dunkelrot und apfelgrün. Der Stil erinnerte mich an das Mittelalter, war aber viel gewagter: eng geschnittene lange Ärmel, ein tiefes Dekolleté, das bis zum Nabel reichte und einen Teil der Brust freilegte, und ein weit geschnittenes Unterteil. Das Kleid wurde von einem Gürtel gehalten, der aus einem farblich passenden Gewebe und etwas Goldenem geflochten war. Die Gesichter der Frauen waren unter Kapuzen verborgen.

Sie stellten sich in einem Kreis um mich herum. Ich sah meine Tante an, und sie nickte, als wolle sie mir sagen, es gebe keinen Grund zur Furcht.

Das Mädchen in Blau stellte sich im Norden auf, das Mädchen in Gold im Westen, das Mädchen in Rot im Osten und das Mädchen in Grün im Süden. Sie reichten einander die Hände: die rechte Handfläche oben, die linke unten. Niemand sprach, aber die Musik wurde lauter, und ich spürte, dass ich zum Zentrum eines Strudels geworden war; es war, als sei ich von einer warmen Welle umfangen. Die Frauen lösten die Hände voneinander, traten auf mich zu und begannen, mich auszuziehen wie eine Königin. Ich fühlte mich wohl, und selbst als ich nackt dastand, war mir nicht kalt.

Das Mädchen in Grün, dünn und fast noch ein Kind, nahm mich bei der Hand, warf ihr Kleid mit einer einzigen Bewegung ab und führte mich in den See. Das Wasser erinnerte mich an frisch gemolkene Milch. Mit sanften Bewegungen von oben nach unten wusch sie alle Erschöpfung und alle Erlebnisse der letzten Monate von mir ab. Ich spürte, wie die Wassertropfen tief in mich eindrangen und alle unnötigen Empfindungen auswuschen. Das Mädchen sprach mit melodischer Stimme zum Wasser und wies mich an, ihr nachzusprechen: »Oh durchscheinende, glatte Oberfläche des heiligen Sees, oh göttliche Mutter alles Lebendigen! Herrscherin des Himmels und der unterirdischen Gewässer! Sei meine Schutzherrin! Gewähre mir Klarheit und Reinheit, Mitgefühl und Mitleid, Glaube, Liebe und Hoffnung. Gib mir Macht und Autorität, die Unbezwungenen zu bezwingen und das Unerreichte zu erreichen.«

Ich wiederholte alles und spürte, wie das Element Wasser mich mit einer neuen Kraft erfüllte. Das Mädchen nahm mich wieder bei der Hand und führte mich ans Ufer. Sie warf mir ein weißes Kleid über, das wie ihr eigenes geschnitten war, blieb aber selbst nackt. Wassertropfen rannen an ihrem Körper herab, als sie mir eine geöffnete Muschelschale mit einer schwarzen Perle darin reichte.

»Das ist das Geschenk des Elements Wasser. Es verleiht dir emotionale Autorität. Nimm es und herrsche über die Herzen der Männer, so wie du diese Perle besitzt.«

Das Mädchen in Grün verschwand.

Ich stand da und bewunderte die Perle, als das Mädchen im roten Kleid auf mich zutrat. Sie hatte einen wunderschönen Körper. Sie nahm mich an der Hand und führte mich auf eine Lichtung, auf der ein Feuer brannte. Plötzlich hörte ich Trommeln und das Mädchen warf sein Kleid ab und begann einen kraftvollen Tanz um das Feuer. Alle ihre Bewegungen waren von primitiver Begierde und Leidenschaft durchdrungen. Ihre Lippen waren leicht geöffnet wie im Verlangen nach einem Kuss, ihre Brust hob und senkte sich. Sie glich einer Wilden, unberechenbar in ihren Handlungen und Begierden, offen für alles Neue und Unbekannte, einer Frau, die ihren Instinkten folgt und nur der Stimme der Natur gehorcht. Ich spürte ihren Puls im Rhythmus der Trommel und fiel in den

Tanz ein. Unsichtbare Hände zogen mir das Kleid aus, und das Mädchen nahm mich bei der Hand und zog mich im Kreis herum. Wir tanzten um das Feuer, bis all meine puritanische Schamhaftigkeit darin verbrannt war und ich mich im Rhythmus des Tanzes verloren hatte. Eine Welle der Erregung durchdrang mich. Ich brauchte eine Weile, bis ich die Worte verstand, die das Mädchen dem Feuer zurief.

»Oh große ewige Flamme, Schöpferin von Wärme und Licht, Funke des Lebens, lebendig und strahlend! Erleuchte mir den Weg zur Wahrheit! Sei mein treuer Begleiter bei allen meinen Unternehmungen und Erkundungen. Gewähre mir Eifer und Leidenschaft, Begierde und Lust. Gib mir Macht und Autorität, um die Unbezwungenen zu bezwingen und das Unerreichte zu erreichen.« Als die Musik aussetzte, trat sie mit dem roten Gürtel auf mich zu und reichte mir eine rote Kerze:

»Dies ist das Geschenk des Elements Feuer. Es verleiht dir sexuelle Autorität. Nimm es und mit ihm das Begehren der Männer. Wenn die Kerze herunterbrennt, zünde eine neue an ihrer Flamme an und ihre Macht wird an sie übertragen.«

Und das Mädchen in Rot verschwand.

Noch immer zitternd vor Erregung spürte ich die kühle Nachtluft nicht, war aber froh, als das Mädchen in Gold mir mein weißes Kleid reichte.

Sie führte mich schweigend an der Hand in die Tiefen des Waldes. Wir kamen zu einer Höhle, in der zwei Fackeln brannten. Ich bekam ein wenig Angst. Das Mädchen in Gold lächelte ermutigend, und ich folgte ihr. Die Höhle war trocken und hell vom Licht der Fackeln. In der Mitte zwischen ihnen ragte ein großes Steinpodest auf, das von einem großen Rosenquarzkristall gekrönt war. Das Mädchen trat an den Rosenquarz heran und berührte ihn mit ihren Handflächen. Ich folgte ihrem Beispiel. Starke Energie aus dem Kristall durchströmte mich.

»Heilige Mutter Erde, Hüterin der dunklen Gewölbe, Minerale und Edelsteine, Herrin der Berge und Täler! Sei meine Stütze.

Gewähre mir Zielstrebigkeit und Beharrlichkeit, Verlässlichkeit und Erneuerung. Gib mir Macht und Autorität, um die Unbezwungenen zu bezwingen und das Unerreichte zu erreichen.« Als ich dem Mädchen nachsprach, war mir, als habe ich Wurzeln im Boden geschlagen. Mit diesem Gefühl stand ich neben dem Kristall. Das Mädchen trat auf mich zu und reichte mir einen kleinen Rosenquarzkristall an einer silbernen Halskette.

»Dies ist ein Geschenk des Elements Erde. Es verleiht dir physische Autorität. Nimm es und beherrsche den Körper des Mannes, so wie du diesen Kristall besitzt.«

»Was bedeutet das, ›den Körper des Mannes beherrschen‹?« Ich hatte ihren Satz nicht verstanden.

»Alles, was er aus deinen Händen isst, wird das Köstlichste sein, das er je gegessen hat, alles, was er sieht, wird er mit deinen Augen sehen, alles, was er einatmet, wird ihn mit deinem Duft berauschen, alles, was er berührt, wird ihn an die Zärtlichkeit deiner Berührung erinnern, und alles, was er hört, wird für ihn wie deine Stimme klingen.«

»Klingt verführerisch, aber das ist doch nicht real«, lächelte ich.

Das Mädchen lächelte zurück, nahm mir den Kristall aus den Händen und legte mir die Kette um den Hals. »Alles ist real, wenn du genug Macht hast«, flüsterte sie und verschwand, als ob sie sich aufgelöst hätte.

Ich trat aus der Höhle und stellte überrascht fast, dass die Nacht bereits fast zu Ende war und die Dunkelheit vom Perlmuttschimmer der ersten Dämmerung abgelöst worden war. Das Mädchen im blauen Kleid kam mir bereits entgegen. Wir erkletterten zusammen einen Hügel und hielten auf seinem Gipfel an. Unten plätscherte das Wasser des Sees, und eine leichte Brise wehte. Das Mädchen hob die Hände gen Himmel und rief den zunehmenden Wind an:

»Oh Herrin der Winde und des unendlichen Himmels, Bewahrerin der Gipfel! Sei meine Schutzherrin! Gewähre mir Flexibilität und Erkenntnis, Ideen und Inspiration! Gib mir die Macht und Autorität, die Unbezwungenen zu bezwingen und das Unerreichte zu erreichen!«

Sobald ich diese Worte nachgesprochen hatte, spürte ich etwas Leichtes an meinen Füßen. Ich senkte den Blick und sah eine Feder. Das Mädchen in Blau hob sie auf und überreichte sie mir wie etwas von sehr großem Wert.

»Dies ist das Geschenk des Elements Luft. Es verleiht dir geistige Autorität. Nimm es und herrsche über den Geist der Männer, so wie du diese Feder besitzt.«

Ich kehrte zur Lichtung zurück und sah wieder alle vier Priesterinnen, die sich um mich herum aufstellten, einander die Hände reichten und mich in Ruhe und Stille einhüllten; alle Energien, die in mir tobten, wurden in Einklang gebracht. Ich fühlte mich wieder wie ich selbst.

Meine Tante trat hinzu und gab mir meine Kleider. »Ich hoffe, du fandest es interessant, etwas Neues in dir selbst zu entdecken. Bei welcher der Priesterinnen hast du dich am wohlsten gefühlt?«, fragte sie.

»Bei der in Rot und der in Grün!«, erwiderte ich ohne Zögern.

»Das bedeutet, dass die Liebhaberin und das Mädchen in dir am stärksten ausgeprägt sind, und dass die Geliebte und die Königin noch nicht aktiv sind. Das ist etwas, woran du noch arbeiten musst, wenn du Vollkommenheit anstrebst«, lächelte meine Tante.

»Wer sind diese Frauen eigentlich?«

»Das sind die Priesterinnen der Elemente. Eine Frau wird nur dann zur Verkörperung der Vollkommenheit, wenn sie die Macht aller vier Elemente in sich vereint. Nur die Frau hat die Fähigkeit, Energie aus dem Universum aufzunehmen, sich in den Elementen aufzulösen und sich mit ihnen anzufüllen; dem Mann fehlt diese Fähigkeit. Deshalb streben Männer seit unvordenklichen Zeiten danach, einer solchen Frau zu begegnen, die über die weibliche Energie in allen ihren Manifestationen verfügt: die sexuelle, emotionale, geistige und körperliche. Sie möchten, dass die Frau sie mit ihrer sexuellen Energie erfüllt, ihre Zweifel anhört und sie zu großen Taten inspiriert, ihnen zu Entspannung verhilft und Fürsorge schenkt, ihr Leben mit Tanz, Musik und Poesie schmückt und sie und ihre Taten bewundert.

Eine Frau erreicht durch die Verbindung mit den Elementen den dazu notwendigen Zustand und sie erhält die Energie, die sie braucht. Aber Frauen können einander diese Energie auch gegenseitig schenken. Nach diesem Prinzip suchen sie sich ihre Freundinnen aus und bilden so gemeinsam den Kreis weiblicher Macht. Deshalb sind Freundinnen gewöhnlich zu viert: eine von ihnen ist sexuell, die zweite klug und scharfsinnig, die dritte emotional und die vierte schlau und praktisch. Frauen können einander gegenseitig stärken, wenn unterschiedliche Energien sich in ihnen offenbaren.«

2003 »Frauen können einander gegenseitig stärken«, erklärte uns Antonina, als wir unsere Augen wieder öffneten und einander erzählten, welcher Zustand der in uns vorherrschende war.

»Was?« Wir schauten Antonina neugierig an.

»Das erklärt, warum Freundinnen so oft zu viert sind, warum zum Beispiel *Sex and the City* vier Hauptfiguren hat. Jede davon hat eine eigene Energieform, mit der sie die anderen auflädt. Versucht mal herauszufinden, welche Qualitäten ihr habt.«

Ich sah Aniska an und sagte: »Aniska, du bist die Königin; du bist klug, frei und unabhängig. Mir scheint, dass in dir das Element Luft vorherrscht. Und du kannst so gut mit Männern reden.«

Aniska warf sich in Positur und stimmte zu: »Ja, ich argumentiere gerne und gebe gute Ratschläge, auch wenn ich gar nicht gefragt werde.«

»Kisa, du bist die Liebhaberin«, fuhr ich fort. »Du bist leidenschaftlich, temperamentvoll und spontan.«

Kisa dachte kurz nach. »Da ist durchaus etwas dran. Ich muss noch lernen, meine sexuelle Impulsivität zu verbergen, sonst verlieren die Männer zuerst immer den Kopf und laufen dann weg«, sagte sie halb scherzhaft, halb traurig.

»Und ich bin definitiv die Geliebte!«, sagte Manetshka überzeugt. »Ich muss mich unbedingt um alle kümmern und alle füttern. Und warum flüchten alle Männer vor meinen Pasteten und meinem Borschtsch? Ich verstehe das einfach nicht, obwohl ich einen Abschluss in Psychologie habe.«

»Larisa, du bist das Mädchen – naiv und spontan, verspielt und begeistert«, fällte die scharfsinnige Aniska ihr Urteil über mich.

»Ja, das stimmt. Aber nach einer Weile mit mir werden die Männer dann verrückt vor Langeweile. Es gibt einfach keine Vollkommenheit auf der Welt«, fasste ich das bedauerliche Ergebnis zusammen. Wir fühlten uns deprimiert.

»Dann stellt euch mal alle im Kreis auf«, befahl Antonina. »Wir werden jetzt gegenseitig unsere Energien austauschen. Es stimmt, keine von uns ist vollkommen, aber deine Urgroßmutter wusste ja schon, dass in jeder Frau alle Elemente zu finden sind; man muss nur das Vorgedächtnis erwecken und sie dadurch befreien. Ihr könnt einander gegenseitig stärken, indem ihr euch mit den jeweiligen Eigenschaften aufladet, an denen es mangelt. Steht auf!«

Wir stellten uns im Kreis auf.

»Manetshka, stell dich in die Mitte des Kreises mit dem Gesicht zu Aniska, lege deine Hände auf das dritte Zentrum (zwei Fingerbreit über dem Nabel), und beim Ausatmen tue so, als ob du dort eine Kugel entnimmst und sie ihr überreichst. Sprich mir nach: Ich teile mit dir praktischen Sinn, Sparsamkeit und Sorgfalt.«

Aniska kicherte und fragte: »Antonina, was soll ich tun?«

Antonina seufzte und erklärte: »Du nimmst beim Einatmen diese Eigenschaften in Form eines Stroms oder einer Kugel auf, ziehst sie in dich hinein und legst deine Handflächen auf dein drittes Zentrum.«

»Und wann soll ich atmen?«

»Mit dir ist es nicht gerade leicht«, klagte Antonina. »Wenn du deine Handfläche auf das Zentrum gelegt hast und Manetshkas Eigenschaften in dich einströmen fühlst, atmest du aus. Solange du dich nur mit der Theorie beschäftigst, spürst du nichts.«

Aniska wiederholte die Bewegungen und wurde still, verblüfft über das, was sie spürte. Dann wandte sich Manetshka an Kisa, wiederholte die Übung und drehte sich zu mir. Mir war, als ob ein richtiger Strom von praktischer Begabung und Sparsamkeit von ihr zu mir überging. »Fange ich jetzt plötzlich an, die Wohnung sauber zu halten und jeden Tag abzuwaschen?« Ich verlor mich in Tagträumen.

»Jetzt ist Kisa an der Reihe, mit uns zu teilen, wie man entspannt und leidenschaftlich ist, oder ich denke beim Sex weiter an die Ausgaben für den Haushalt«, beklagte sich Manetshka. »Also Kisa, sei nicht geizig. Teile mit uns, was du im Überfluss hast und was uns fehlt.«

Antonina nickte zustimmend und bat Kisa, sich in die Mitte des Kreises zu stellen und dieselbe Übung durchzuführen, aber vom Zentrum der Leidenschaft aus, zwei Fingerbreit unter dem Nabel.

»Stell dir vor, dass du beim Einatmen einen Strom von Sexualität aufnimmst und ihn beim Ausatmen an die anderen überträgst«, riet sie.

»Manetshka, mit dir fange ich an«, lachte Kisa, »damit du aufhören kannst, an deinen Haushalt zu denken und endlich ein bisschen Spaß hast. Fang!« Kisa streckte ihre Handflächen in Richtung Manetshkas aus. »Ich teile mit dir die Leidenschaft, die Entspannung und ...«, sie überlegte einen Moment, lächelte geheimnisvoll und fuhr fort: »... und den Einfallsreichtum.«

Manetshka zog Kisas Kugel zu sich heran und fing an, merkwürdige Grimassen zu schneiden. Wir wollten sie fragen, was geschehen war, aber Manetshka legte einen Finger an die Lippen und gab uns zu verstehen, dass sie es später erklären würde.

Und dann wurde die Übung wiederholt, zuerst mit Aniska als Empfängerin, dann mit mir. Als Kisa vom Einfallsreichtum sprach, fühlte ich eine Gänsehaut, und in meinem Kopf formten sich merkwürdige sexuelle Vorstellungsbilder. Plötzlich verstand ich, warum Manetshka das Gesicht so verzogen hatte. Sie hatte offensichtlich sehr unanständige Bilder gesehen.

»Jetzt ist Larisa dran, ihre Spontaneität und Begeisterung mit uns zu teilen!«, erklärte Manetshka.

»Vergiss die Naivität bitte nicht«, warf Aniska ein. »Mein gesunder Zynismus geht mir manchmal ziemlich auf die Nerven.«

Ich teilte von ganzem Herzen Spontaneität, Begeisterung und auf ausdrücklichen Wunsch auch Naivität mit meinen Freundinnen, und zwar vom Intimitätszentrum aus (in der Mitte der Brust).

Dann war Aniska an der Reihe: »Also, liebe Freundinnen, was braucht ihr noch zu eurem Glück? Ich habe Vernunft, Distanziertheit, Unabhängigkeit, Freiheitsliebe, Skeptizismus und ...«, Aniska zögerte, »... enorme Intelligenz zu bieten. Ist jemand interessiert?«

»Da sagen wir nicht nein«, antwortete Kisa für uns alle. »Manchmal ist es sehr erstrebenswert, schlau zu sein.«

»Aniska«, bat Manetshka, »teile wenigstens deine Unabhängigkeit und deinen Scharfsinn mit uns, den Rest besorgen wir uns selbst.«

Antonina wandte sich an Aniska: »Sende einen Strom von der Mitte deiner Stirn aus, dort, wo sich das Dritte Auge befindet.«

Aniska stellte sich in den Kreis und versuchte es, doch man sah, wie schwer es ihr fiel, sich etwas vorzustellen, das man nicht berühren kann. Aber als sie fertig war, fühlten wir uns alle wie die Amazonen.

Jetzt standen wir im Kreis zusammen und hielten uns an den Händen.

»Ich fand das sehr gut gelungen«, fasste Antonina zusammen. »Was meint ihr?«

Manetshka sprach für uns alle: »Ich spüre in mir Kisas Temperament, Larisas Spontaneität und Aniskas Scharfsinn. Was fange ich nur mit diesen Reichtümern an?«, fragte die stets praktisch gesonnene Manetshka Antonina.

»Teile sie mit einem Mann! Nur wenn wir einen Mann erfüllen, können wir etwas dafür als Gegenleistung erhalten. Und es ist wichtig, es richtig anzufangen.«

1903 »In jedem dieser Zustände tauschen wir auf unterschiedliche Weise Energie mit einem Mann aus«, erklärte meine Tante auf der Heimfahrt. »Im Zustand der Liebhaberin geben wir ihm Energie, und er sollte sie uns in Form von Geschenken,

Geld und Status zurückgeben. Es ist unmöglich, mit einem Mann zu schlafen, ohne dafür eine Gegenleistung zu erhalten. Das würde ihn seiner Kraft berauben. Es gibt die Zehn-Prozent-Regel: Alles Geld, das ein Mann in eine geliebte Frau investiert, erhält er zehnfach zurück, so dass sein Reichtum stetig wächst.

Wenn du mit einem Mann schläfst, sollte er deine Energie kompensieren, indem er dir Geschenke, Schmuck, Geld und vor allem eine gesellschaftliche Position als seine Ehefrau gibt, so dass du in den Zustand des Mädchens übergehen kannst. Ein Mann wird zum Ehemann und gibt uns Energie zurück, wenn wir in diesem Zustand sind.

Manchmal kommt es vor, dass du einem Mann nicht nur weibliche Energie gibst, sondern auch deine Kraft für ihn verbrauchst, indem du ihn fütterst und umsorgst und ihm die Entscheidungen abnimmst, ohne eine Gegenleistung zu verlangen. Aber eine solche Selbstaufopferung wendet sich gegen dich; der einzige Mann, für den du dich ganz verausgaben darfst, ist ein Sohn.

Wenn du dich einem Ehemann oder Liebhaber gegenüber so verhältst, wird auch er dich als Mutter sehen, und das ist sehr gefährlich für die Beziehung. Er wird dich achten, aber nicht mehr begehren, weil man ja unmöglich mit seiner Mutter schlafen kann; er würde sich fühlen wie beim Inzest und geht intimen Beziehungen mit dir aus dem Weg.

Vielleicht kennst du ja solche Ehefrauen, die ihrem Mann ein Haus kaufen, für ihn kochen und so weiter. Kein Wunder, dass er anfangen wird, sich für Frauen zu interessieren, die er selbst umsorgen kann. Männer kümmern sich gerne um kleine Mädchen, kaufen ihnen Geschenke, tragen sie in den Armen und verwöhnen sie. Deshalb ist der Zustand des Mädchens so wichtig.

Aber selbst das naivste Mädchen wird dessen irgendwann überdrüssig. Man darf auf keinen Fall den Zustand der unabhängigen und freien Königin vergessen. Man muss den Mann spüren lassen, dass es dich nur einen Schritt kostet, ihn zu verlassen. Eine Frau sollte einen Mann inspirieren, aber gleichzeitig selbst interessant sein.

Als Liebhaberin schenkst du also Energie, als Mädchen empfängst du sie, als Geliebte gibst du sie abermals und als Königin empfängst du sie nochmals.

Vergiss aber nicht, dass du ein Risiko eingehst, wenn du einem Mann Energie schenkst. Ist er verheiratet, so fördert deine Energie die Familie, die er bereits hat. Dank deiner wird er mehr verdienen, sein Geschäft vergrößern, sein Erbe sichern. Und was bekommst du zum Dank? Nichts.

Lange Zeit im Zustand der Liebhaberin zu verharren, ist für eine Frau zerstörerisch, ob sie nun verheiratet oder ledig ist. Wenn du verheiratet bist, kommt deine Energie dem Wohlstand eines anderen Mannes anstatt deinem eigenen Ehemann zugute. Du musst dich also entscheiden, ob du mit deinem Ehemann in einem Palast oder vor der Tür deines Liebhabers in einer Hütte leben willst.«

2003 »Wo willst du also wohnen, in einer Villa mit deinem Ehemann oder in einer winzigen Wohnung vor der Tür deines Liebhabers? Schließlich ist er erst so erfolgreich geworden, dass er sich ein großes Haus leisten kann, nachdem du in seinem Leben erschienen bist. Und jetzt genießt seine treue Ehefrau dieses Haus, und du weißt nicht, wie du die Wohnungsmiete aufbringen sollst.« Antonina musterte mich und sah mich dabei abwartend an.

Wir überlegten und erinnerten uns an unsere zahlreichen Affären. Unsere Erfahrungen erschienen auf einmal in einem ganz anderen Licht. Kisa brach als Erste das Schweigen. »Männer von heute kümmern sich aber um ihre Geliebten – sie zahlen die Wohnung, das Auto und die Studiengebühren. Ist doch ein faires Geschäft.«

»Schon«, stimmte Antonina zu. »Vom Standpunkt des Mannes aus ist es ein fairer Austausch: Er erhält Energie und bezahlt dafür. Aber die Frau bekommt ja nur einen Anschein von Sicherheit und verliert Zeit. Solange sie jung ist, badet sie im Luxus und hofft darauf, dass der Mann seine Ehefrau verlässt. Währenddessen geht es dem Mann sehr gut, denn er kann behalten, was er mit seiner ersten Frau aufgebaut hat, und erhält neue Impulse und Kraft von seiner Liebhaberin. Aber dann verschwindet er, entweder auf der Suche nach neuen Energiequellen oder er stirbt sogar. Die Ehefrau erbt, und der Geliebten bleiben Erinnerungen – und Leere. Und ohne Energie kann sie keinen neuen Geliebten anziehen. Alles geht nach den Regeln, und wer sie bricht, wird schwer bestraft.«

»Und wenn die Ehefrau selbst einen Liebhaber hat?«, fragte Manetshka vorsichtig.

»Dann geht ihre Energie auf diesen Liebhaber über, und der Ehemann bekommt plötzlich Ärger, Geldprobleme, geschäftliche Schwierigkeiten und so weiter. Das wirft sie ihm dann vor, ohne zu verstehen, warum es dem Liebhaber ausgezeichnet geht, während der Ehemann immer ärmer wird. Es gibt nur wenige Frauen, deren Energie für mehrere Männer ausreicht.

Wenn man weiß, wie man Energie aus den Elementen zieht, könnt ihr euch ohne Gefahr einige Liebhaber leisten, aber fordert das Schicksal nicht heraus! Es ist besser, die eine Frau eines einzigen Mannes zu werden, als eure Zeit mit der Suche nach dem Einen zu verschwenden!«

Und damit wünschte uns Antonina viel Glück und verschwand.

»Und wie mache ich einem Mann klar, dass ich die Eine für ihn bin?« Aniska ließ die Frage im Raum stehen.

KAPITEL 7:

Die Phasen einer Beziehung

1903 »Nun, mein liebes Mädchen«, begann meine Tante ungefähr eine Woche nach unserer Rückkehr vom See. Wir saßen im Wintergarten und tranken Kaffee. »Jetzt wird es allmählich Zeit für dich, sich genauer mit den Schritten zu befassen, die du tun musst, damit ein Mann begreift, dass du die Richtige für ihn bist. Weißt du noch, welcher Zustand es ist, der einen Mann anzieht, ihn alles andere vergessen und den Kopf verlieren lässt?«

»Die Liebhaberin!«

»Richtig. Sexuelle Energie zieht einen Mann am stärksten an. Er sieht sie in einem leidenschaftlichen Blick und einem vielsagenden Lächeln, hört sie in einem heißen Flüstern und spürt sie in einer brennenden Berührung. Mit dem Versprechen von Leidenschaft, von etwas Süßem und Verbotenem zieht eine Frau einen Mann immer an.

Damit ein Mann dich wahrnimmt, muss er völlig hingerissen sein. Du musst ihn mit einem Lächeln, einem Blick, einer Berührung, einem Geruch oder einem Geschmack überwältigen und ihn in Brand setzen. Aber dazu musst du zunächst selbst brennen.

Deine Muskeln werden dir helfen, deine Energie zu aktivieren und dein inneres Feuer zu entzünden.

Und jetzt benutze deine Muskeln. Spanne sie an. So erzeugst du mehr Wärme, als wenn du dich in einen Pelz hüllst. Zehn- bis fünfzehnmal sollten ausreichen. Spürst du, wie das Feuer in dir aufflammt?«

»Ja!«, erwiderte ich überrascht, gepackt von der neuartigen Empfindung. Ich hatte die Anweisung meiner Tante befolgt und gefühlt, wie die Hitze sich in meiner Magengrube ausbreitete, als ob wirklich ein Feuer brenne.

»In deinem Blick war jedenfalls Feuer. Ein Mann achtet auf den Schimmer in deinen Augen und auf die erweiterten Pupillen, die deinen Blick mysteriös und verheißungsvoll machen. Wenn du in diesem Blick auch Erotik zum Ausdruck bringst oder dir innerlich den Satz ›Du bist wundervoll, ich bin wundervoll, die Liebe ist wundervoll‹ sagst, dann wird er sofort gefesselt sein. Der Verführerblick sollte mindestens sieben Sekunden dauern, um gefährliche und schöne Abenteuer anzuziehen. Nach sieben Sekunden solltest du wegschauen, aber dabei demonstrativ zögern.

Wenn dir nach einem zweiten Blick auffällt, dass dich der Mann anschaut, lächele ihn gewinnend an.«

»Wie lächelt man denn gewinnend, liebe Tante? Ich weiß nicht, wie man das anfängt«, unterbrach ich sie.

»Oh, das ist ganz leicht. Für solch ein Lächeln musst du nur den Mund ein wenig öffnen und die Mundwinkel leicht hochziehen und dabei das Versprechen von Leidenschaft in deinen Blick legen.

Dann nicke ihm leichthin zu, als sei er ein alter Freund oder als gäbest du ihm die Erlaubnis, sein Spiel fortzusetzen. Er entscheidet dann, ob er darauf eingeht oder lieber geht.

Wenn er geht, ärgere dich nicht – das ist nicht weiter schlimm; manchmal ist ihm einfach nicht nach einem Abenteuer. Vielleicht hat er ja gestern erst die Frau seiner Träume geheiratet. Alles Mögliche kann dahinterstecken.

Wenn er dein Angebot annimmt, wird er versuchen, sich dir zu nähern oder wenigstens dicht an dir vorüberzugehen. Es ist wichtig, die Männer anzusehen und nicht den Blick zu senken.« Meine Tante begutachtete einige Gäste des Cafés, sah aber niemanden, der der Mühe wert gewesen wäre, und fuhr fort: »Versuche einmal, mich mit einem solchen Blick und Lächeln anzuschauen, Larisa.«

Ich sah meine Tante an und versuchte dabei, an die Muskeln, den in Gedanken zu sprechenden Satz und das Lächeln zu denken. »Nun, war das gut so?«

2003 »Also, war das okay so?« Aniska konnte das Lachen nicht zurückhalten, als sie den gewünschten Verführerinnenblick vor dem Spiegel übte. Aniska war zu Besuch bei mir und hatte mich bei der Lektüre von *Wie man einen Mann dazu bringt, sich zu verlieben* vorgefunden. Sofort hatte sie sich entschlossen, die Rezepte mit mir auszuprobieren.

»Das klingt ja ganz einfach, aber wie soll ich denn meine Pupillen weiten, wenn ich kein Belladonna dabei habe? Und selbst wenn würde das Objekt meiner Begierde vermutlich verschwinden, wenn ich mir Augentropfen appliziere, während ich ihn anschaue«, wandte die praktische und immer kritische Aniska ein.

»Im Tagebuch meiner Urgroßmutter heißt es, dass man die Pupillen erweitern kann, indem man die Scheidenmuskulatur zehn- bis fünfzehnmal anspannt. Also brav üben! Spann die Muskeln an und stell dir erotische Szenen vor!«

Während Aniska übte, klingelte es an der Tür.

»Kannst du zur Tür gehen, Aniska?«, bat ich.

Meine Freundin öffnete die Tür und vor ihr stand mein Exfreund aus Studientagen. Vor Überraschung stumm, sah ich, dass es ihm genauso ging, als er Aniskas Blick wahrnahm, der sich auf ihn heftete. Er stand in der Tür, stumm, und konnte seine Augen nicht von ihr lassen.

»Mischa? Wie hast du meine Adresse gefunden?«, brach ich schließlich das Schweigen.

»Ich habe deine Mutter angerufen. Sie hat zum Glück noch dieselbe Telefonnummer wie früher«, erwiderte Mischa und starrte immer noch Aniska an.

»Mischa, das ist Aniska, eine Freundin«, stellte ich vor. »Möchtest du nicht reinkommen?«

»Nein, danke. Ich bin froh, dich gefunden zu haben, aber jetzt muss ich weiter. Ich rufe dich an und erkläre alles!« Dann verschwand er genauso unerwartet, wie er gekommen war.

»Hast du gesehen, was für eine Wirkung dein Blick hatte?«, fragte ich Aniska. »Du hast übrigens vergessen, zu lächeln, zu nicken, dich ihm zu nähern, etwas zu ihm zu sagen und ihn zu berühren«, führte ich die fünf Stufen der Annäherung aus dem Buch auf.

»Aber, müsste er nicht auf mich zugehen?«, fragte Aniska.

»Wenn du siehst, dass er das nicht tut, solltest du dich ihm nähern, bis etwa auf Armeslänge. Aber die Hauptsache ist, dass du ihn ansprichst. Dabei ist unwichtig, was du sagst, es kommt nur darauf an, dass er deine Stimme hört«, zitierte ich aus dem Buch.

»Ich kann nicht einfach so fremde Männer ansprechen, ohne mich erst vorzubereiten«, widersprach Aniska.

»Also, es gibt drei harmlose Themen: Sag etwas über dich, über ihn oder über etwas in eurer Umgebung. Über dich selbst kannst du zum Beispiel sagen: ›Ich habe gerade einen Ohrring verloren‹ oder ›Ach, jetzt regnet es schon wieder‹ oder aber meinen Lieblingssatz: ›Was tue ich eigentlich hier?‹«

»Oh, was tue ich hier eigentlich?«, wiederholte Aniska und sagte: »Ich spreche mit mir selbst. Meine Güte, das muss ziemlich bescheuert aussehen!«

»Vielleicht«, stimmte ich zu und erinnerte mich plötzlich daran, wie ich erst kürzlich in einen *Idealnaja-Tshaska*-Coffeeshop gelaufen war, um mir schnell einen Kaffee zu holen. Ich stand hinter einem Mann in der Schlange, und das Mädchen direkt vor uns nahm das letzte Stück Marzipantorte zu ihrem Kaffee. Das ärgerte mich so sehr, dass ich vor mich hinmurmelte, woraufhin der Mann sich umdrehte und sein Mitgefühl äußerte. Bedauerlicherweise antwortete ich nicht, und so war die ganze Sache vorbei, bevor sie angefangen hatte. Und das war eigentlich sehr schade.

1903 »Und was soll ich eigentlich sagen?« Ich war immer noch verwirrt, als meine Tante mir zu erklären begann, wie man ein Gespräch beginnt. Eine wohlerzogene Dame wartet, bis der Mann das Thema vorgibt, und setzt erst dann ein. Ich hatte gar keine Übung darin, selbst ein Gespräch anzufangen, besonders wenn ich etwas über ihn sagen sollte.

Meine Tante versuchte, meine Zweifel zu zerstreuen.

»Wenn du solche Schwierigkeiten hast, eine Konversation zu beginnen, kannst du den Mann immer um Hilfe bitten. Männer lieben es, wenn sie einer Dame zu Hilfe kommen können – sie tun es auch, ohne gefragt zu werden, und umso lieber, wenn man sie darum bittet. Du kannst vorgeben, dich verlaufen zu haben, du kannst fragen, ob du einen bestimmten Artikel kaufen sollst, du kannst seine Krawatte, seinen stilsicheren Anzug oder den Duft seines Rasierwassers bewundern und ihn so neugierig machen.«

»Worauf denn?«

»Sage einfach ganz unschuldig: ›Ein Mann, der eine Krawatte in dieser Farbe trägt, hat auf jeden Fall eine bestimmte Eigenschaft.‹«

»Welche Eigenschaft?«, fragte ich unwillkürlich und ging selbst in die Falle.

Meine Tante lachte. »Siehst du – der Mann wird genauso reagieren, und was das für eine Eigenschaft sein soll, kannst du dir immer noch ausdenken. Behaupte einfach, du sagst es ihm ein anderes Mal, was natürlich bedeutet, dass du ihn wiedersehen wirst. Lass ihn eine Weile zappeln und an dich denken. Bei der ersten Begegnung muss man noch nicht viel miteinander sprechen, höchstens zehn oder 15 Minuten. Verrate nichts über dich, nur ganz allgemeine Dinge; je mysteriöser du wirkst, desto besser; Hauptsache, du machst ihn neugierig. Eigentlich kommt es aber gar nicht darauf an, was du sagst, sondern nur, wie du es sagst.«

»Und wie sollte ich sprechen?«

»Probiere es aus: Konzentriere dich auf deine Gebärmutter, als käme deine Stimme aus den Tiefen deines Wesens. Spüre die tiefen Schwingungen, und du wirst erstaunt sein, wie sinnlich und bezaubernd sie klingt.«

»Dieser Kaffee schmeckt wirklich gut«, sagte ich. Es war das Erste, was mir einfiel.

2003 »Dieser Kaffee schmeckt wirklich gut«, sagte ich, drückte meine Stimme in den Magen hinunter und hörte die tiefen Schwingungen wie aus einiger Entfernung. Ein junger Mann am nächsten Tisch im Coffeeshop hörte sie auch.

Nachdem Aniska die Geschichte mit dem Mann vor mir in der Warteschlange gehört hatte, aus der nichts geworden war, hatte sie entschieden, dass *Idealnaja Tshaska* der ideale Schauplatz sei, um das Anbandeln zu üben. Ich folgte ihrem Rat, bestellte mir einen Kaffee, setzte mich an den Nebentisch eines potenziellen Bewunderers und versuchte mir fieberhaft einen harmlosen Eröffnungssatz auszudenken. Nach drei Minuten konzentrierte ich mich statt auf den Kaffee auf meine Muskulatur, spannte sie zwanzigmal an, bis ich fand, das genüge, und warf dann mit vorschriftsmäßig erweiterten Pupillen einen Blick auf den Fremden. Er erwiderte ihn prompt, und ich hielt ihn die magischen sieben Sekunden lang fest, wobei ich Leidenschaft und sehnsüchtiges Begehren ausstrahlte.

Wie unter einem Zwang sagte ich mir selbst immer wieder vor: ›Ich bin wundervoll, du bist wundervoll, Sex ist wundervoll‹, schaute dann mit einem angedeuteten Lächeln weg und gab vor, die Speisekarte zu lesen. Ich sah natürlich nichts von dem, was da stand, und lobte schließlich, weil mir absolut nichts anderes einfiel, einfach den Kaffee. Es genügte offensichtlich. Der junge Mann nahm sofort eine würdevolle Haltung an und begann, mich interessiert zu betrachten. Ich lächelte zurück, schaute aber sofort wieder auf die Speisekarte. Der Ablauf hatte begonnen; der junge Mann trat bereits auf meinen Tisch zu.

»Darf ich mich zu Ihnen setzen?«, fragte er förmlich, fast wie im 19. Jahrhundert.

»Ja, bitte sehr«, erwiderte ich gnädig.

»Und welche Sorte Kaffee ist es, die Ihnen so gut schmeckt?«

»Die mexikanische, mit Gewürzen, Nelken, Kardamom und Schokolade«, sagte ich und beschloss, in die Offensive zu gehen. »Welchen trinken Sie?«

»Nur ganz gewöhnlichen Espresso.« Mein Gesprächspartner war aus irgendeinem Grund verwirrt.

»Warum gewöhnlich? Ganz im Gegenteil. Wussten Sie schon – Forschungen haben kürzlich ergeben, dass Männer, die Espresso mögen, immer eine bestimmte Eigenschaft haben«, improvisierte ich.

»Welche denn?«, folgte die unvermeidliche Rückfrage.

»Das erzähle ich Ihnen ein anderes Mal. Bitte entschuldigen Sie mich jetzt; ich habe einen dringenden Termin.« Ich sammelte meine Sachen zusammen.

Der neugierige junge Mann gab nicht einfach auf. »Das heißt, wir haben einen Grund, uns wiederzusehen«, lächelte er. »Darf ich nach Ihrer Telefonnummer fragen?«

»Sie dürfen«, erwiderte ich und gab ihm meine Mobiltelefonnummer.

»Ich heiße übrigens Konstantin. Und Sie?«

»Larisa«, stellte ich mich vor und eilte sehr zufrieden mit meinem kleinen Sieg aus dem Coffeeshop.

1903 Ich wiederholte den Satz über den Kaffee fünfzehn Mal, bis ich mit dem Ergebnis zufrieden war, und sah meine Tante erwartungsvoll an.

»Die letzte Phase ist die Berührung!«, fuhr sie fort. »Eine Berührung überträgt den Funken, der die Leidenschaft entflammt.«

Meine Tante setzte sich in einen Lehnstuhl und fuhr fort:
»Und indem sie ihn wie zufällig berührte,
konnte sie ein Feuer entfachen.
So sinnlich waren ihre Liebkosungen,
so heiß waren ihre Handflächen!
So spricht man von einer Frau, deren Berührung bei einem Mann unweigerlich Wärme in der Magengrube auslöst. Wir haben ja bereits darüber gesprochen, dass der Zustand der Liebhaberin aus dem Feuer geboren wird. Und dasselbe Feuer spürt man in der Berührung. Du kannst deine Hände mit Feuer füllen, wenn du Energie aus der Mitte deiner Gebärmutter in deine Handflächen sendest!«

»Aber wie schickt man denn Energie in die Handflächen?«, wollte ich wissen.

»Stell dir vor, dass in der Mitte deiner Gebärmutter ein Feuer brennt, und spüre die Wärme in dir. Und jetzt stelle dir vor, wie ein feuriger Strom nach oben in die Mitte der Brust steigt, sich dort in zwei Ströme teilt und direkt in die Hände fließt. Du spürst Feuerkugeln in der Mitte deiner Handflächen. Diese Kugeln kannst du in das Zentrum der Leidenschaft eines Mannes schicken, das vier Fingerbreit unter dem Nabel liegt, auf der Höhe des Schambeins. Während du seinen Geschichten zuhörst, kannst du bereits beginnen, ihn zu reizen. Es ergibt sich immer irgendwann eine Gelegenheit, ihn scheinbar unabsichtlich zu berühren. Rücke ihm einfach wie nebenbei die Krawatte zurecht und lenke ihn dabei mit etwas anderem ab. Aber die Berührung wirkt stärker, wenn du die Handbewegung mit einem leichten Seufzer kombinierst. Eine solche Berührung wirkt Wunder, sie schaltet den Mann gleichsam an. Du kannst sie in jeder Situation einsetzen; sie wirkt ganz unschuldig, ist aber sehr effektiv.

Und jetzt ist es Zeit zu gehen«, schloss meine Tante, erhob sich aus dem Sessel und ging in Richtung Ausgang. Dabei streifte sie unauffällig mit der Hand über den Rücken eines Herrn, der an einem der Tischchen saß. Bis der Gast wusste, wie ihm geschah, war meine Tante bereits aus der Tür.

»Es wird Zeit, dass du deine Fähigkeiten vervollkommnest«, sagte sie, als ich sie schließlich einholte.

2003 »Es wird Zeit, dass ich meine Fähigkeiten vervollkomm-ne«, beschloss ich, angeregt durch meinen Erfolg bei *Idealnaja Tshashka,* und belegte einen neuen Kurs in der *Academy of Private Life,* der sich mit Berührungen befasste. Der Kursleiter war ein Mann, was mich zuerst verwirrte, dann aber umso mehr inspirierte. Er hieß Timur und sah außerordentlich gut aus. Der süße Duft aromatischer Öle, das weiche Kerzenlicht, der transparente Organzastoff, der von der Decke hing, und ein weicher weißer Teppich auf dem Boden schufen eine geheimnisvolle und sehr intime Atmosphäre. Gespannt setzte ich mich auf den Boden und hörte zu. Timur nahm einen weißen Seidenschal und verband sich damit die Augen.

»Im Harem gab es ein Spiel, das ›der Engel, die Freundin und die Geliebte‹ hieß«, erklärte er. »Versuchen Sie, meine Hand in jeder dieser Eigenschaften zu berühren, und ich versuche zu erraten, wen Sie gerade darstellen.«

Sanft und mit einem Seufzer berührte ich seine Hand und fühlte eine Welle der Erregung um mich herum. Timur musste sie ebenfalls gespürt haben, weil er stark errötete. Er nahm die Binde ab, sah mich sehr genau an und sagte: »Ich kann Ihnen nur Methoden beibringen, aber die sind eigentlich nicht so wichtig wie die Fähigkeit, mit der Berührung Energie zu übertragen. Hat Ihnen schon jemand gezeigt, wie das geht?«

»Ja und nein«, erwiderte ich nur, weil ich die Geheimnisse meiner Urgroßmutter nicht verraten wollte. »Aber die Methode ist bestimmt auch nützlich«, versuchte ich, das Gespräch wieder belangloser klingen zu lassen.

»Wenn Sie gerade Bekanntschaft mit einem Mann schließen, sollten die ersten Berührungen sehr schüchtern und vorsichtig sein. Berühren Sie ihn nur mit den Fingerspitzen, als ob Sie ihn erforschen und gleichzeitig reizen wollten.

Sie können zum Beispiel seinen Puls fühlen und ihm sagen, dass sein Herz offensichtlich schneller schlägt, weil Sie bei ihm sind. Berühren Sie wie im Scherz sein Herz und fragen Sie: ›Bin ich schon hier angekommen?‹ Lesen Sie sich ein bisschen was über die Bedeutung der Handlinien an, betrachten Sie seine Handfläche und verkünden Sie geheimnisvoll, er habe eine ausgeprägte Erfolgslinie oder eine sehr lange Lebenslinie. Sie können auch direkt neben ihm stolpern und ihn dabei berühren oder vorgeben, Sie hätten ein Steinchen im Schuh, und ihn bitten, Sie zu stützen, während Sie es entfernen. Wollen wir das einmal üben?«, fragte Timur.

»Gut«, flüsterte ich gedankenversunken, näherte mich ihm unmerklich und streckte die Hand aus, als wolle ich seine Brust berühren, zog sie aber im letzten Moment zurück. Timur setzte meine Bewegung automatisch fort und drückte meine Hand zwischen seinen warmen Handflächen, riss sich aber sofort zusammen und lachte: »Sie beherrschen die Methode ›Tu, was ich will‹ schon meisterhaft.«

»Was beherrsche ich?«, fragte ich überrascht.

»Beginnen Sie eine Bewegung, brechen Sie sie aber im letzten Moment unerwartet ab. Dann wird der Mann die Bewegung automatisch fortsetzen und Sie seinerseits berühren. Eine Frau, die er mag, zu berühren, ist das natürliche Begehren des Mannes. Für ihn heißt Sehen auch Berühren. Und die Reaktion der Frau ist sehr wichtig. Bleibt sie entspannt, merkt er, dass sie ihn nicht zurückweist, aber wenn sie schaudert und sich innerlich verschließt, spürt er es sofort.«

Timur ging dann zu unverfänglicheren Themen über und beschrieb verschiedene Massagetechniken.

›Ha!‹, dachte ich, als ich den Unterricht verließ und mir selbst zu einem weiteren kleinen Erfolg gratulierte. Mir war allerdings klar, dass jede Rolle Übung erfordert, auch die der Femme fatale.

KAPITEL 8:

Jede Rolle erfordert Übung

1903 »Jede Rolle erfordert Übung, selbst die der Femme fatale«, bemerkte meine Tante nonchalant während eines Spaziergangs mit mir und lächelte ununterbrochen allen Männern, an denen wir vorbeikamen, zu. »Ich hoffe, du erinnerst dich an alle Phasen der Eröffnung einer Bekanntschaft: Du musst dich als Geliebte fühlen, dann siehst du ihn, lächelst ihm zu, nickst ihm zu, gehst auf ihn zu, berührst ihn und verschwindest dann. Du musst dir nur noch das richtige Image aussuchen, und dann bist du bereit für die Begegnung mit Mark.«

Ich zuckte überrascht zusammen. Endlich hatte Sofija Nikolajevna gesagt, ich sei bereit, Mark zu treffen. Mir kam es wie eine Ewigkeit vor, auch wenn es nur zwei Monate gewesen waren.

»Er hat mich wahrscheinlich längst vergessen«, unkte ich.

»Wenn ja, ist das auch nicht schlimm«, erwiderte meine Tante ungerührt. »Dann sieht er dich wie zum ersten Mal!«

Mir schien es, als wäre ich noch ganz die alte, aber meine Tante dachte anders darüber. Äußerlich hatte ich mich wirklich nicht verändert, aber meine Augen funkelten jetzt und ich bewegte mich viel selbstsicherer, wie eine echte Frau anstatt wie ein Backfisch. Es kam mir vor, als leuchte ich von innen heraus. Ich war also bereit für mein Debüt.

»Nun, mein liebes Mädchen, bald kommt deine Première als Femme fatale. Erst vor einer Woche habe ich meine Freundin, die Fürstin Golitsyna, gebeten, Mark zu einem Ball einzuladen.«

»Und wenn er nicht erscheint?«, sorgte ich mich.

»Er würde nicht wagen abzusagen. Eine solche Einladung sagt man nicht ab. Für den Ball habe ich dir ein wunderbares rotes Kleid bestellt.«

»Rot?«, rief ich aus. »Das ist viel zu gewagt!«

»Unsinn«, wehrte meine Tante ab. »Rot ist die Farbe des Feuers und der Leidenschaft. Es wirkt anziehend und lenkt die Blicke der Männer garantiert auf sich. Ich glaube, Rot ruft bei ihnen körperliche Reaktionen hervor und übt einen starken Einfluss aus. Wenn du Aufmerksamkeit willst, dann entscheide dich für Rot.«

2003 »Wenn man Aufmerksamkeit will, dann trägt man am besten Rot«, wusste ich nach einem missglückten Abend. Ich nahm gemeinsam mit Konstantin, meiner neuen Bekanntschaft aus dem Coffeeshop, an einer Weinprobe teil, bei der ein neuer Wein namens ›Essence‹ vorgestellt wurde. Die Verkostung fand in einem Restaurant mit einem wunderbaren Blick auf die Bluterlöserkirche statt. Wir probierten den Wein und lauschten der Geschichte seiner Herstellung. Der Wein bezieht seinen wahren Geschmack aus der Geschichte, nicht aus der Technik. Während ich über die Geschmackswahrnehmung nachdachte, redete Konstantin natürlich über die Farbwahrnehmung.

»Kennen Sie diese charmante Frau im roten Kleid?«, fragte er plötzlich. Wenn man bedenkt, dass wir seit einer halben Stunde an einem Tisch saßen und den ausgezeichneten Wein verkostet hatten, versteht man, dass es mir schwerfiel zu begreifen, wen er eigentlich meinte. Offenbar war sie ihm aufgefallen, als wir anfangs alle zusammengestanden hatten. »Ich glaube, ich bin ihr schon einmal auf einer Party begegnet oder so ähnlich. Es wäre peinlich, wenn ich zugeben müsste, ihren Namen vergessen zu haben.«

»Nein.« Ich schüttelte den Kopf, enttäuscht von der Dreistigkeit, sich während einer Verabredung mit mir nach einer anderen Frau zu erkundigen. Offensichtlich kam für ihn das Geschäftliche an erster Stelle. Augenblicklich strich ich Konstantin von meiner Liste der Möglichkeiten, und dachte über die Wirkung der Farbe Rot nach. Seltsam nur, dass ich sie nicht einmal bemerkt hatte, im Gegensatz zu diesem Mann, dem sie unter allen anderen im Raum sofort aufgefallen war. Ich entschuldigte mich so schnell wie möglich, verabschiedete mich eher kühl und ließ den Abend mit einem Anruf bei Manetshka ausklingen.

»Wir müssen uns unbedingt rote Kleider kaufen!«, rief ich, ohne auch nur hallo zu sagen.

»Rot?«, fragte meine Freundin entsetzt. »Aber nur Flittchen tragen Rot«, wandte sie indigniert ein.

»Ja, wahrscheinlich, weil sie genau wissen, was es für eine Wirkung hat. Und was sind das überhaupt für puritanische Vorstellungen, die du da hast! Rot ist die Modefarbe in dieser Saison. Erst gestern habe ich in einem Artikel gelesen, dass es die Produktion von Phenethylamin anregen soll, das ist das Hormon, das Begehren auslöst. Männer reagieren immer auf Rot, es zieht sie an wie ein Magnet«, beendete ich meine Verteidigungsrede.

1903 »Was zieht die Aufmerksamkeit von Männern außerdem noch auf sich?«, fragte meine Tante und beobachtete dabei die elegant gekleideten Passanten.

»Ehrlich gesagt, keine Ahnung«, gab ich zu.

»Große Ohrringe, hohe Absätze, eine schlanke Taille, große Brüste, ein langer Hals und lange Beine.«

»Warum soll denn alles lang sein?«

»Ein Mann will eine schlaksige Frau mit dem Körper eines jungen Mädchens und der Klugheit einer Frau. Diese kleinen Merkmale werden wir später besprechen, wenn ich dir über Archetypen erzähle. Zunächst ist es wichtig, ihre allgemeinen Erwartungen zu verstehen.«

»Und wie kann ich all das bekommen?«

»Illusionen, Mädchen! Du musst Illusionen schaffen. Mit einem Korsett bekommst du eine Wespentaille und betonst die Brüste. Korsetts sind etwas Schönes, sie sind feminin. Und in einem Korsett kann man seine Energie leicht zusammenhalten. Große Ohrringe strecken scheinbar den Hals, und mit hohen Absätzen wirkst du größer.«

Wir setzten uns auf eine Parkbank. Meine Tante nahm meine neuen Schuhe in die Hand.

»Absätze unterscheiden die Adelige von der Bäuerin. Absätze strecken das Bein und geben einer Frau harmonische Proportionen. Eine einfache Frau kann ohne Absätze auskommen, aber eine Adelige nicht, nicht einmal zu Hause – und schon gar nicht in Anwesenheit eines Mannes.«

»Aber auf hohen Absätzen kann ich nicht laufen«, beklagte ich mich.

»Du musst sie eben füllen! Man kann dort einen Mann hineinstecken!«

»Er wird niemals hineinpassen!«, protestierte ich mit gespieltem Entsetzen.

»*Stell dir vor, dass ein Mann rechts neben dir steht.*«

Ich stellte mir Mark vor.

»*Und jetzt lasse ihn soweit schrumpfen, dass er auf deine Handfläche passt. Atme ein, nimm ihn und sperr' ihn beim Ausatmen in deinen Absatz.*«

Ich nahm den Schuh von meiner Tante in meine linke Hand, holte Atem, nahm den winzigen imaginären Mark mit der rechten Hand und sperrte ihn beim Ausatmen in seine neue kleine Behausung.

»Er wird sich dort sehr wohlfühlen«, sagte meine Tante, als sie sah, dass ich zweifelnd auf den Schuh blickte.

2003 ›Er fühlt sich sehr wohl darin‹, dachte ich, als ich meinen Kunden beobachtete. Gewöhnlich war er mit den Lieferbedingungen, den Preisen und der Helligkeit der Farben unzufrieden. Ich hatte mich entschlossen, die Absätze meiner alten Schuhe zu »füllen« und ihn als den geeignetsten Kandidaten auserkoren, um die Wirkung zu erproben.

Es wurde sehr viel einfacher, auf hohen Absätzen zu laufen, und der Kunde wurde zu einem gehorsamen kleinen Jungen. Nach dem Mittagessen stand dann eine schwierige Besprechung mit einer gefürchteten Kundin an. Der Zoll hatte die Warenlieferung verzögert, und wir hatten den Vertrag nicht einhalten können, ohne dass uns eine Schuld traf, aber ich würde die Verantwortung übernehmen müssen.

Während ich mich aufgeregt und nervös auf die Besprechung vorbereitete, versuchte ich, mir Argumente zu meiner Verteidigung zurechtzulegen. Es gab keine, doch auf dem Weg zu dem Termin fand ich ein Paar neue Schuhe. Ich starrte in die Schaufenster und grübelte über das Schicksal meines Landes und seiner Zollbehörden nach. Dabei fiel mein Blick auf ein wunderbares Paar roter High Heels. »Wenn ich schon sterben muss, dann wenigstens mit Stil«, entschied ich und betrat das Schuhgeschäft.

Ich spielte mit den neuen Aschenputtelschuhen und dachte plötzlich: ›Und wenn ich nun unsere Problemkundin unter den Absatz verbanne?‹ Ich rechtfertigte auf diese Weise meinen teuren Kauf als Geschäftsinteresse. Ich ging auf die Toilette und steckte die nichtsahnende Natalja Vasiljevna in den Absatz. Und ich fühlte mich erleichtert, als ich mich dem Donnerwetter stellte. Das Donnerwetter blieb allerdings aus.

»Liebe Larisa, schön dich zu sehen!« Natalja Vasiljevna war die Höflichkeit in Person.

»Der Zoll hat Ihre Plakate noch nicht freigegeben«, begann ich kleinlaut.

»Kein Problem, wir haben den Start der Anzeigenkampagne um einen Monat verschoben, dann haben Sie noch genug Zeit, die Plakate dem Zoll zu entreißen.«

»Was für ein Glück!«, rief ich ehrlich erleichtert, als sei gerade meine Hinrichtung abgesagt worden.

»Warten wir also noch! Die Qualität entspricht hoffentlich unseren Erwartungen?«

»Sie werden Ihnen sehr gefallen!«, versicherte ich Natalja Vasiljevna und eilte ins Büro zurück. Ob nun die magischen Rituale tatsächlich wirkten oder ob die Sterne auf meiner Seite waren – ich entschloss mich, getragen von einer Welle der Freude, auf der Stelle noch ein rotes Kleid zu kaufen, das zu den roten Schuhen passte.

Es muss wirklich der Tag der Farbe Rot gewesen sein. Ich fand das Kleid auf Anhieb bereits im ersten Laden. Eine Schnürung an der Seite des Oberteils und ein tiefes Dekolleté ließen es unglaublich sexy wirken, und als ich mich selbst im Spiegel betrachtete, fühlte ich mich bereit für ein Abenteuer.

1903 »Nun, bist du bereit für ein Abenteuer?«, fragte meine Tante, als ich mich im Spiegel betrachtete. Ich probierte gerade das neue Kleid an: rote Spitze, glatter Satin und ein schulterfreier Schnitt verhalfen mir zu einem Äußeren, das mir sehr gefiel.

»Und das hier ist ein Geschenk von mir«, sagte meine Tante und gab mir ein Kästchen mit Ohrringen.

Ich öffnete es und staunte: Auf einem eleganten Zweig aus Platin saßen zwei große Rubine, als ob sie durch die Luft flögen.

»Das sind meine Lieblingsohrringe. Mein Mann hat sie mir im Jahr unserer größten Verliebtheit geschenkt«, erklärte Sofija Nikolajevmna. »Nur Schmuck, der dir von einem Mann geschenkt wird, macht dich stärker. Wenn du ihn dir selbst kaufst, ist er nur eine Verzierung. Aber ist er von einem Mann, hilft er dir dabei, dich unwiderstehlich zu fühlen. Der Rubin symbolisiert die Macht der Liebhaberin. Ich hoffe, dass du sehr bald ein Geschenk von einem Mann bekommst, der sich in dich verliebt hat – ein großer Rubin für dein Diadem. Jetzt zeige ich dir erst einmal ein altes Kerzenritual, das dir dabei helfen wird, dich in die notwendige Schwingung zu versetzen. In diesem Zustand wirst du jeden Mann entflammen.«

Meine Tante nahm mich bei der Hand und führte mich in ihr Boudoir, wo überall rote Kerzen brannten.

»Feuer erfüllt uns mit weiblicher Energie«, fuhr meine Tante fort. »Wenn in einer Frau ein Feuer brennt, setzt sie um sich herum alles in Flammen, und ihr Licht zieht Männer an.

Nimm eine Kerze und stell dir vor, dass ihre Flamme sich mit deinem Leidenschaftszentrum (vier Fingerbreit unter dem Nabel) vereint, denke an den Bezug zum Element Feuer und sprich mir nach:

Oh große ewige Flamme, Funke des Lebens, lebendig und hell! Sei meinen Träumen und Unternehmungen ein ewiger Begleiter! Verleihe mir Inspiration und Erkenntnis, Sexualität und Erregung. Gib mir die Macht und Autorität, um die Unbezwungenen zu bezwingen und das Unerreichte zu erreichen!«

Während ich die Worte des Rituals wiederholte, kam es mir wirklich so vor, als würde ich von einer leisen Vorahnung der Leidenschaft ergriffen. Es war, als ob tausend Funken durch meinen Körper schössen; meine Augen begannen, Funken zu sprühen, ein lüsternes Lächeln stahl sich auf meine Lippen und mit einer vor Leidenschaft heiseren Stimme sagte ich: »Ich bin bereit für meine Begegnung mit dem Schicksal.«

2003 »Ich bin bereit für meine Begegnung mit dem Schicksal«, sagte ich zu meinem Spiegelbild, die rote Kerze noch in der Hand haltend. Das neue rote Kleid passte perfekt, und nach dem Kerzenritual fühlte ich mich leicht erregt und gleichzeitig voller Selbstvertrauen.

Im Laufe des vergangenen Monats hatte ich an jedem denkbaren Ort versucht, Bekanntschaften zu schließen: in Cafés, auf der Straße, in Geschäften. Zu Anfang war ich noch ziemlich unbeholfen gewesen – ich vergaß immer das Nicken und die Berührung und was ich eigentlich sagen wollte –, aber nach einem Monat hatte ich bereits 20 Visitenkarten. So viele neue Gelegenheiten, nützliche Beziehungen und interessante Männer!

Endlich kam der September und mit ihm das neue Studienjahr an der Business School. Ich hatte Matvej versprochen, ihn am Flughafen abzuholen. Während der ganzen Autofahrt dorthin übte ich mit meinen Scheidenmuskeln. Wegen meines roten Kostüms, meiner geröteten Wangen und den feuchten scharlachroten Lippen blieb ich nicht unbemerkt, als ich die Ankunftshalle betrat.

Als Matvej mich erkannte, konnte er nur stammeln: »Bist du das wirklich?«

1903 »Sind Sie das wirklich?«, fragte Mark erstaunt und sah mich an wie ein Gespenst.

Den Ball erlebte ich wie in einem Nebel, ich kann mich kaum daran erinnern. Als meine Tante und ich den hell erleuchteten Saal betraten, erkannte ich Mark sofort in der Menschenmenge, und als er mich nicht bemerkte, geriet ich in Panik.

Meine Tante spürte meine Enttäuschung und machte mir Mut: »Schau ihn an und lege in deinen Blick die ganze Erwartung und Langeweile der vergangenen Monate. Er wird deine Aufmerksamkeit spüren und sich dir zuwenden. Dann schaust du wie unwillig weg und siehst ihn dann wieder an, als wolltest du bestätigen: ›Ja, ich schaue dich an.‹«

Ich sah Mark an und stellte mir dabei vor, wie wir uns leidenschaftlich küssten. Er bemerkte meinen Blick und wurde erregt. Mir schien, als habe er mich noch gar nicht wiedererkannt. Ich lächelte mein gewinnendstes Lächeln und nickte.

»Und jetzt?«, fragte ich meine Tante.

»Oh, da sehe ich einige Freunde! Ich werde dich ihnen vorstellen, und während du mit ihnen sprichst, wirfst du ihm weiter Blicke zu.«

Ich folgte dem Rat meiner Tante und mischte mich fröhlich unter ihre Freunde, wobei ich Mark manchmal zulächelte.

»Ich gehe mir eben die Nase pudern«, sagte meine Tante, als wir alleine waren. »Lass dich nicht langweilen!« Und sie verschwand in Richtung der Toiletten. Ich sah vergnügt den walzertanzenden Paaren zu, als ich die Gegenwart eines anderen Menschen spürte. Ich glaubte zuerst, Sofija Nikolajevna sei zurückgekommen, aber als ich mich umdrehte, erstarrte ich: Mark stand vor mir.

»Sind Sie das wirklich?«, waren die ersten Worte, die ich hörte. »Sie haben sich verändert, aber ich weiß gar nicht, wie. Ich würde gerne mehr über Sie erfahren. Wo kann ich Sie finden?«

Ich wollte ihm schon meine Adresse geben, erinnerte mich aber noch rechtzeitig an die Anweisungen meiner Tante und lächelte nur.

»Das soll mein kleines Geheimnis bleiben«, erwiderte ich dann und fürchtete dabei, ich würde ihn nie wiedersehen, weil er in meiner Antwort eine höfliche Zurückweisung erblicken würde. Aber wie meine Tante richtig gesagt hatte, machen Schwierigkeiten einen Mann nur noch hartnäckiger, und Mark startete sofort einen zweiten Versuch: »Wann gestatten Sie mir, Sie zu besuchen?«

Ich schwieg, weil mir keine Antwort einfiel. Ich wünschte mir diesen Besuch mehr als alles andere auf der Welt, aber jetzt stand ich ratlos da, bis ich die Stimme meiner Tante hörte:

»Sie müssen Mark Golber sein. Meine Nichte hat mir bereits von Ihnen erzählt. Ich hoffe, Ihre Reise nach Frankreich war ein Erfolg?«

»Ja, danke sehr. Und Sie müssen Varjas Tante sein!«

»In der Tat«, lächelte sie. »Sofija Nikolajevna Illirijskaja. Ich würde mich freuen, wenn ich Sie dieser Tage einmal zu einer Tasse Kaffee begrüßen dürfte.«

»Wann?«, platzte Mark heraus, offensichtlich sehr erfreut.

»Übermorgen um fünf? Würde es Ihnen da passen?«

»Gewiss. Ich werde Sie nicht enttäuschen«, erwiderte Mark, ohne zu überlegen.

»Dann hoffe ich, mein Kaffee schmeckt Ihnen! Sie finden mein Haus am Konnogvardejskij-Boulevard, es ist nicht zu verfehlen.

Varja, für uns ist es Zeit zu gehen!« Mit diesen Worten machte meine Tante sich zum Ausgang auf. Ich lächelte Mark noch einmal zu und folgte ihr.

2003 »Wie wär's, wenn du mich zum Kaffee einlädst?«, fragte Matvej unschuldig. »Vielleicht sogar bei dir zu Hause«, überlegte er laut. »Wenn du eine Espressomaschine hast, kann ich ihn gerne selbst machen.«

»Ja, das ist eine gute Idee«, stimmte ich zu und erstarrte innerlich. Wieso hatte ich mir nicht die Zeit genommen, um im Tagebuch nachzulesen, was jetzt zu tun war, anstatt zum Flughafen zu rasen?

Während der Rückfahrt plauderten wir über unsere Prüfungen und die kommenden Lehrgänge, und ich quälte mich mit der Frage, ob ich mit ihm schlafen sollte oder nicht. Schließlich bin ich erwachsen und wir leben im 21. Jahrhundert, und ich hatte keine Lust mehr, noch weiter Spiele zu spielen, das wäre einfach nur albern. »Ich möchte gerne, aber ich kann nicht«, stöhnte ich innerlich. Ich verging vor Verlangen.

Wir waren schon fast bei mir angelangt, und ich wusste immer noch nicht, was ich tun sollte. Also beschloss ich, mich dem Schicksal anzuvertrauen.

In meiner Wohnung begann Matvej sofort, Kaffee zu machen, und ich legte etwas Musik auf und suchte dann Zucker, Zimt, Kardamom und Schokolade, um ihm zu helfen. In dieser gemeinsamen Tätigkeit lag etwas Intimes. Wir tranken den Kaffee mit Kakaoaroma und verschiedenen Gewürzen, sahen einander in die Augen und mir wurde klar, dass die Anziehung noch stärker geworden war. Bevor ich wusste, wie mir geschah, lag ich bereits in Matvejs Armen, und der Kaffeegeschmack löste sich in einem Kuss auf.

Gleichgültig, wie alt man ist – der erste Kuss ist immer wie der Beginn einer langen Reise in unbekanntes Terrain. Auf diesen Kuss hatte ich so lange gewartet, dass er der schönste Kuss meines Lebens war. Gedanken jagten mir durch den Kopf: »Ja, nein, ja, nein!« Es war so schwierig, nicht »Ja!« zu sagen.

1903 »Es war so schwierig, nicht ›Ja!‹ zu sagen«, beklagte ich mich bei meiner Tante, sobald wir auf der Straße waren. »Ich war bereit, auf der Stelle mit Mark wegzugehen, er hätte es nur sagen müssen. Ich habe so lange auf diese Begegnung gewartet und mich so lange darauf vorbereitet, aber ich verstehe immer noch nicht, warum ich mich mit Erwartungen quälen soll.«

»Erwartungen haben noch niemanden umgebracht«, erwiderte meine Tante philosophisch. »Und unnötige Eile kann alles zerstören, ehe es richtig begonnen hat.« Wir saßen in einer Kutsche, und unter dem langsamen Rattern der Räder fuhr meine Tante fort: »Wie du dich erinnerst, will der Mann eigentlich nicht Sex, sondern die Energie, die er als Ergebnis davon empfängt. Du kannst dich ihm sofort hingeben. Er wird dann deine Energie nehmen und verschwinden, ohne dir eine Gegenleistung zu schenken. Aber du weißt nicht, ob er ein solches Geschenk wert ist. Der Mann sollte etwas leisten, bevor du dich ihm hingibst.

Denk daran, wenn du dich ihm sofort hingibst, begibst du dich auf den Weg der Liebhaberin, und wenn du dann beschließt, dass du jetzt bereit bist, ihn zu heiraten, dann wird es sehr schwer sein, den Liebhaber in einen Ehemann zu verwandeln - es ist praktisch unmöglich. Der Zustand der Liebhaberin und das Versprechen von Leidenschaft helfen dir dabei, den Mann anzuziehen, aber nach der ersten Begegnung musst du sofort in den Zustand der unerreichbaren und attraktiven Königin übergehen, die seine Begierden im Zaum hält. Zurückhaltung und das Sammeln von Informationen über den Mann sind in diesem Stadium deine Hauptaufgaben. Du beherrschst die Welt und dich selbst, du bist unabhängig, du bist frei und dennoch von einer Schar Bewunderer umringt.

Genau wie das Gefolge einer Königin machen Bewunderer jede Frau zu einer gefeierten Persönlichkeit! Die Avancen einiger Männer ziehen immer noch mehr Männer an.«

»Aber ich habe doch gar kein Gefolge aus Bewunderern!«, wandte ich traurig ein.

»Dann tu so, als hättest du eines. Erschaffe die Illusion davon.« Meine Tante zuckte mit den Schultern. »Wer sagt, dass es die Bewunderer wirklich geben muss? Imaginäre tun es auch.«

»Und wie macht man das?«

»Um deine Bewunderer kümmern wir uns später; aber jetzt geht es erst einmal um Allgemeineres«, unterbrach mich meine Tante. »Du bist also jetzt eine Königin! Deine Aufmerksamkeit ist nicht leicht zu haben! So wie man am Hof einer Königin eine Audienz nur als höchste Gunst erhält, so muss der Mann auf eine Begegnung mit dir warten. Lass ihn zappeln! Der Mann muss Zeit, Geld, Klugheit und Gefühl investieren, bis du ihm deine Aufmerksamkeit schenkst – und für eine Nacht mit dir noch viel mehr. Sie wird ihm viel mehr wert sein, wenn er sich dafür anstrengen musste.

Die nächsten 16 Begegnungen hindurch vermeide alle Intimitäten, aber ohne ihn zurückzuweisen. Du brennst genauso vor Leidenschaft und Begehren wie er, aber es kommt irgendwie immer etwas dazwischen – dringende Verabredungen, unerwartete Besucher ... Versuche ihn deshalb auf neutralem Gebiet zu treffen, in einem Restaurant, im Theater oder bei einem Empfang.

Ich weiß, dass Distanzen schrumpfen und Herzen schneller schlagen, wenn Kerzen brennen, Musik spielt und eine Andeutung von Leidenschaft dein Urteilsvermögen trübt. Es ist schwierig, sich dann noch zu beherrschen. Reize dich oder ihn deshalb nicht, damit du es später nicht bereust!«

»Ich will es versuchen«, erwiderte ich ernüchtert und enttäuscht. »Leidenschaftslose Frauen, die nicht wie ich sind, haben es gut. Für sie ist es ganz einfach und es kostet sie keine Anstrengung!«

»Das stimmt, aber niemand strengt sich für sie an«, entgegnete meine Tante. »Der Mann muss warten, um dein Geschenk zu verdienen, und du musst warten, um Zeit zu gewinnen, dich über ihn zu informieren. Danke also Gott, dass nichts geschehen ist, das nicht wiedergutzumachen wäre, und dass du nicht mit Mark losgerannt bist, geradewegs dem Untergang all deiner Hoffnungen entgegen!«

2003 Ich dankte nicht nur Gott, sondern auch meiner Nachbarin Anja. Als ich mich gerade entschlossen hatte »Ja« zu sagen, klingelte es an der Tür. Bei dem Geräusch fuhren wir auseinander und erstarrten; wir wussten nicht, was wir tun sollten. Es klingelte sehr hartnäckig; schließlich ging ich seufzend an die Tür, weil ich es nicht mehr aushielt, mich tot zu stellen.

»Ich habe Kaffee gerochen und wollte mal vorbeischauen«, begann meine Nachbarin zu schnattern. »Hast du ein neues Rezept? Man riecht es im ganzen Treppenhaus. Ich habe dein Auto gesehen und dachte mir, du hättest vielleicht gerne Gesellschaft«, erklärte sie ohne Punkt und Komma redend. »Und wo ist der Kaffee?« Sie drängte sich an mir vorbei in die Küche. Dort erblickte sie Matvej. »Oh«, meinte sie überrascht, »du hast Besuch?«

»Ja, wie du siehst. Das ist Matvej, ein Studienkollege aus der Business School. Wir sind vor dem Unterricht auf eine Tasse Kaffee hierhergekommen.« Ich versuchte, so gelassen wie möglich zu bleiben, um die in mir tobenden Emotionen nicht zu verraten. »Er kennt ein ganz besonderes Kaffeerezept!« Ich schenkte ihr eine Tasse des bereits kalten Kaffees ein, und dann ging ich mich umziehen.

Anja redete leidenschaftlich auf Matvej ein, und als ich eine Viertelstunde später mit einem Koffer in der Hand zurückkam, glitzerten Matvejs Augen misstrauisch.

»Ich wusste gar nicht, dass du so populär bist«, sagte er.

»Was meinst du mit populär?«, fragte ich verwundert und sah Anja mit einer stummen Frage an.

»Ich habe ihm nur gerade von deinem heimlichen Bewunderer erzählt, der dir jeden Monat einen Strauß roter Tulpen schickt und dich zwar anruft, aber Angst vor einem Date mit dir hat«, erklärte sie entschuldigend.

»Und du hast keine Ahnung, wer er ist?«, fragte Matvej interessiert.

»Nein!« Ich schüttelte den Kopf. »Aber es ist doch viel spannender, Blumen und Anrufe von einem Fremden zu erhalten! Ich finde das sehr romantisch!«

»Hm, bei mir müsstest du mit E-Mails vorliebnehmen. Geht das fürs Erste in Ordnung?«

»Naja, die Spannung fehlt dann natürlich. Ich weiß ja, dass sie von dir sind.«

»Ich könnte unter falschem Namen schreiben.«

»Agententricks? Wir müssen jetzt los, sonst verpassen wir die Analyse der neuesten Durchbrüche im Finanzgewerbe. Ich bringe nur schnell Anja zur Tür!«

Als wir die Tür erreicht hatten und ich sicher war, dass Matvej uns nicht hören konnte, zischte ich meine Nachbarin an: »Was erzählst du Matvej da von einem geheimen Bewunderer? Jetzt glaubt er bestimmt, dass ich nicht ganz dicht bin und mich am Telefon von irgendeinem Verrückten einwickeln lasse!«

»Bestimmt nicht!«, sagte Anja selbstsicher. »Aber Männer sind Schwarmvögel. Wenn einer auftaucht, sind die anderen nicht weit! Glaubst du, mir ist nicht aufgefallen, wie durcheinander du warst und wie zerzaust du ausgesehen hast, als du mir die Tür geöffnet hast? Ich habe das absichtlich erwähnt, damit er dich höher schätzt. Etwas, das andere auch wollen, ist immer umso begehrenswerter!«

1903 »Etwas, das andere ebenfalls begehren, wird umso begehrenswerter«, bemerkte meine Tante nachdenklich, als wir nach Hause zurückkamen. »Möchtest du schlafen gehen, oder sollen wir über deine Bewunderer sprechen?«

»Sprechen wir über meine Bewunderer. Das ist umso wichtiger, da ich ja gar keine habe«, erwiderte ich ohne Zögern.

»Ja, kurz vor der Schlafenszeit muss man immer ein Märchen erzählen.« Meine Tante lächelte listig.

»Aber nur Kindern, oder nicht?«, lachte ich.

»Oh, Männer sind große Kinder, und sie lieben Märchen sogar noch mehr als in ihrer Kindheit!«

»Und wovon wollen wir Märchen erzählen?«

»Über Bewunderer, meine Liebe, über Ritter in schimmernder Rüstung, die für einen Blick und ein Lächeln von dir ihr Leben riskieren!«

»Liebe Tante, ich meine das ernst«, wandte ich ein.

»Und ich auch«, sagte sie und ging voran zum Kamin.

Der Diener hatte uns inzwischen Tee eingeschenkt und delikate Kekse gebracht. Wir setzten uns und besprachen das für mich so aufregende Thema.

»Schau dir dieses Kästchen an, Liebes.« Meine Tante nahm ein kunstvolles Döschen aus venezianischem Glas vom Kaminsims. »Als ich noch jung war, verbrachte ich auf einer Italienreise einmal eine wunderbare Woche in Venedig. Ich war in einem kleinen Hotel am Canale Grande abgestiegen und ging jeden Abend zur Rialtobrücke, wo ich mich Träumen über meine andere Hälfte hingab. Am letzten Tag sprach mich ein Italiener an, der mir dieses Kästchen übergab. Er erklärte etwas dazu, aber ich verstand ihn leider nicht. In dem Kästchen befanden sich einige Briefe auf Italienisch. Erst nach meiner Heimreise hatte ich Gelegenheit, sie übersetzen zu lassen, und wie sich herausstellte, stammten sie vom Inhaber des Hotels. Er hatte sich in mich verliebt und mir jeden Tag einen Liebesbrief geschrieben, aber erst am letzten Tag gewagt, sie mir durch einen Dienstboten überreichen zu lassen.«

Ich hörte schweigend zu. »Das ist so romantisch«, seufzte ich dann. »Was für eine schöne Geschichte!«

»Ja, nicht wahr?« Meine Tante lachte. »Den Männern gefällt sie auch immer, und sie sehen mich danach mit ganz anderen Augen an. Ist es nicht ein wunderbares Märchen?«

»Ein Märchen?«, fragte ich ratlos.

»Gewiss. Ich habe dieses Kästchen selbst gekauft, die Briefe geschrieben und sie dann ins Italienische übersetzen lassen. Ich war sehr stolz auf mich.«

»Wir erschaffen also die Illusion einer Schar von Bewunderern, selbst wenn es sie gar nicht gibt«, fasste ich zusammen.

»Genau, mein Mädchen!«, nickte meine Tante und fuhr fort: »Du kannst zum Beispiel wie nebenbei von irgendeiner Nippsache behaupten, ein geheimer Bewunderer habe sie dir geschenkt, oder du entschuldigst dich bei einer Einladung zum Essen, du habest bereits für den betreffenden Abend die Einladung eines alten Freundes angenommen, der dich seit einem Jahr darum gebeten habe.«

»Und wenn niemand mich ein Jahr lang bittet?«

»Habe ich vielleicht gesagt, es muss die Wahrheit sein? Bleib einfach an dem Abend zu Hause und lies ein bisschen. Einsamkeit ist manchmal sehr nützlich, dann erscheinen die Stunden, die man gemeinsam verbringt, umso kostbarer! Schicke dir selbst Blumen und behaupte, sie kämen von einem Verehrer; oder erzähle ihm von einem schmachtenden Brief, den du bekommen hast! Denk dir etwas aus; dir fallen bestimmt tausend Möglichkeiten und mehr ein!«

»Wird er nicht glauben, ich vernachlässige ihn?« Mir kamen schon wieder Zweifel.

»Nein, nicht wenn du betonst, dass dir nur an ihm wirklich etwas liegt. Sprich aber von den anderen Männern immer respektvoll.«

»Sie sind ja alle so zuvorkommend«, improvisierte ich meine Rolle. »Ich weiß gar nicht, wo mir der Kopf steht! Was soll ich bloß machen? Sobald mich ein Mann sieht, ist er auch schon in mich verliebt«, seufzte ich theatralisch.

»Perfekt!«, lobte meine Tante. »Männer kämpfen gerne um etwas, also gib ihm die Gelegenheit dazu! Ein Mann muss glauben, dass er um einen Preis kämpft, den viele haben wollen. Und wenn er ihn dann hat, wird er ihm umso mehr wert sein!«

»Und wenn ihm die Konkurrenz Angst macht?«

»Umso besser! Dann weißt du gleich, dass er deiner nicht würdig ist. Wenn er nicht bereit ist, am Anfang eurer Beziehung um dich zu kämpfen, musst du dich fragen, ob er dich wirklich will.«

KAPITEL 9:

Die Erforschung beginnt

2003 »Ob er mich wirklich mag?«, fragte ich mich selbst während der Fahrt. In einer halben Stunde begann der Unterricht; ich würde es gerade noch rechtzeitig bis Repino schaffen.

Ich dachte an Anjas Worte und kam zu dem Schluss, dass etwas Wahres an ihnen war.

Matvej saß neben mir und dachte ebenfalls nach. Ich hoffte nur, dass es nicht meine geheimen Affären waren, insbesondere weil ich keine hatte und unschuldig wie ein Baby war. »Wie wäre es, wenn wir nach dem Unterricht noch an den Strand gehen und etwas essen?«, fragte er schließlich.

»Toll! Wenn ich dann noch die Kraft habe!«, stimmte ich zu; eigentlich wusste ich überhaupt nicht mehr, wie ich mich verhalten sollte.

1903 »Wie soll ich mich denn verhalten, wenn wir einander wiedersehen?«, war das Erste, das ich am nächsten Morgen fragte.

Wir aßen delikat gefüllte Pfannkuchen. Die Köchin hatte nicht gesagt, womit die einzelnen Pfannkuchen gefüllt waren, so dass ich bei jedem vor Neugierde fast verging, was wohl darin war: Fleisch, Hüttenkäse, Apfel oder Kaviar? Die mit Hüttenkäse mochte ich nicht und zog immer eine Grimasse, wenn ich einen erwischte.

»Welche Sorte Pfannkuchen mag Mark am liebsten?«, fragte meine Tante unerwartet, als sie mein Gesicht sah.

Ich zuckte mit den Schultern. »Hm, weiß ich nicht. Sollte ich?«

»Natürlich! Du möchtest ja kein Pfannkuchen mit einer ungeliebten Füllung sein. Bevor du etwas unternimmst, ist es immer gut herauszufinden, was der Betreffende mag und was nicht. Du musst seine Vorlieben auf allen Gebieten herausfinden!

Du hast etwa drei bis sechs Verabredungen lang Zeit, um dich vollständig über ihn zu informieren: Was sucht er in einer Frau? Was schätzt er an Männern? Was ist sein Lieblingsgericht, welche Tiere mag er, welche Musik, welche Bücher liest er? Du musst seine heimlichen Fantasien und seine kühnsten Träume erforschen, so viel wie möglich über ihn herausfinden, ihn über die Zukunft ausfragen, dann über die Vergangenheit und erst dann über die Gegenwart.«

»Nur fragen und nichts von mir selbst erzählen?«, fragte ich überrascht.

»Bei den ersten drei Verabredungen sollte er dir alles über sich erzählen. Um sich selbst vorzustellen. Höre also genau zu und merke dir die kleinsten Einzelheiten; vielleicht schreibst du sie sogar auf. Wenn ihr einander besser kennt, kannst du auch vorsichtig nach seinem ersten Kuss, seiner ersten Liebe und den Erlebnissen fragen, die er dabei hatte.«

»Nach seiner ersten Liebe?«

»Je mehr er dir erzählt, desto besser erfasst du seine Gefühle. Und du wirst besser verstehen, welche Art Frau er sucht und was er an ihr schätzt. Wenn du glaubst, du kannst diese Frau werden oder bist es bereits, dann kannst du langsam auch etwas von dir selbst preisgeben, aber nur soweit es eure Gemeinsamkeiten zeigt.«

»Und wenn mir seine Erwartungen nicht gefallen?«

»Dann kannst du ihn immer noch loslassen. Du bist ja noch nicht allzu sehr mit ihm vertraut und an ihn gewöhnt. Einen Mann zu verlassen, ist viel schmerzhafter, wenn ihr einander bereits nahesteht, daher ist es besser, wenn du all das vorher erkennst. Gib dich keinen Illusionen hin! Es ist wirklich besser, so viel wie möglich zu erfahren, bevor man sich entscheidet, mit einem Mann das Bett zu teilen.

Ach, und erzähle ihm niemals von deinen vergangenen erfolglosen Affären, romantischen Abenteuern oder Leidenschaften! Je länger du darüber schweigst, desto mehr Gelegenheit wird er haben, sich die Informationen über dich selbst auszudenken und in dir die Frau seiner Träume zu sehen.«

2003 »Es ist so schwierig, die Frau der Träume eines Mannes zu werden«, überlegte ich, während ich Matvej zuhörte. Wir saßen nach dem Unterricht in einem kleinen Restaurant an der Küste und schauten auf den Finnischen Meerbusen hinaus. In der Vorlesung hatte ich Zeit gehabt, im Tagebuch zu blättern und folgte jetzt dem Rat meiner Urgroßmutter, meinen Eifer zu bremsen und erst einmal nützliche Informationen zu sammeln. Das war ein faszinierender Zeitvertreib. Gewöhnlich verließ ich mich auf meine eigenen Vermutungen, was den Geschmack von Männern anging. Wie sich herausstellte, mochte dieser besondere Mann allerdings absolut unerwartete Dinge.

»Weißt du, als ich klein war, machte unsere Familie an den Winterwochenenden immer Pelmeni, lagerte sie im Schnee und aß eine Woche lang davon«, erzählte Matvej mit nostalgischer Verklärung.

›Sehr gut‹, schoss es mir durch den Kopf. ›Manetshka kann mir beibringen, wie man den Teig und die Fleischfüllung zubereitet. Dann kann ich lernen, wie man Pelmeni kocht. Es geht, wenn ich nur will!‹

»Kannst du eigentlich Pelmeni kochen?«, fragte Matvej.

»Klar!«, log ich selbstsicher, weil ich wusste, dass ich in den nächsten fünf Tagen nicht in die Verlegenheit kommen würde, es beweisen zu müssen.

»Prima«, freute sich Matvej. »Und wann bekomme ich die erste Kostprobe?«

»Im Winter! Im Herbst schmecken sie einfach nicht so gut!«, erwiderte ich und schuf mir damit mehr Zeit für das Ritual. »Und was möchtest du in fünf Jahren sein?«, wechselte ich zu einem ungefährlichen Thema.

»Reich und berühmt«, lachte Matvej.

»Ach komm, ich meine es ernst. Bitte.«

»Ich meine es ja ernst. Ich werde eine riesige Villa mit einer gigantischen Gefriertruhe für Pelmeni bauen. Und ich gebe Pelmeni-Partys, auf denen alle meine Freunde gemeinsam Pelmeni kochen, und dann essen wir sie gemeinsam in fröhlicher Runde.«

»Von den Pelmeni kannst du ja gar nicht lassen! Ich hätte nie gedacht, dass dieses Gericht ein Aphrodisiakum ist«, lächelte ich.

»Sogar ein sehr starkes! Meine Lieblings-Plakatwerbung ist die mit dem bemehlten Frauenhintern und dem Slogan ›Meine Lieblings-Pelmeni‹. Sibirier wissen eben gutes Essen zu schätzen! Feste Frauenhintern mag ich auch«, erklärte Matvej ganz ernst. »Besonders den von Catherine Zeta-Jones in *Die Maske des Zorro.*«

Ich wusste nicht, ob ich beleidigt sein oder lachen sollte. Wenigstens kannte ich jetzt Matvejs Idealbild einer Frau. Es würde allerdings schwierig sein, sich aus einer zierlichen Rothaarigen in eine dunkle Brünette zu verwandeln, aber immerhin konnte ich lernen, wie man Pelmeni zubereitet und vielleicht etwas für meine Pomuskeln tun. Jetzt aber kam es darauf an, möglichst gut zuzuhören!

1903 »Hör so gut wie möglich zu!«, riet mir meine Tante, bevor Mark eintraf. In den zwei Tagen vor seinem Besuch war sie sehr ernst gewesen.

Am Morgen nach dem Ball weckte mich meine Tante, ließ ein leichtes Frühstück servieren und erinnerte mich daran, dass ich bei den ersten Verabredungen im Zustand einer Königin sein müsse.

»Alle kleinen Mädchen spielen Prinzessin, aber nur wenige werden Königin! Das ist ein ganz besonderer Zustand, und du solltest ihn selbst erleben.«

»Aber es ist so schwierig für mich, eine Königin zu sein!«, beklagte ich mich.

»Das liegt nur an deinen Selbstzweifeln«, erklärte meine Tante unumwunden. »Nur wenn man sich selbst hasst, wird man zum Sklaven und kriecht am Boden. Das ist die typische Sklavenhaltung. Wenn du dich selbst niedermachst, weil dir etwas nicht gelungen ist, wenn du dir einbildest, du seist hässlich oder dumm, wirst du sofort zu diesem Sklaven. Um aus der Zone der schlechten Schwingungen von Krankheit, Armut und Demütigung in die Zone der guten Schwingungen von Glück und Wohlstand aufzusteigen, musst du zuerst aufhören, dich selbst schlechtzumachen!«

»Von der Null zum Helden«, scherzte ich.

»Ganz genau! Leg dich jetzt auf den Boden, in der Haltung einer Sklavin, die rechte Hand nach vorne. Spüre die Tiefe dieser Demütigung und entschließe dich, sie von dir zu werfen.«

Ich kroch auf dem Boden, streckte die rechte Hand aus und kostete den Schrecken dieser Pose aus. Dann versprach ich mir selbst, diese Demütigung loszuwerden.

»Ich bin klug, schön, erfolgreich und eine sehr fleißige Schülerin«, lobte ich mich selbst.

»Jetzt erhebe dich auf dein linkes Knie und löse mit einer dreimaligen schneidenden Bewegung alle Ketten von deinem rechten Knie, die dich mit diesem Zustand verbinden. Dann strecke dich und löse alle Ketten von deinem linken Knie. Du bist jetzt bereit,

allen Schicksalsschlägen gegenüberzutreten, ohne dir selbst dafür Vorwürfe zu machen und die Schuld zu geben!

Jetzt stell dir vor, du legst dein Reitkostüm an. Beim Einatmen ziehst du Stiefel an, um dich vor dem Bodenschmutz zu schützen, der bis in 37 Zentimeter Höhe reicht, und vor dem Schmerz, der bis in 72 Zentimeter Höhe reicht, dann ziehst du einen breiten Gürtel an, der deine unteren Zentren verschließt und dich vor der Zone des Scheiterns (bis in 137 Zentimeter Höhe) schützt; anschließend besteigst du das Pferd.

Das Pferd ist unser Begehren! (Diese Energie kann durchgehen wie ein Pferd, wenn wir sie nicht beherrschen.) Wer sie nicht zügeln kann, stürmt in den Abgrund; wer sie kontrolliert, kann die Welt beherrschen. Wem dies gelingt, der hat in allem Erfolg!

Die Schulterhöhe des Pferdes beträgt 156 Zentimeter; das ist auch die Höhe der Zone des Erfolgs. Daher heißt es von einem erfolgreichen Menschen, er sitze auf dem hohen Ross.«

»Und wie soll ich auf dem Pferd sitzen?«

»Die rechte Hand nach vorne, die linke nach hinten, und beim Einatmen führst du die Energie zwischen den Beinen zusammen und springst achtmal in die Höhe.«

2003 Nachdem ich achtmal in die Luft gesprungen war, dachte ich mir, dass es sicher viel zu lachen gegeben hätte, wenn jemand durch mein Fenster gespäht und beobachtet hätte, wie eine junge Dame um drei Uhr morgens auf einem eingebildeten Pferd im Zimmer herumgaloppierte. Das Verlangen, das nach dem Essen mit Matvej in mir hochgestiegen war, hatte sich tatsächlich endlich beruhigt.

Nur gut, dass ich während des Finanzseminars Zeit gehabt hatte, im Tagebuch zu lesen; so war mir klar geworden, dass ich beinahe einen schlimmen Fehler gemacht hätte. Wenn jedes gemeinsame Seminar als eine »Verabredung« zählte, obwohl es jeweils fünf Tage dauerte, dann war das erst unser drittes Date gewesen – noch viel zu früh für Sex.

Nach dem Essen hatte ich Matvej ein Küsschen auf die Wange gegeben und mich so schnell wie möglich verabschiedet, weil meine Widerstandskraft fast geschwunden war. Nur wenige Minuten länger, und ich hätte die Nacht in seinem Zimmer verbracht.

»Sich rarmachen heißt Interesse wecken«, sagte ich mir ein japanisches Sprichwort vor, das ich einmal gehört hatte. Ich musste nur noch vier Tage durchhalten. Und warum sollte ich mich während dieser Tage nicht wie eine Königin fühlen, die huldvoll Aufmerksamkeitsbeweise akzeptierte und es sich gut gehen ließ?

1903 »Es ist wichtig, dass du dich wie eine Königin fühlst, die Aufmerksamkeiten akzeptiert und sie huldvoll annimmt. Allerdings solltest du vorerst noch keine Gegenleistungen erbringen. Er muss zunächst verstehen, dass es bereits eine ungeheure Gunst ist, wenn er in deiner Gesellschaft sein darf, und er muss bereit sein, alles dafür zu tun!

Und jetzt ist es Zeit, dass du etwas für dich tust!«, schloss meine Tante und schickte mich ins Badezimmer, wo nach meinen Sprüngen ein Bad mit Jasminblüten auf mich wartete.

»Nach dem Bad bekommst du noch eine Massage, und dann folgt die Krönung. Die Krone wird dir Selbstsicherheit verleihen und dich von deiner Größe überzeugen. Und jetzt genieße ganz bewusst jeden Moment deines Bades!«

Nach der Massage war mir eigentlich nicht nach weiteren Ritualen zumute, aber meine Tante ließ nicht locker: »Du hast in drei Stunden eine Verabredung und solltest vor Schönheit strahlen. Im Moment siehst du allerdings eher wie ein nasses Huhn aus.«

»Liebe Tante!«, flehte ich. »Du hast mir selbst dieses Bad und die Massage verschrieben.«

»Ja, so ist es. Und jetzt schließe deine Augen, wir reisen in deine Welt. Das zweite Zentrum des weiblichen Wesens ist in deinem Mund, dein Gaumen ist die Kuppel deines Thronsaals, ein Ort, an dem du sitzt und Stärke gewinnst! Berühre den Gaumen mit der Zunge und spüre, wie sich die Dunkelheit allmählich auflöst und du im Thronsaal erscheinst. Betrachte die Dekoration der Wände und des Bodens. Tritt zum Thron, betaste und betrachte ihn. Und genau wie wir im ersten Zentrum des weiblichen Wesens Ordnung geschaffen haben, solltest du auch den Thronsaal aufräumen. Entferne alles Unnötige – jahrhundertealten Staub, alles Defekte und Überflüssige. Danach öffnest du die Fenster und füllst den Raum mit Licht und frischer, kühler Luft. Schau aus dem letzten Fenster und bewundere die königlichen Gärten mit ihren plätschernden Brunnen. Du fühlst dich leicht und schwebend, und schon flatterst du aus dem Fenster. Fliege eine Runde um den Palast, schau dir seine Türmchen und Ornamente an. Reise in jene Welt, in der du herrschen sollst.

Spähe in ihre verborgensten Ecken, betrachte das urbare Land, die Wälder, die Quellen; schau dir die Bewohner an. Wenn du deine Welt akzeptiert hast und sie zu lieben gelernt hast, kehrst du in den Palast zurück. Dort ist jetzt alles für deine Krönung bereit. Der Hofstaat erwartet dich; die Männer zur Linken, die Frauen zur Rechten. Zu feierlicher Musik ziehst du in den Thronsaal ein. Du hörst Gebete, nimmst den Thron ein und spürst, wie eine Krone auf deinen Kopf gesetzt wird. Du spürst ihr Gewicht. Jetzt werden dir ein Zepter und ein Reichsapfel in die Hand gelegt. Jedes deiner Worte ist ab jetzt Gesetz. Du spürst deine Autorität und Macht. Von nun an entscheidest du, wer hingerichtet wird und wen du begnadigst! Von nun an bist du eine Königin!«

2003 »Von nun an bin ich eine Königin!«, sagte ich zu mir selbst, nachdem ich die Meditationsübung absolviert hatte. Aber aus irgendeinem Grund fühlte ich mich gar nicht so.

Anscheinend stand es um mich schlimmer als um meine Urgroßmutter.

Nach den Seminaren trafen sich die anderen immer alle in der
Bar und diskutierten; ich dagegen hockte in meinem Zimmer und
wollte unbedingt eine Königin werden. Frustriert schaltete ich den
Fernseher ein – und erstarrte. Es lief eine alte Aufnahme von Alla
Pugatshovas Lied »Ein König kann alles«. Instinktiv fing ich an, ihre
Gesten zu imitieren – ich spreizte die Finger der rechten Hand
hinten über meinem Kopf, um eine Krone zu symbolisieren. Es war
irgendwie nur eine halbe Krone, also legte ich die andere Hand an
die Stirn und spreizte die Finger. Ich atmete ein und vertauschte die
Hände, wodurch die linke nach vorne kam. Erstaunlicherweise
nahm ich jetzt wirklich eine Krone auf meinem Kopf wahr! Stolz
auf meinen Erfolg ging ich hinunter an die Bar. Kaum war ich dort,
trat Matvej auf mich zu.

»Weißt du, dass es mir vorkommt, als trügest du eine Krone?
Wahrscheinlich habe ich zu viel Cognac getrunken. Ich habe schon
Halluzinationen ...«

›Hat es wirklich funktioniert?‹, freute ich mich im Stillen. Laut
entgegnete ich: »Ja, dann solltest du weniger trinken.« Unschuldig
fragte ich dann: »Magst du Cognac?«

»Oh, ich mag vieles. Und was gefällt dir so?«

Ich wollte sofort mit allem herausplatzen, was mir gefällt, wie
gut ich kochen kann, was für einen guten Geschmack ich habe, was
für einen scharfen Verstand – also meine Talente so richtig anpreisen.
Gerade noch rechtzeitig biss ich mir auf die Zunge. Das Beste, was
ich jetzt tun konnte, war, den Cognac zu loben (ich verabscheute
ihn) und den Mund zu halten.

1903 Es war nicht einfach, den Mund zu halten! Ich wollte
Mark so gerne alles aus den letzten zwei Monaten
erzählen.

Mark kam pünktlich um fünf. Ich war sehr nervös. Meine Tante hatte mir ein züchtiges, aber elegantes perlmuttfarbenes Kleid herausgelegt und mir geraten, meine widerspenstigen Löckchen zu bändigen und immer daran zu denken, dass ich eine Königin sei.

»Varvara Vasiljevna! Ich bin so froh, Sie zu sehen! Ich hatte schon ganz vergessen, wie schön Sie sind!«, rief Mark zur Begrüßung.

»Danke schön! Ich freue mich ebenfalls zu sehen, dass Sie älter werden«, lächelte ich. »Meine Tante erwartet uns im Salon.«

Nach einer Tasse Kaffee und etwas Konversation entschuldigte sich meine Tante, sie habe Kopfschmerzen, und zog sich zurück.

Die nächsten zwei Stunden über tranken wir nur Kaffee, aber am Ende des Gesprächs wusste ich praktisch alles über Mark - sein Lieblingsgericht, seine Lieblingsdüfte, seine Lieblingsgedichte, seine Hoffnungen und Befürchtungen. Noch wichtiger aber war, dass ich auch erfahren hatte, was ihm an einer Frau gefiel - Haarfarbe, Frisur, Kleidungsstil, Manieren und Steckenpferde. Paradoxerweise wurde er umso interessierter, je stiller ich wurde. Als der Abschied nahte, erklärte Mark ganz unerwartet: »Varvara Vasiljevna, ich mag Sie wirklich sehr.«

»Das höre ich oft von Männern«, entgegnete ich mit gesenktem Blick. »Ich vertraue Taten mehr als Worten.«

»Was muss ich tun, damit Sie mir glauben?«

»Irgendetwas«, ich zuckte mit den Schultern, »das mir sagt, dass es nicht nur leere Worte sind.«

»Ich tue, was Sie wollen! Sprechen Sie!«

»Holen Sie mir auch den Mond vom Himmel?«, neckte ich ihn.

»Ich werde es versuchen«, versprach Mark.

»Dann warte ich also auf den Mond«, lächelte ich. »Jetzt wird es aber Zeit, dass ich nach meiner Tante sehe.« Ich erhob mich und gab damit das Signal, dass es Zeit für den Abschied war. Mark dankte für den Kaffee und ging, während ich ins Boudoir meiner Tante stürmte.

»Und was jetzt?«, stieß ich hervor, kaum dass ich durch die Tür war.

KAPITEL 10:

Die Liebesnacht. Vorbereitung

2003 »Und was jetzt?«, fragte Aniska, nachdem sie sich meine Erzählung von den Treffen mit Matvej angehört hatte. »Warst du die totale Schlampe?«

»Es war vor allem total schwierig. Ich musste mich selbst mit eiserner Hand zurückhalten, ihm keine E-Mail oder SMS zu schicken, kein Date auszumachen und nicht beim ersten Anruf nach Moskau zu eilen.«

»Seltsam!«, murmelte Aniska. »Ich habe kein Problem damit, Männer zu quälen ... Apropos, morgen gehe ich endlich mit Mischa ins Kino. Er hat mich vor zwei Wochen eingeladen.«

»Welcher Mischa?«, fragte ich verwundert.

»Dein Freund von der Universität, der bei dir an der Tür geklingelt hat, weißt du noch? Wir sind uns neulich in der U-Bahn zufällig noch einmal über den Weg gelaufen, und jetzt ruft er fast jeden Tag an. Was hast du noch mal gesagt, was man beim ersten Date beachten soll?«, erkundigte sich Aniska.

»Alle Informationen über seine geheimen Laster und Begierden zu sammeln, wie seine Mutter ihm ihre Liebe bewiesen hat und so weiter«, sagte ich eifrig.

»Aha, eine vollständige Untersuchung«, prägte sich Aniska ein. »Und hast du schon alles über Matvej herausgefunden?«

»Naja, noch nicht ganz, aber zumindest hat *er* herausgefunden, dass ich rund um die Welt Scharen von Bewunderern habe. Das habe ich zumindest durchblicken lassen.«

»Und was jetzt?«

»Jetzt bereite ich mich auf das Endziel vor.«

»Das ist spannend. Was meinst du damit?« Sie klang interessiert.

»Eine Liebesnacht. Ich glaube, beim nächsten Seminar in Schweden wird es passieren!«

»Was sagt deine Urgroßmutter dazu? Empfiehlt sie etwas? Muss man in der ersten gemeinsamen Nacht etwas Besonderes beachten?«

1903 »Muss ich in der ersten gemeinsamen Nacht etwas Besonderes beachten?«, fragte ich meine Tante.

Seit unserer Begegnung im Theater waren bereits zwei Monate vergangen. Ich hätte Mark gerne täglich getroffen, aber meine Tante gestattete uns nur zwei Treffen pro Woche. Wir besuchten sämtliche Privatvorstellungen, Premieren und Empfänge, aber ich verschwand regelmäßig nach zwei bis drei Stunden. Ich war bereits ganz erschöpft vor unterdrückter Leidenschaft, und mir fiel auf, dass auch Mark in meiner Gegenwart zitterte. Wenn wir zusammen waren, spürte ich eine so starke Anziehungskraft zwischen uns, dass ich drauf und dran war, alle Ratschläge meiner Tante in den Wind zu schlagen und mit ihm durchzubrennen.

Nach jeder Begegnung hielt mir meine Tante daher einen regelrechten Vortrag. »Leidenschaft ist stärker als Vernunft und Logik. Wenn du alles auf einmal verbrennen und dann den Rest deiner Zeit damit verbringen willst, die Asche deines Herzens zusammenzufegen, dann kannst du natürlich die Wartezeit überspringen. Wenn du dieses Feuer aber über eine lange Zeit genießen willst, dann lass es glimmen.« Meine Tante meinte das sehr ernst.

»Er steht ja bereits in Flammen«, erwiderte ich. »Wird er nicht leerbrennen?«

»Das kann man manchmal auch akzeptieren. Wenn du nur eine Freundschaft mit dem Mann oder ihn in einen Bewunderer verwandeln möchtest, der nur noch seufzt und keine Hoffnung mehr hat, dann kannst du das Flirten immer weiter fortsetzen, bis er schließlich ausgebrannt ist. Entweder geht er dann oder er wird zu einem reinen Bewunderer. Aber wir sprechen jetzt über dich, nicht über ihn.«

»Ach«, erwiderte ich, »ich fürchte, sobald ich ihn sehe, werden alle meine guten Vorsätze sofort dahin sein.«

Und da erklärte meine Tante, jetzt sei es Zeit, vom Zustand der Königin in den des Mädchens überzugehen. »Du wirst die meiste Zeit in diesem Zustand bleiben. Das Mädchen verleiht dem Mann Selbstvertrauen, zeigt sich aufmerksam, nimmt die Dinge, wie sie sind, widerspricht nicht, bewundert seine Leistungen und findet alles gut, was er tut. Denke daran, die Königin zieht Männer an, aber heiraten wollen sie ein Mädchen«, erinnerte mich Sofija Nikolajevna und kam endlich zum Thema der ersten Intimitäten.

»Was eure erste Nacht angeht – fangen wir am besten mit der Farbe deiner Unterwäsche an. Wenn du unschuldig und jungfräulich erscheinen willst, nimm Weiß oder ein helles Beige. In der ersten Nacht solltest du sinnlich sein, aber dich sehr unerfahren verhalten.«

»Unerfahren? Ich war jahrelang verheiratet, ich kann nicht mehr unerfahren sein, das glaubt mir niemand«, widersprach ich.

»Vielleicht nicht, aber trotzdem solltest du in der ersten Nacht das ungeschickte, naive, unerfahrene Mädchen geben. In der ersten Nacht brauchst du den Mann nicht mit allen möglichen Positionen und französischen Sitten zu überraschen, die du vielleicht kennst.«

»Liebe Tante, da eröte ja selbst ich.«

»Lieber jetzt erröten, als später bleich vor Scham«, erwiderte sie geradeheraus wie immer und fuhr mit der Belehrung fort: »Lass dir von dem Mann beibringen, was er weiß, auch wenn du alles schon kennst. Das Ritual sorgt dann für Vervollkommnung. In der ersten Nacht freue dich einfach, dass er bei dir ist.«

2003 Freue dich, dass er bei dir ist? ›Das ist leicht gesagt‹, dachte ich während meiner Einkaufstour durch verschiedene Wäschegeschäfte. Es erwies sich als schwierig, Unterwäsche in einem schönen hellen Beige aufzutreiben. Nach einer Woche Suchen hatte ich endlich Erfolg, eilte nach Hause und probierte meine Einkäufe sofort an. Während ich mich im Spiegel bewunderte, kam mir das schöne Ritual »Ein Netz der Anziehungskraft weben« wieder in den Sinn. Vielleicht hatte ich es einmal irgendwo gelesen oder jemand hatte mir davon erzählt – jedenfalls wollte ich für den Anlass etwas Besonderes unternehmen. Ich hatte einige Symbole weiblicher Macht zusammengetragen – rote und rosa Kerzen als Symbole des Elements Feuer, eine Feder als Symbol des Elements Luft, Rosenquarz als Symbol des Elements Erde und eine Schale Wasser, versetzt mit einigen Tropfen Duftöl, als Symbol des Elements Wasser.

»Ich nehme diese Gaben an und bewundere. Ich gehe in ihnen auf und verwebe mich mit ihrer Kraft in einem magischen Netz der Anziehung«, intonierte ich im Geiste, während ich die Kerzen vor den Spiegel stellte und anzündete. Ich legte etwas Musik auf und begann, langsam vor dem Spiegel zu tanzen, wobei ich mich auf mein Abbild und die Kerzen konzentrierte. Ich nahm die Feder und wischte mir damit von Kopf bis Fuß alle negativen Energien ab. Ich nahm den Rosenquarz in die Hände und spürte, wie seine Energie auf mich überging. Rosenquarz steht für die Kraft, weibliche Energie aufzubauen. Ich tauchte meinen Zeige- und Mittelfinger in die Wasserschale und berührte damit meine drei wichtigsten Zentren: das geistige Zentrum in der Mitte der Stirn, das Liebeszentrum zwischen den Brüsten und das Leidenschaftszentrum in der Magengrube. Dann setzte ich den magischen Tanz fort, sagte die Worte des Rituals auf und führte jede Bewegung so durch, als webe ich ein Netz der Anziehung.

»Großer Strom der Leidenschaft, fülle mich mit Schönheit, Wollust und Sexualität! Ich kann verführen und reizen. So ist es, und so wird es sein.«

Meine Augen hatten zu leuchten begonnen, meine Wangen waren rosig und in diesem veränderten Zustand holte ich ein dunkelrotes Samtkostüm aus dem Schrank. Der dunkle enge Rock und die Jacke mit den kleinen Knöpfen vervollständigten das Bild und machten mich unwiderstehlich.

1903 »Du bist unwiderstehlich«, sagte meine Tante aufrichtig bewundernd.

»Stimmt«, erwiderte ich, wobei ich noch mit den kleinen Knöpfen an meinem Kleid kämpfte. »Müssen das wirklich so viele sein?«

»Jedes Hindernis, auch wenn es nur Knöpfe sind, steigert Leidenschaft und Begehren. Und Samt habe ich auch mit Absicht ausgesucht. Alles, was der Mann berührt, sollte angenehm sein.« Meine Tante trat näher und half mir. »Liebes, jetzt bist du wirklich bereit für dein Stelldichein! Denk aber immer an die Geschichte von Aschenputtel!«

»Wieso Aschenputtel?«

»Man muss immer rechtzeitig verschwinden.«

»Und was hat rechtzeitiges Verschwinden mit der ersten Nacht zu tun?«

»Verschwinden macht die Nacht zu etwas Besonderem. Wenn der Mann endlich bekommt, was er schon so lange begehrt, braucht er danach Zeit, um herauszufinden, ob es wirklich das war, was er begehrt hat. Distanz steigert die Liebe. Wenn er etwa drei bis zehn Tage lang nichts von dir hört und dich nicht sieht, beginnt er zu verstehen, was es hieße, dich wieder zu verlieren. Wenn du bei ihm bist, hat er gar keine Zeit, um sich klar zu werden, wie sehr er dich braucht, aber sobald du nicht mehr da bist, fängt er an, dich zu idealisieren und sich auf die Suche nach dir zu machen. Ja, das wird er! Wenn etwas für einen Mann lebenswichtig ist, dann die Herausforderung. Glaube also nicht, dass Hindernisse den Mann davon abhalten, dich zu finden – und gib dich keinen Illusionen hin. Sobald die Leidenschaft der Nacht verklungen ist, verlasse ihn auf

der Stelle! Nun, ich denke, du bist bereit.« Und damit kniff sie mich
sanft in die Wange.

2003 »Bin ich bereit?«, fragte ich mich selbst, während ich
meinen Sitz im Flugzeug einnahm. Im Koffer hatte
ich das Samtkostüm und die hellbeige Unterwäsche. Manche Menschen bevorzugen den einfachen Weg. Ich gehöre nicht dazu. Ich
hatte mich entschlossen, schon zwei Tage vor Kursbeginn nach
Stockholm zu fliegen und mir die Stadt anzuschauen. In letzter Minute fühlte ich mich dann plötzlich gedrängt, Matvej anzurufen
und ihn einzuladen mitzukommen.

Sobald ich den Hörer abgenommen hatte, bereute ich, gegen
den Rat meiner Urgroßmutter verstoßen zu haben, bloß nie die Initiative zu ergreifen. Hundert Jahre Kampf um Frauenrechte und
Meinungsfreiheit waren nicht umsonst gewesen. Es war schwieriger,
meinen Tatendrang zu bezähmen als meine Leidenschaft.

Endlich landete die Maschine und wir trafen uns am Flughafen. Ich fühlte mich wie ein kleines Mädchen, dem schon lange
ein Theaterbesuch versprochen worden war. Endlich war der Augenblick gekommen! Vorfreude, Fantasien und Furcht tobten in
mir, aber nach außen hin lächelte ich bloß. Wir gaben einander
einen freundschaftlichen Kuss und plauderten über den bevorstehenden Lehrgang, während wir uns zum Bus ins Stadtzentrum
aufmachten.

Wir waren beide schüchtern und unbeholfen wie Teenager beim
ersten Date. Nach außen hin wirkten wir ganz unschuldig, wie alte
Bekannte oder Kollegen auf dem Weg zu einer Konferenz. Im Bus
blätterten wir geistesabwesend in Zeitschriften und betrieben sinnlose
Konversation über gemeinsame Freunde, die nahenden Prüfungen
und die Business School im Allgemeinen. Ich hatte keine Ahnung,
in welchem Hotel Matvej abgestiegen war, und fragte ihn daher:
»Und wo wohnst du?«

»In deinem Zimmer, mit dir zusammen«, erwiderte er, als sei das ganz selbstverständlich.

Ich erstarrte. Endlich wurde mir klar, wie ernst das alles war und worauf ich mich eingelassen hatte. Aber jetzt war es zu spät, um noch auszusteigen. Bis wir die Innenstadt erreicht und das Hotel gefunden hatten, durchlebte ich Zweifel von größtem Ausmaß. Wir meldeten uns an der Rezeption an und betraten endlich unser Zimmer. Matvej warf mich auf das Bett und begann mich abzuküssen, aber ich kämpfte immer noch mit mir und sprang wieder auf. Seltsamerweise wehrt man sich ja immer umso mehr gegen etwas, je länger man darauf gewartet hat. Wir wussten beide nicht, wie man diese Grenze überwindet, die Verlangen von Intimität trennt, schauten einander an und brachen dann zu einem Stadtbummel auf.

1903 Wir gingen durch das abendliche St. Petersburg, das aussah wie ein Aquarell. Die durchscheinende Luft, die eleganten Gebäude und das leicht dahinplätschernde Gespräch ohne jede Andeutung von Verführung boten sich für harmloses Flirten an. Ich warf mir selbst eine übermäßige Einbildungskraft vor. Warum hatte ich mir eingeredet, dass diese Verabredung die entscheidende sein würde?

»Varvara Vasiljevna«, fragte Mark, »wollen wir uns St. Petersburg einmal aus der Vogelschau ansehen?«

»Sollen wir vielleicht die Flügel ausbreiten und fliegen?«

»Nein, ich dachte mehr an den Säulenumgang der St.-Isaaks-Kathedrale. Es gibt da eine Treppe.«

»Aber die Kathedrale ist doch schon geschlossen.«

»Heute ist ein ganz besonderer Tag, und die Kathedrale hat eigens für uns geöffnet.«

Es stimmte; kurz darauf kletterten wir tatsächlich die 245 Stufen hinauf und standen schließlich in den Kolonnaden. Der Nachtwächter hatte uns wortlos eingelassen. Unter uns erstreckte sich die

Stadt wie in einer geöffneten Hand. Ich bewunderte die großartigen Palais, die Zugbrücken und die majestätische Neva. Mark trat hinter mich, umarmte mich, als wolle er mich wärmen, und küsste mich auf den Hals. Seine Küsse wurden heftiger, und seine Lippen begannen, mein Gesicht restlos zu erforschen.

»Eine wunderbare Aussicht«, seufzte er.

2003 »Eine wunderbare Aussicht«, meinte Matvej, nachdem er einen Lehnsessel mitten in den Raum vor ein Panoramafenster gestellt hatte, das die erstaunlich milde Stockholmer Nacht überblickte. Die Stadt erstreckte sich vor uns wie in einer geöffneten Hand. Wir waren erst um Mitternacht von unserem Altstadtbummel zurückgekehrt, nach einer Bootsfahrt und einem Dinner in einem winzigen Restaurant am Meer.

»Komm«, rief er leise, »schau, wie schön das ist.«

Der Hotelsessel war ziemlich klein; ich versuchte, mich auf die Armlehne zu hocken, rutschte aber schon nach wenigen Sekunden auf Matvejs Knie. Die Stille im Zimmer und die nächtlichen Geräusche der Stadt verschmolzen mit dem Klopfen meines Herzens. Ich wartete und schaute auf die Lichter hinab. Als ob er mich nicht verschrecken wollte, begann Matvej vorsichtig, meinen Nacken zu küssen, erreichte mein Ohr und drehte mich um, so dass ich ihm das Gesicht zuwandte. Mit geschlossenen Augen schmolz ich in seiner Umarmung dahin, die sich anfühlte, als wolle sie endlos andauern. Dann hob Matvej mich vorsichtig in seinen Armen auf und trug mich zum Bett hinüber.

1903 Mark hob mich sanft in den Armen auf, als wolle er der Stadt seine Trophäe zeigen, und flüsterte: »Ist dir kalt? Möchtest du vielleicht zu mir und ins Warme?« Erregt von seinen

Küssen und meinem Begehren, spürte ich die Kälte nicht und folgte ihm wortlos.

Es war, als schmelze ich in seinen Händen dahin. Er war vorsichtig, aber gleichzeitig leidenschaftlich. Seine Lippen erforschten meinen Körper, als ob er seine kostbarsten Geheimnisse erkunden wolle. Bald begann ich scheu, auch seinen Körper zu küssen, aber nur auf den Hals und die Brust, noch nicht tiefer, als ob er wirklich mein erster Mann wäre und ich bisher nur unschuldige Küsse gekannt hätte.

»Meine Güte, du musst noch viel lernen«, sagte Mark verständnisvoll, während er mich sanft auf die Stirn küsste wie ein kleines Mädchen. Dann biss er mich leidenschaftlich in die Lippen.

2003 Wellen der Lust durchfluteten meinen Körper; orgasmische Zuckungen überwältigten mich. Jeden Moment, so schien es mir, konnte alles passieren. Seine Hände, Lippen und Finger riefen in mir etwas Unerwartetes hervor. Irgendwann verlor ich das Realitätsgefühl ganz, und mein Bewusstsein schwamm, als ich in seinen Händen regelrecht dahinschmolz. Selbst als Matvej mich umarmte, konnte ich mich nicht beruhigen. Und erst als meine Sinne allmählich zurückkehrten, bemerkte ich, dass er noch nicht bereit war oder sein Begehren nachgelassen hatte. Er hatte wieder angefangen, mich zu küssen. ›Vielleicht will er mich auf raffinierte Weise quälen‹, dachte ich und sah ihn fragend an.

»Ich habe zu lange gewartet, mich zu lange nach dir gesehnt«, flüsterte Matvej seltsamerweise.

Ich hätte jetzt mit den Händen oder den Lippen seine Männlichkeit wiederbeleben können, aber damit hätte ich meine Rolle als unschuldiges und unerfahrenes Mädchen verlassen. So seufzte ich nur leise und flüsterte: »Was ist geschehen? Eben noch war ich völlig entrückt. Wie hast du das gemacht?«

Matvej lächelte nur und umarmte mich noch fester. »Liebes Mädchen, du bist so sinnlich und impulsiv. Ich war genauso außer mir.«

Ich rollte mich zusammen und dachte: ›Warten wir einfach ab, was geschieht. Ich unternehme jedenfalls nichts.‹ Und schon war ich eingeschlafen.

1903 Ich war in Marks Armen fast eingeschlafen. Der verzauberte Abend war nahezu vorüber.

›Ich muss langsam nach Hause aufbrechen‹, dachte ich. Aber am liebsten wäre ich am Morgen von seinen Küssen erwacht. Es ist allerdings nicht immer angebracht, seinem Begehren nachzugeben, und meine Tante hatte schon Recht: Jetzt kam es darauf an, rechtzeitig zu »verschwinden«.

»Und wieder beginnt der Krieg gegen die Knöpfe«, lachte Mark, während er mich anzog. »Diesmal werden wir den Sieg leichter erringen, weil wir wieder klar denken können.«

»Mir war die Ekstase lieber!«, lachte ich. »Es war fast wie ein magisches Ritual.«

»Wir haben doch eines erlebt. Mit einer Frau zu schlafen ist immer magisch«, erwiderte Mark ganz ernsthaft.

»Mit jeder Frau?«, fragte ich misstrauisch.

»Nein, das nicht. Mit dir aber schon!«

2003 Ich erwachte bei Tagesanbruch durch einen langen, sanften Kuss. Ich war noch halb in meinen Träumen und erfasste erst gar nicht, wo sie aufhörten und die Realität einsetzte. Selbst in diesem Dämmerzustand spürte ich sein zartes Fleisch in mir. Meine Lust schien nur die Fortsetzung des Traums zu sein ...

»Das erste Frühstück war delikat!«, flüsterte Matvej. »Ich gehe duschen, du kannst noch weiterschlafen.«

Ich drehte mich um und fand die Normalität dieses Morgens ungeheuer befriedigend. Ich hörte Wasser rauschen, den Rasierapparat summen und dann roch ich Matvejs Aftershave. Ich wollte, dass jeder Morgen so begann, mit Sonnenstrahlen und Küssen meines Liebsten.

»Jetzt aber aufgestanden, Schlafmütze, es ist Zeit fürs Frühstück!« Matvej kam mit einem Handtuch um die Hüften aus dem Bad. Ich streckte mich genüsslich und ging ins Bad. Matvej gab mir einen spielerischen Klaps auf den Hintern.

»Sehr leckere Pelmeni«, kommentierte er.

›Aha, meine Übungen für die Pomuskeln jeden Morgen waren also nicht umsonst‹, dachte ich. ›Vollkommenheit hat ihren Preis.‹

Als wir zum Frühstück hinuntergingen, fiel mir plötzlich ein, dass ich mir dringend eine Ausrede ausdenken musste, um rechtzeitig zu verschwinden. Noch einige Tage zusammen, und der Zauber wäre vergangen.

Nach dem Frühstück war es schon spät. Ich rief im Büro an und bat die Kollegen, mich in 20 Minuten zurückzurufen und zu behaupten, die Steuerfahndung sei da und ich solle dringend zurückkommen.

»Ich würde sagen, heute sehen wir uns Schloss Drottningholm an!«, schlug Matvej vor.

»Eine großartige Idee«, stimmte ich zu. Und wie auf das Stichwort hin klingelte mein Telefon. Ich lauschte, machte ein bestürztes Gesicht und erklärte hastig: »Ich muss sofort packen und nach Hause zurück!«

KAPITEL 11:

Zeit des Zweifelns.
Ein psychologischer Schachzug

1903 »Hilf mir beim Packen, wir müssen sofort abreisen!«, begrüßte mich meine Tante, als ich von meiner Verabredung mit Mark zurückkam.

»Wann denn?«, fragte ich, überrascht von dieser Eile.

»Sofort!« Der Ton meiner Tante duldete keinen Widerspruch. »Wir werden in etwa einer Woche zurückkehren. Wenn Mark dann noch nicht brennend vor Begierde, dich wiederzusehen, vor unserer Tür wartet, dann heißt das entweder, dass die Zeit des Zweifelns noch andauert oder dass wir leider erkennen müssen, dass du nicht die Richtige für ihn bist. Wir alle sind auf der Suche nach einem unerreichbaren Ideal, und die Wirklichkeit enttäuscht uns nur zu oft. Aber das ist dann nicht dein Fehler und bedeutet nicht, dass du etwas falsch gemacht hättest, sondern nur, dass dem Mann etwas Wesentliches an dir gefehlt hat. Und - wie war die erste Nacht?«, wechselte sie das Thema. »Hat Mark deinen Erwartungen entsprochen?«

»Ja, ich bin bis auf den Gipfel der Ekstase gestiegen«, erwiderte ich so ernsthaft wie möglich.

»Oh! Was für ein geschickter Verführer«, lobte meine Tante. »Ja, manchmal sollte der Mann ein gewisses Alter haben, um einem unvergessliche Empfindungen zu bescheren.«

»Das ist alles so kompliziert! Darf ich ihm nicht wenigstens eine Karte schreiben?«

»Nein, Liebes. Nach der ersten Nacht mit einem Mann kommt immer eine Zeit des Zweifelns und Zögerns. Das gilt besonders für eine erste Nacht, wie du sie erlebt hast. Gib ihm Zeit, seine Gefühle zu verstehen. Es ist besser, wenn er dich währenddessen nicht sieht und nichts von dir hört. Manche entscheiden sich ziemlich schnell, andere lassen sich unendlich viel Zeit bei ihrer Suche nach der einen Frau. Du musst nur abwarten!«

2003 »Du musst nur abwarten!«, sagte ich mir selbst, während ich auf dem Flughafen saß und wartete. Matvej war sehr unglücklich, als er die Geschichte mit der angeblichen Steuerfahndung hörte, und wollte mich zum Bleiben überreden. Zum ersten Mal in meinem Leben war ich entschlossen. Es war natürlich ungünstig, aus Schweden abzureisen, bevor das Seminar zu Ende war, ich würde es wiederholen müssen; aber ich hoffte, dass der Gewinn den Einsatz wert war. Wir würden beide in unser eigenes Leben zurückkehren, und ich hatte absolut keine Ahnung, was ich als Nächstes anfangen sollte. Das Tagebuch meiner Urgroßmutter hüllte sich in Schweigen über das richtige Verhalten für den Fall, dass beide Partner in verschiedenen Städten lebten. Vor dem Abflug hatte ich noch mehr als genug Zeit, und so ging ich in eine Buchhandlung, um mir Lesestoff für den Rückflug zu besorgen. Zu meiner Überraschung stieß ich dabei auf den zweiten Band des Ratgebers *The Rules* der beiden Autorinnen Sherrie Schneider und Ellie Fein, der ein Kapitel über Fernromanzen enthält.

»Lass den Mann drei Mal zu dir kommen, bevor du ihn in seiner Stadt besuchst«, hieß es dort. Also hatte ich alle möglichen Fehler bereits begangen ... Aber ich tröstete mich damit, beim nächsten Mal dem weisen Rat zu folgen. Vorerst quälte ich mich mit der Frage, ob er ohne mich nicht würde leben können und ich nicht ohne ihn.

1903 »Kann er ohne mich nicht leben und kann ich ohne ihn nicht leben?«, fragte ich mich verwirrt, als ich nach zehntägiger Abwesenheit nach St. Petersburg zurückkehrte. Dann erfuhr ich, dass sich niemand nach mir erkundigt hatte, und daraufhin konnte ich nachts nicht schlafen und verfiel in Panik. Ich klagte mich selbst an, zu leichtfertig gewesen zu sein. Ich lief im Zimmer auf und ab und wusste nicht, ob ich Mark aufsuchen, ihm schreiben oder einen unverdächtigen Anlass arrangieren sollte, ihn zu besuchen.

»Lass dir bloß nicht einfallen zu weinen. Du verlierst nur Energie dabei. Ja, es ist sehr hart, auf den Mann warten zu müssen, nachdem du ihm eine Nacht geschenkt hast. Aber du musst das durchstehen, es ist notwendig.« Meine Tante tröstete mich, so gut sie konnte. Als sie merkte, dass Worte nicht viel halfen, sagte sie: »Du musst dich aus dem feurigen Kreis der Liebe befreien.«

»Der feurige Kreis der Liebe? Du sprichst schon wieder in Rätseln.«

»Wenn deine Gedanken nur noch um einen Mann kreisen und du an nichts anderes mehr denken kannst als an ihn, dann bist du im feurigen Kreis der Liebe gefangen. Wenn du selbst keinen Weg herausfindest, dann muss dir jemand helfen. Tritt in die Mitte des Raumes und stell dir vor, dass ein flammender Kreis um dich gezogen ist. Jetzt strecke deine linke Hand aus und ziehe einen Halbkreis um dich; dabei stellst du dir vor, dass aus deiner Hand Wasser herabströmt und das Feuer löscht. Jetzt streckst du deine

rechte Hand aus und ziehst die andere Hälfte des Kreises um dich,
wobei du ebenfalls das Feuer löschst. Tritt mit dem rechten Bein
aus dem Kreis heraus und sprich: ›Meine Tat ist richtig.‹ Dann tritt
einen Schritt nach rechts und wiederhole das Ritual. Tritt anschlie-
ßend zwei Schritte nach links und wiederhole das Ritual abermals
vollständig. Jetzt stell dir den Mann in der Asche der drei Kreise vor.
Er wird beginnen zu zweifeln und an dich denken.«

2003 Ich begann inzwischen zu zweifeln und dachte an Matvej. Es waren bereits zwei Wochen vergangen, seit ich aus Stockholm zurückgekehrt war, und Matvej hatte weder angerufen noch geschrieben. Jeden Morgen sank mein Herz, wenn ich meine E-Mails abrief – es waren immer nur geschäftliche, und ich machte mich enttäuscht an die Arbeit. Ich hätte am liebsten geschrien, geschluchzt, gestöhnt und den Kopf gegen die Wand geschlagen, und wäre nicht das Tagebuch meiner Urgroßmutter gewesen, hätte ich ihm unter irgendeinem Vorwand geschrieben. Es waren schließlich hundert Jahre vergangen, und ich wollte gerne glauben, dass die Zeiten sich geändert hatten und Männer und Frauen gleichberechtigt waren. Aber das wirkliche Leben machte die Regeln. Dennoch wollte ich diese Regeln wenigstens besser verstehen, und so rief ich meine drei Freundinnen zum Kriegsrat zusammen. Wir glaubten, dass die Manöverkritik am besten gelingen würde, wenn wir gleichzeitig etwas für unsere Gesundheit taten und so Seele und Körper auf einmal behandelten.

Folglich trafen wir uns in einem Wellnessbad. Nach dem Dampfbad und einer entspannenden Massage unter den starken Händen muskulöser junger Masseure setzten wir uns in gemütlichen Korbstühlen zusammen, tranken Grapefruitsaft und besprachen uns. Aniska, Manetshka und Kisa besaßen mit ihren reichen Erfahrungen in erfolgreichen und gescheiterten Romanzen die einmalige Fähigkeit, einem in schwierigen Zeiten beizustehen und gute Ratschläge zu erteilen.

»Los, erzähl schon!«, forderten sie mich auf.

»Kann mir eine von euch erklären, was passiert ist?«, bat ich meine Freundinnen, nachdem ich die Ereignisse in Stockholm detailliert beschrieben hatte. »Alles war einfach wunderbar, aber jetzt weiß ich nicht, was ich tun soll«, schloss ich.

»Aber was hast du erwartet, als du ihn nach Schweden geschleppt hast? Du weißt doch, Initiative wird immer bestraft«, urteilte Aniska.

Manetshka als professionelle Psychologin vermutete: »Es kann auch etwas Unvorhergesehenes dazwischengekommen sein – ein Unfall, wer weiß, was alles passiert ist. Du kannst die Sache ruhig in die Hand nehmen und ihn anrufen, um sicherzugehen, dass ihm nichts zugestoßen ist. Ich hörte einmal eine Geschichte, in der der Mann nach der ersten gemeinsamen Nacht verschwand; das Mädchen wagte nicht, ihn anzurufen. Sie litt sehr, weil sie glaubte, es sei wahre Liebe zwischen ihm und ihr, aber anzurufen traute sie sich einfach nicht. Ein Jahr später traf sie ihn zufällig wieder, und er erzählte, dass er einen Autounfall gehabt und einen Monat auf der Intensivstation gelegen hatte. Als er wieder aufgewacht war, hatte er festgestellt, dass sein Mobiltelefon gestohlen worden war. Weil er ihren Nachnamen nicht kannte, konnte er sie nicht ausfindig machen. Er lag in seinem Gipsverband da und betete, dass sie ihn finden würde. Auch für ihn war es wahre Liebe gewesen. Und weil sie sich nicht mehr meldete, kam er sich irgendwann missbraucht und verraten vor. Es ist also besser, wenn man seinen Stolz hinunterschluckt und einfach nachfragt, ob alles in Ordnung ist.«

»Was für eine anrührende Geschichte«, war alles, was ich sagen konnte.

»Also gut«, erbarmte sich Aniska. »Schick ihm eine SMS, aber eine ganz neutrale, etwa: ›Warum können Hummeln fliegen?‹ So eine Nachricht wird ihn aufheitern, an dich erinnern, ihn aber nicht verpflichten, dir zu antworten. Männer haben ein anderes Zeitgefühl. Arbeit, Geschäfte, Sport – er wird überrascht sein, dass schon so viel Zeit vergangen ist. Also keine Angst, schick ihm eine SMS.«

»Ich würde weder anrufen noch schreiben«, widersprach Kisa. »Er kann dich immer finden, wenn er will. Einer meiner Bewunderer hat meine Telefonnummer bekommen, indem er vier Jahr nach unserem letzten Date meine Eltern angerufen hat.«

»Bemerkenswert! Aber ich weiß immer noch nicht, was ich tun soll«, murmelte ich geistesabwesend.

»Versuch, dich zu entspannen und das Leben zu genießen. Es kommt alles in Ordnung!«, fasste Aniska zusammen. »Außerdem solltest du versuchen, ein bisschen zufrieden und glücklich auszusehen.«

1903 »Versuche, zufrieden und glücklich auszusehen«, mahnte meine Tante, als bereits zwei Wochen ohne Nachricht von Mark vergangen waren. »Wir reisen in einer Stunde ab. Selbst wenn du nachts in dein Kissen schluchzt, sollten deine Augen nachmittags in Vorfreude auf neue Abenteuer funkeln.«

Eine halbe Stunde später kam ich in einem zartrosa Kleid die Treppe hinunter. Meine Tante sah mich prüfend an und kommentierte: »Eine gute Wahl. Zarte Farben zeigen, dass man sich um dich kümmern muss und unterstreichen deine Schutzlosigkeit. Gehen wir in den Sommergarten. Heute befassen wir uns mit dem Zustand des Mädchens.«

Wir verließen das Haus und machten uns in Richtung des Neva-Ufers auf. Auf dem Anglijskij Prospekt fragte meine Tante: »Erinnerst du dich noch, als wir über den Zustand des Mädchens gesprochen haben?«

»Nur noch undeutlich. Eigentlich weiß ich nicht mehr, wie ich mich verhalten und was ich sagen soll.«

»Das Wichtigste ist, dass du passiv bleibst. Ergreife nicht die Initiative.«

»Genau das tue ich ja. Ich belasse es bei eitlen Hoffnungen«, klagte ich.

»Das ist auch richtig so. Warum das Schicksal herausfordern und sich dem Sturm entgegenwerfen? Ich weiß, dass es schwierig ist, aber versuche weiterhin, im Zustand des Mädchens zu sein: leichtfertig, freundlich, verspielt, unberechenbar, fröhlich und gleichzeitig schutzlos, unschuldig und rührend. Wenn du den Mann von unten aus bewundernden Augen anschaust, fühlt er sich wie ein Held.«

Wir erreichten den Sommergarten. Die Fürstin wandte sich mir zu und fragte mit listigem Lächeln: »Bist du bereit?«

»Wofür denn?« Ich wusste nicht, was sie meinte.

»Dich in das Mädchen zu verwandeln.«

»Hier?«

»Und warum nicht jetzt?«

Ich schaute mich um. Die Neva floss träge dahin, Menschen gingen eilig ihren Geschäften nach; niemand beachtete die zwei gut gekleideten Damen, die da standen. Höchstens den Statuen hätte man ein wenig Interesse zuschreiben können.

»Welche Eigenschaften fehlen dir deiner Meinung nach, um dich wieder in den wundervollen Zustand des Mädchens zu versetzen?«

Ich dachte einen Augenblick nach und erwiderte das Erstbeste, das mir in den Sinn kam: »Spontaneität, Unberechenbarkeit, Erregbarkeit, Leichtfertigkeit und ...«, ich sah meine Tante an, »... Verschlagenheit.«

»Das sind genug Eigenschaften für den Anfang. Und jetzt stell dir vor, dass ich die Inhaberin eines magischen Ladens bin, in dem du alles kaufen kannst, was du dir nur vorstellst.«

»Das ist leicht«, lächelte ich und stellte mir einen allerliebsten kleinen Laden vor, mit weißen holzgeschnitzten Möbeln, dekoriert mit Päonien in zartrosa Vasen, großen Pappschachteln und Spitzentüchern. Es gab viele nette Kleinigkeiten, die zur Gemütlichkeit beitrugen. Und über allem türmte sich ein riesiger weißer Schrank, der jedes vorstellbare Kleid und jeden denkbaren Hut enthielt.

»Nun«, meinte meine Tante, »was steht für Spontaneität? Such dir ein Accessoire aus!«

»Eine große rosa Schleife.« Ich stieg in das Spiel ein.

Meine Tante atmete ein, pflückte eine Schleife aus der Luft und überreichte sie mir beim Ausatmen. Ich steckte mir den imaginären Schmuck nicht in die Haare, sondern an die Brust.

»Steht dir sehr gut«, lachte meine Tante. »Was symbolisiert für dich Unberechenbarkeit?«

Ich sah sofort eine perlenbesetzte Schmetterlingsbrosche vor mir. »Gibt es in deinem Laden eine Brosche, die wie ein Schmetterling aussieht, mit Perlen besetzt?«

»Gewiss!« Meine Tante atmete ein, fand den Schmetterling und steckte ihn mir beim Ausatmen ins Haar.

»Und was macht dich verspielt?«

»Schneeflocken!« Ich erinnerte mich an ein Kindermärchen. »Ich hätte gerne Perlen aus Schneeflocken.« Ich begann zu träumen.

»Das wäre sehr schön.«

»Alles ist möglich!«, versicherte meine Tante und wiederholte das magische Ritual. Schon lag eine Perlenkette aus Schneeflocken um meinen Hals.

»Für Leichtfertigkeit brauche ich Ballons. Gib mir fünf davon«, befahl ich begeistert.

Sofija Nikolajevna überreichte mir ein Bündel Luftballons.

»Jetzt brauchst du noch das letzte Accessoire – Verschlagenheit. Was bewirkt, dass du dir listig vorkommst?«

»Ein Hut, ein eleganter Strohhut mit flatternden Bändern.«

»Oh, dafür muss ich im Lager nachsehen.« Meine Tante schüttelte den Kopf. »Aber was tue ich nicht alles für meine Lieblingsnichte ...« Sie atmete aus und setzte mir den Hut auf den Kopf. »Bist du mit deinen Einkäufen zufrieden? Die große rosa Schleife steht für Spontaneität, der Schmetterling für Unberechenbarkeit, die Schneeflockenkette für Verspieltheit, der Strohhut für Verschlagenheit und die Ballons für Leichtfertigkeit. Spüre, wie alle diese Eigenschaften dich erfüllen und ein Teil von dir werden. Siehst du dich selbst in diesem Aufzug vor dir?«

»Oh ja«, erwiderte ich und wäre gerne wie ein Kind auf einem Bein gehüpft.

»Wenn dir etwas in den Sinn kommt, dann tu es einfach, zögere nicht, es ist niemand in der Nähe«, ermutigte mich meine Tante. Und wirklich, der Sommergarten war fast menschenleer. Ich hob meine wundervollen Röcke und hüpfte den Weg auf einem Bein entlang.

2003 Ich sprang auf einem Bein durch das Zimmer und schaltete außer Atem den Fernseher an. Es lief ein Film, an den ich mich aus meiner Kindheit erinnerte, die sowjetische Fassung von *Mary Poppins,* und als Mary zu singen begann, fing ich an zu tanzen. Sie sang:

Ah, was für ein Vergnügen
zu wissen, dass du vollkommen bist,
zu wissen, dass du das Ideal bist,
vom Lächeln bis zu den Gesten – es gibt nichts Besseres!

Ich griff mir blaue hochhackige Schuhe aus der Luft, die für Boshaftigkeit standen, dazu einen weichen Muff, der für Sanftheit stand, ein rosa Kleid mit weißen Punkten und einer Schleife auf dem Rücken und dazu lange Unterhosen, die für Verspieltheit und Frechheit standen. Die Unterhose kam mir in den Sinn, als ich an meine Schulzeit zurückdachte. Die kleinen Mädchen hatten in den Pausen immer zusammen gesungen:

Mama hat mir Unterhosen genäht,
die ganz wunderschön sind.
Alle Jungs auf dem Schulhof sagen: »Zeig sie uns bitte.«
Und warum bittest du, du Dummkopf,
mich nicht darum? Weißt du denn nicht, dass sie weiße Punkte
haben?

Außerdem entschied ich, dass mir Begeisterung fehlte, also flocht ich mir zwei lächerliche Zöpfe und steckte Rosen hinein. Jetzt gefiel ich mir schon besser. Ich tanzte zur Musik von *Mary Poppins* und fühlte alle Eigenschaften eines kleinen Mädchens in mir erwachen – Boshaftigkeit, Sanftheit, Begeisterung, Frechheit und Vorwitzigkeit. Ich fühlte die Schuhe, das Kleid, die Unterhose, den Muff und die mit Rosen geschmückten Zöpfe auf meiner Haut. Außer Atem warf ich mich aufs Sofa und schaute gewohnheitsmäßig nach dem Mobiltelefon. Und siehe da, auf dem Display stand: »1 neue Nachricht.«

Sie lautete: »Ich war furchtbar beschäftigt – Arbeit. Ich denke an dich und vermisse dein sanftes Lächeln. Matvej.«

TEIL III

Die Erwartung
akzeptieren

KAPITEL 12:

Die Energie seiner Geschenke

1903 »Dein sanftes Lächeln hat mir so gefehlt«, flüsterte Mark und hielt mich fest umarmt. Nach zwei Wochen des Wartens, als ich mich bereits damit abgefunden hatte, dass Mark für immer aus meinem Leben verschwunden war, wurde mir eines Abends, als Sofija Nikolajevna ausgefahren war, um eine Freundin zu besuchen, gemeldet, er warte im Vestibül auf mich. Ich eilte hinunter. Mark, noch in seinen Reisekleidern, stürmte auf mich zu und rief: »Mein Gott, wie freue ich mich, dich zu Hause anzutreffen! Ich musste dringend geschäftlich nach Moskau und wusste nicht, wie ich dich benachrichtigen sollte! Ich habe dir eine Nachricht geschickt, aber der ungeschickte Bote hat sie wieder mitgebracht, als er dich nicht zu Hause fand, und zwei Wochen lag sie unbeachtet bei mir herum!«

Ich war ihm unwillkürlich ebenso entgegengeeilt wie er mir; ich umarmte ihn und vergaß alle meine Zweifel und Vorbehalte sofort.

»Ich kann leider nicht bleiben und muss sofort weiter. Wann und wo können wir uns sehen?«, drängte Mark.

Weil mir nichts einfiel, überließ ich ihm die Entscheidung: »Du kennst St. Petersburg doch viel besser als ich. Es gibt doch bestimmt einen interessanten Treffpunkt?«

Mark überlegte kurz und strahlte plötzlich vor Freude: »Oh, vor kurzem hat eine neue Ausstellung in der Eremitage eröffnet. Sie wird dir gefallen! Hast du morgen Nachmittag Zeit?«

»Ja!« Und meine Stimme klang deutlich hörbar glücklich.

2003 »Ja!«, rief ich mit einer Stimme, die deutlich hörbar glücklich klang, als mein Mobiltelefon klingelte.

»Du bist ja ziemlich fröhlich heute!«, meldete sich Matvej. »Hast du meine Nachricht bekommen? Ich bin gerade in St. Petersburg. Hast du Lust auf einen Kaffee?«

»Klar.« Und ich fühlte mich wie eine Schülerin, die zum ersten Date eingeladen wird.

»Können wir uns um vier im ›James Cook‹ treffen? Die haben meine Lieblingsmandelhörnchen.«

»Ja, gerne. Bis dann!« Ich legte auf. Immer noch mit derselben Begeisterung und mit Herzklopfen vor Freude wirbelte ich in der Wohnung umher und machte mich fertig für die Verabredung.

Ich wollte gerne etwas Leuchtendes und Freches anziehen. Eine orange Hose und einen Pullover mit einem orangefarbigen Tiger darauf passten bestimmt gut dazu.

»Der Himmel ist orange, die Sonne ist orange und ich bin auch orange«, sang ich das Kinderlied, während ich orangefarbigen Lippenstift auftrug. Draußen war es in Wirklichkeit trüb und grau, aber mir ging es wunderbar.

»Du siehst aus wie die Sonne!«, war das Erste, das Matvej zu mir sagte.

»Ich genieße mein Leben!«, erwiderte ich. »Womit verwöhnen wir uns heute?«

»Ich habe Jasmintee und Mandelstückchen bestellt. Was möchtest du?«

Ich hatte bereits den Mund geöffnet, um etwas zu bestellen, als mich plötzlich das verrückte Bedürfnis packte, mich in meinem neuen Zustand nicht nur umwerben, sondern auch jemand anderen für mich entscheiden zu lassen, und sei es bei etwas so Alltäglichem wie einer Bestellung im Café.

»Heute darfst du für mich auswählen – ich bin ganz überwältigt von all den Leckereien«, sagte ich und vergaß Emanzipation und Unabhängigkeit einfach. Er schaute mich verwundert an, dachte kurz nach und bot mir dann Windbeutel an.

Ich lachte. »Du kannst wirklich meine Gedanken lesen. Die wollte ich eigentlich haben, aber mir ist partout der Name nicht eingefallen!«

»Diese Frau kann man wirklich leicht glücklich machen!«, lachte Matvej.

1903 »Es ist so leicht, diese Frau glücklich zu machen!«, sagte Mark, als wir das Museum verließen. Die Ausstellung war bemerkenswert; ich verbarg meine Begeisterung nicht und genoss den Besuch wirklich. Renoirs *Zwei Schwestern* gefiel mir besonders gut. Ich kehrte mehrfach zu dem Bild zurück, um es zu bewundern. Als wir gingen, kamen wir am Souvenirladen des Museums vorbei. Mark verschwand wortlos, nachdem ich eine Weile ziellos zwischen den Regalen umhergewandert war und mir die angebotenen Nippsachen angeschaut hatte. Plötzlich tauchte er wieder auf und überreichte mir einen Druck des Renoir, eine schöne Schachtel und einen Regenschirm.

»Alles für dich, liebe Varvara!«

»Für mich?« Ich riss die Augen auf. Meine Gedanken überschlugen sich: Sollte ich die Geschenke akzeptieren, oder musste ich sie ablehnen? Wie sollte ich das tun, ohne Mark zu verletzen? Dann erinnerte ich mich wieder, dass ich ja ein Mädchen war, und nahm sie mit der Spontaneität und Freude eines Kindes ganz einfach an.

»Wie schön!«, rief ich. »Wie bist du darauf gekommen, dass mir dieses Bild so gefällt? Und was für eine schöne Schachtel! Du hast einen ausgezeichneten Geschmack! Und ein Schirm ... Ehrlich gesagt, ich wollte sowieso einen, konnte mich aber nicht entscheiden. Und dieser hier gefällt mir sehr!« Ich dankte ihm überschwänglich und atemlos. Auf Marks Gesicht erschien ein glückliches, albernes Lächeln. Er fühlte sich offenbar wie ein wohlwollender Zauberer, und das war vermutlich ein sehr angenehmes Gefühl. Ich erinnerte mich an die Worte meiner Tante: »Geschenke bekommt, wer sich ehrlich freut und das nicht verbirgt.«

2003 ›Geschenke bekommt, wer sich ehrlich darüber freut‹, dachte ich und schloss meine Hände um eine leere Flasche Autoscheibenreiniger. Offenbar war die Rolle des kleinen Mädchens wie für mich geschaffen. Ich versuchte, keine Entscheidungen zu treffen, nur positive Energie auszustrahlen und mich des Lebens zu freuen. Und obwohl mich das Geschenk etwas verwirrt hatte, weil es doch sehr praktisch war, freute es mich einfach ungeheuer, wie Matvej für mich sorgen wollte.

Bei der Rückfahrt vom Café war das Wetter entsetzlich, und die Reifen der vor uns fahrenden Autos schleuderten ständig Schmutz auf die Windschutzscheibe. Als wir schon fast bei mir waren, bemerkte ich, dass auch noch der Tank der Scheibenwaschanlage leer wurde und die Scheiben binnen weniger Meter völlig undurchsichtig werden mussten. Matvej fiel meine Besorgnis auf: »Stimmt was nicht?«

»Ich glaube, der Scheibenwischertank ist so gut wie leer, aber ich habe keine Ahnung, wo man das einfüllt oder überhaupt nachkauft.«

»Dann halt mal an der nächsten Tankstelle.«

Ich gehorchte verwundert. Was brauchte Matvej in St. Petersburg von einer Tankstelle? Nach einigen Minuten kam er mit einer

Plastikflasche zurück, suchte wortlos unter der Motorhaube, fand den Scheibenwischertank sofort und füllte das Fläschchen hinein.

Und ich stand da, drückte die leere Flasche an mich und schmolz dahin, weil er sich so gut um mich kümmerte.

1903 »Wenn er sich gut um eine Frau kümmern kann, beginnt der Mann, sie zu lieben«, fasste meine Tante zusammen, als ich beladen mit Geschenken vom Museumsbesuch zurückkehrte. »Je mehr er für dich tun kann, desto mehr empfindet er für dich. Es kommt darauf an, dass du ihm Gelegenheit gibst, etwas für dich zu tun. Männer wollen unbedingt große Taten für ihr Mädchen vollbringen; sie fühlen sich dann unüberwindbar und allmächtig. Aber wir sind so sehr daran gewöhnt, unsere Probleme selbst zu lösen, dass wir ihnen gar keine Chance mehr geben. Daran muss man denken; manchmal ist es sogar nötig, sich selbst in eine Situation zu bringen, aus der er einen dann erretten kann.«

»Der Ritter in schimmernder Rüstung?«

»Warum nicht?«, fragte Sofija Nikolajevna leichthin zurück. »Am allerwichtigsten ist jedoch, dass man nicht vergisst, sich ausführlich zu bedanken.«

»Und was kann man tun, wenn der Mann sich einfach nicht kümmern will, gleichgültig, wie hilflos man sich zeigt und wie viele Andeutungen man macht?«

»Das kommt vor. Für diesen Fall gibt es ein wirkungsvolles Ritual: Setz dich bequem hin, schließ die Augen und stell dir vor, du sitzt an einem warmen Sommertag in einem Schaukelstuhl auf der Veranda und liest, während eine leichte Brise mit deinen Haaren spielt. Als du den Blick vom Buch hebst, siehst du ein höchstens fünfjähriges Mädchen auf die Veranda kommen. In dem Mädchen erkennst du dich selbst wieder. Es kommt auf dich zu und du läufst zu ihm hin. Du nimmst es in die Arme, umarmst es, klopfst ihm auf den Rücken, küsst es auf die Wangen, drehst es um und sagst ihm, wie sehr du es liebst und dass es das schönste und klügste Mädchen der Welt ist. Du erzählst ihm, zu was für einer wunderbaren Frau es heranwachsen wird – stark, selbstsicher, verführerisch und charmant. Ihr tanzt und spielt miteinander. Und das kleine Mädchen schenkt dir Verspieltheit, Spontaneität und die Fähigkeit, sich an jedem Augenblick zu erfreuen. So findet ihr beide, was euch am meisten gefehlt hat.

Ihr lauft so lange herum und spielt Verstecken, bis das Mädchen müde ist. Du schaukelst es auf den Armen und siehst, dass es zu schrumpfen anfängt wie Alice im Wunderland. Es wird so klein wie ein Däumling, schon passt es in deine Hand, aber es schrumpft immer noch weiter. Dann wird das Mädchen so klein, dass es sich in eine Erbse verwandelt. Diese Erbse platzierst du in deinem Herzen oder im Herzen desjenigen, der sich um dich kümmern soll.«

2003 »Wer soll sich um dich kümmern? Und wen hast du beim Meditieren gesehen?«, fragte Manteshka mich, als ich die Augen wieder öffnete.

Manetshka wollte mir als Psychologin zur Seite stehen, als ich beschloss, die alten Methoden anzuwenden. Eines Sonntagabends stießen wir auf das Lied »Bunte Träume« aus meinem Lieblingsfilm *Mary Poppins* und führten eine Meditationsübung über das Umsorgen und Kümmern durch.

»Die Antwort ist so offensichtlich, dass sie uninteressant ist«, erwiderte ich. »Aber mir kommt es vor, als ob eine kleine Meditation gar nicht ausreicht. Wir sollten uns eine Situation ausdenken, in der ich auf Matvejs Hilfe wirklich angewiesen bin. Ich müsste in Gefahr geraten, wie in einem Liebesroman, und dann kann er mich retten und sehr stolz auf sich sein. Männer verlieben sich immer in die Frau, die sie aus einer Gefahr erretten, weil sie dabei so viele Emotionen investieren.«

»Und was hast du davon?« Manetshka war überrascht.

»Ich glaube, das Umsorgen einer Frau gibt dem Mann das Gefühl, gebraucht zu werden. Und in einer solchen Lage zeigt sich bestimmt auch, wie der Mann mit Kindern umgeht und wie er sich verhält, wenn es wirklich auf seine Hilfe ankommt«, argumentierte ich, »zum Beispiel, wenn man ein Baby hat.«

»Da könntest du Recht haben.« Manetshka stimmte mir zu. »Eine Freundin hat mir erzählt, dass sie, als das Kind da war und das Geld ausging, fast verhungert ist, während ihr Mann zu seiner Mutter gegangen ist, um sich durchfüttern zu lassen. Damals habe ich gedacht, dass man nie voraussagen kann, wie ein Mann sich verhalten wird. Also«, sie wandte sich mir zu, »was hast du vor?«

Ich dachte nach, aber mir fiel nichts ein.

»Vielleicht könntest du dir ein Bein brechen oder in einen Verkehrsunfall geraten?«

»Nein, das wird hoffentlich nicht nötig sein. Vor allem muss Matvej ja erst aus Moskau anreisen. Er kann mir ja nicht sofort beistehen, auch wenn seine Hilfe noch so nötig wäre. Hm, leider löse ich meine Probleme im Leben eigentlich immer selbst, da ist es gar nicht so einfach, sich da etwas auszudenken, wobei ich seine Hilfe brauche. Komm, wir trinken erst einmal Tee.«

Damit ging ich in die Küche, um Tee zu kochen. Dabei erinnerte ich mich an eine Geschichte aus meiner Studentenzeit. Im letzten Studienjahr hatte ich mich einer Amateurtheatergruppe der Universität angeschlossen. Ich wohnte damals draußen in Peterhof und musste nach den Proben immer bangen, ob ich den letzten Zug noch erwischen würde. Einer meiner Freunde hatte mir für diesen Fall seine Wohnung in der Stadt angeboten, die gerade leer stand, da er bei seinen Eltern wohnte. Er hatte mir feierlich die Wohnungsschlüssel überreicht und den Code für die Außentür genannt, aber vergessen dazuzusagen, wie man ihn richtig eingab. Einmal dauerten die Proben so lange, dass ich tatsächlich dort übernachten musste. So stand ich also um ein Uhr morgens vor der Tür, hatte die Schlüssel schon in der Hand und freute mich auf ein warmes Sofa. Ich tippte den Haustürcode ein, aber zu meinem Schrecken blieb die Tür geschlossen. Ich rüttelte und zog daran, flehte sie an und hoffte schließlich, dass irgendein anderer Hausbewohner spät zurückkommen oder ausgehen und die Tür öffnen würde. Ich wartete eine halbe Stunde, aber niemand kam und die Tür blieb zu. Da stand ich also in der Kälte und wusste mir nicht zu helfen. Der letzte Zug war lange abgefahren, Geld für ein Taxi hatte ich natürlich nicht und die Aussicht auf eine Nacht im Freien wurde immer drohender.

Gerade als ich vor Verzweiflung in Tränen ausbrechen wollte, kam ein einsamer junger Mann die verlassene Straße entlang. Ich eilte zu ihm und bat um Hilfe. Er versuchte ebenfalls sein Glück mit der dämlichen Tür, indem er den Code eingab und daran rüttelte, aber er war genauso erfolglos wie ich. Daraufhin trat er zurück, blickte nach oben und entdeckte ein offenes Fenster im Treppenhaus über der Tür, zog sich kurzerhand am Regendach hinauf, kletterte hinein und konnte schon wenige Minuten später die Tür von innen öffnen.

Ich konnte dem jungen Mann gar nicht genug danken und lud ihn spontan zu einer Tasse Tee in die Wohnung ein. Mein Retter war offensichtlich sehr stolz auf seinen Wagemut und entsprechend fasziniert von mir. Leider gab es damals noch keine Mobiltelefone und wir verloren uns aus den Augen, aber ich habe immer noch ein warmes Gefühl, wenn ich an diese Nacht zurückdenke.

Als ich Manteshka die Geschichte erzählte, schlug sie vor, dass wir in einer Wohnung festsitzen könnten, weil das Türschloss kaputt wäre, zufällig kurz vor Beginn des nächsten Kurses, dann könnten wir Matvej um Rettung anflehen. Vielleicht keine sehr originelle Idee, aber so bekäme Matvej eine Gelegenheit zu zeigen, wie sehr er sich um mich sorgte. Die Idee gefiel mir, auch wenn sie viele organisatorische Probleme aufwarf.

»Und weißt du eigentlich überhaupt, wie man sich einem Mann gegenüber verhält, wenn man ihm seinen Körper schon geschenkt hat, er aber sein Herz noch nicht geöffnet hat?«, fragte Manetshka nachdenklich.

»Man muss sehr emotional und kapriziös sein, zu spät zu Verabredungen kommen, ohne Grund schmollen und sich gleichzeitig wie ein Kind über seine Aufmerksamkeiten freuen, ihm ebenfalls welche erweisen, ihn die Entscheidungen treffen lassen, ihn für den Allerbesten halten, ihn aufrichtig bewundern – kurz: sich auf ihn verlassen und seiner Zuneigung vertrauen«, spulte ich atemlos die Litanei ab.

Manetshka starrte mich erstaunt an und entgegnete skeptisch: »Und er läuft nicht in Panik davon, wenn du all das auf ihn niederprasseln lässt?«

»Das werde ich ja sehen!«

KAPITEL 13:

Und lass ihn dein Erlöser sein

1903 »Wollen wir doch einmal sehen, wie eifrig Mark ist und ob er wirklich Hals über Kopf herbeigestürmt kommt, sobald du ihn rufst!«, erklärte Sofija Nikolajevna. »Aber sei auch bereit, die Beziehung vollständig zu beenden, wenn er deinen Erwartungen nicht genügt!«

»Ist das nicht ein wenig zu brutal?« Ich wollte mein so mühsam gefundenes Glücksgefühl nicht in Gefahr bringen.

»Manchmal ist es besser, ein Risiko einzugehen, indem man etwas zurückweist, als gar nichts zu bekommen.« Meine Tante schwieg einen Moment, und dann begannen ihre Augen zu funkeln, und sie verkündete: »Du fährst morgen nach Moskau, Liebes, aber du wirst den Zug verpassen. Steige bei irgendeinem Zwischenhalt aus, um etwas Luft zu schöpfen, und lass dir ein wenig zu viel Zeit, so dass der Zug ohne dich weiterfährt. Dann schickst du ein Telegramm an Mark und bittest ihn um Hilfe«, erläuterte sie mit listigem Lächeln. »Schließlich möchtest du einer älteren Dame wie mir nicht zumuten, ans Ende der Welt zu fahren, um dich herauszuholen. Packe also ganz normal, aber nichts besonders Wertvolles; du kannst nicht sicher sein, dass du dein Gepäck zurückbekommst.«

»Aber sollte ich ihn wirklich so täuschen?«, fragte ich meine Tante. Ich war immer noch nicht bereit für solche Finten und Spiele.

»Liebes, unser ganzes Leben besteht aus Illusionen! Die meisten Menschen fürchten die Langeweile, besonders Männer. Du täuschst ihn nicht, sondern erschaffst eine Illusion, so wie ein Künstler, ein Schriftsteller oder Regisseur, aber nicht auf der Bühne, in einem Buch oder auf der Leinwand, sondern in der Wirklichkeit. Du kreierst ein Leben voller Abenteuer, anstatt nur zuzuschauen.«

Ich teilte die Begeisterung meiner Tante zwar nicht, gestand ihr aber zu, dass ein kleines Abenteuer immer eine Inspiration ist. »Selbst wenn Mark mich nicht errettet, kann ich jedenfalls etwas über mich selbst erfahren. Ein kleiner Test hat noch niemandem geschadet«, beruhigte ich mich und ging packen. Ich war kaum damit fertig, einen kleinen Koffer zu füllen, als das Dienstmädchen einen Besuch von Mark meldete.

Als ich die Treppe herunterkam, saßen Sofija Nikolajevna und Mark bereits beim Tee zusammen und plauderten.

»Varenka!«, rief meine Tante. »Ich habe Mark gerade von deiner spontanen Entscheidung erzählt, eine Freundin in Moskau zu besuchen.«

Mark schaute mich überrascht an und fragte nur, wann ich abreisen wolle und für wie lange.

»Der Zug fährt heute Abend. Morgen früh bin ich dann in Moskau und in drei Tagen bereits wieder zurück. Erst heute früh habe ich einen Brief von meiner Schulfreundin bekommen und gemerkt, wie sehr ich sie vermisse. Wir haben uns seit dem Smolnyj-Internat nicht mehr gesehen«, rechtfertigte ich mich und staunte dabei über meine eigene Erfindungsgabe.

»Dann wünsche ich dir eine glückliche Reise! Du musst mir unbedingt erzählen, wie es war. Jetzt lasse ich dich aber in Ruhe, wenn du gestattest«, erwiderte Mark und setzte sein Gespräch mit Sofija

Nikolajevna fort. Sie sprachen über gemeinsame Bekannte, während ich mich umziehen und meinen Koffer holen ging.

2003 Nach der Arbeit zog ich mich rasch um und packte einen Koffer für das Seminar. Dann versuchte ich, meine Reise zu planen. Aus irgendeinem Grund wurde ich stets freitags sowie vor den Kursen an der Business School immer mit Arbeit überschüttet. Weil ich Montag und Dienstag nicht zur Arbeit kommen würde, musste ich heute fertig werden, dann noch rechtzeitig zum Flughafen fahren, um dort Matvej und Marinka abzuholen, und anschließend, ebenfalls rechtzeitig, zum ersten Seminar erscheinen. Es wurde von einem angesehenen schwedischen Professor gehalten, und alle waren ermahnt worden, bitte pünktlich zu erscheinen. Um alles noch etwas schwieriger zu machen, hatte es am Morgen geschneit, und die Straße nach Repino war kaum befahrbar. Das Flugzeug landete zwar erst um fünf und das Seminar begann um sieben, aber ich war trotzdem besorgt.

Eine Stunde vor ihrer Ankunft hastete ich immer noch in der Wohnung herum, brach mir fast die Knochen und suchte meine Sachen zusammen. Als ich endlich alles hatte, erinnerte ich mich daran, dass ich meiner Nachbarin ein paar Filme für ihren Fotoapparat versprochen hatte, also lief ich rasch zu ihr hinüber. Anka kam mir schon entgegen, sie war spät dran für ihr Training im Fitnessstudio. Ich gab ihr die Filmdöschen, sie freute sich, küsste mich auf die Wange und eilte davon.

Ich genoss das Gefühl, ein freundliches Versprechen erfüllt zu haben, lief wieder zurück zu meiner Wohnung, als mir siedend heiß einfiel, dass ich vergessen hatte, den Schlüssel einzustecken. Die Tür war - natürlich - hinter mir ins Schloss gefallen. Da stand ich nun in Jeans und T-Shirt und wusste nicht, was ich anfangen sollte. Ich war völlig verzweifelt - sowieso schon zu spät dran, und jetzt noch das! Ich setzte mich auf die Treppenstufen und brach in Tränen aus.

Wenigstens hatte ich das Mobiltelefon dabei, das ich immer bei mir trug. Immer noch schluchzend wählte ich Matvejs Nummer und betete, dass seine Maschine bereits gelandet war.

»Matvej Winner.« Die ruhige Stimme weckte sofort Hoffnung auf Rettung.

Ich versuchte, ihm klarzumachen, was mir passiert war und warum ich ihn nicht abholen konnte.

»Keine Panik«, erwiderte er. »Ich nehme mir ein Taxi. In einer halben Stunde bin ich bei dir, und Marinka fährt am besten nach Repino weiter und sagt Bescheid, dass wir ein bisschen später kommen. Mach dir keine Sorgen.«

Ich beruhigte mich sofort und erinnerte mich plötzlich daran, wie skeptisch ich angesichts Marinkas Idee gewesen war, ein defektes Türschloss vorzutäuschen und zu behaupten, in der Wohnung eingesperrt zu sein. Das wäre jedenfalls sehr viel bequemer gewesen, als hier draußen im kalten Treppenhaus zu sitzen. Unter solchen Gedanken war die halbe Stunde auch schon vergangen. Endlich hörte ich die Eingangstür zuschlagen und Matvej erschien. Er küsste mich, gab dem kleinen Mädchen für seine Vergesslichkeit einen Klaps auf den Hintern und begann, die Lage einzuschätzen. »Hast du zufällig ein Balkonfenster offen?«, wollte er wissen.

»Selbst wenn, wie willst du in den zweiten Stock kommen?«

»Schauen wir uns das einmal von der Straße aus an. Wir finden schon einen Weg.«

Als wir auf der Straße standen, wirkte die Lage aber eher hoffnungslos. Das Fenster stand zwar offen, aber es war viel zu hoch, und die Bäume standen zu weit weg, als dass man es über sie hätte erreichen können. Ich schaute grimmig zu meinen Fenstern hoch, während Matvej versuchte, sich etwas auszudenken.

»Weißt du, man kann auch einfach den Schlüsseldienst anrufen«, fiel ihm plötzlich ein. Ich war erstaunt, dass mir etwas so Offensichtliches nicht selbst eingefallen war. Matvej machte sich sofort ans Werk. Erst rief er die Auskunft an und ließ sich die Nummer eines Schlüsseldienstes geben, dann rief er dort an und verkündete gleich darauf, innerhalb einer Stunde würde jemand vorbeikommen. Wir schauten einander an und küssten uns wie verrückt. Ich weiß nicht, ob es eine Rolle gespielt hat, dass wir gerade die Lösung für ein Problem gefunden hatten, nachdem wir eine ganze Palette von Emotionen durchlaufen hatten, aber nie haben Küsse süßer geschmeckt.

»Als ich dich am Telefon weinen hörte, habe ich schon das Schlimmste befürchtet – dass du hier erfroren, verängstigt und hilflos herumsitzt«, flüsterte Matvej. Ich freute mich über seine Worte und darüber, dass er mich nicht für meine Unvorsichtigkeit und Überängstlichkeit ausschimpfte. »Ich habe den armen Taxifahrer den ganzen Weg über angetrieben, er solle schneller fahren!«

1903 »Ich habe den armen Kutscher den ganzen Weg über angetrieben, er solle sich beeilen!«, flüsterte Mark mir zu, während er mich umarmte und sich an mich drückte. Der Zug stand mitten in einem Wald bei Sablino an der Strecke zwischen Moskau und St. Petersburg. Mark hatte mich zum Bahnhof gebracht. Er war so sanft und vorsichtig gewesen und so traurig über meine Abreise, dass ich es nicht über mich gebracht hatte, den Plan meiner Tante auszuführen und den Zug unterwegs zu verlassen. Im Schaukeln und Rütteln des Zuges schlief ich bald sanft ein, nur um mitten in der Nacht aufzuwachen, weil der Zug nicht mehr fuhr. Ich hatte Angst, dass etwas Schreckliches passiert war, und eilte kaum bekleidet zum Schaffner.

»Nichts weiter, es ist nur ein Baum auf den Schienen. Er soll bald entfernt werden, aber das kann noch dauern, niemand weiß, wann genau. Der Lokführer hat ihn rechtzeitig gesehen und konnte noch anhalten, also sind wir immerhin nicht entgleist«, erklärte der Schaffner ruhig. »Im Moment können wir nur abwarten. Aber wir sitzen hier wahrscheinlich noch eine ganze Weile fest, und inzwischen haben fast alle Fahrgäste Boten zurück nach St. Petersburg oder voraus nach Moskau geschickt. Möchten Sie jemanden um Hilfe bitten?«, fügte er freundlich hinzu.

›Da sitze ich nun ganz real in der Tinte‹, überlegte ich. ›Das Schicksal ist weiser als wir, und so muss Mark mich nun doch retten.‹ Ich schrieb eine Nachricht, in der ich ihn bat, mich abzuholen, setzte die Adresse darauf und übergab sie an den Kurier. Jetzt hieß es warten. Seufzend kehrte ich in mein Abteil zurück und rettete mich in den Schlaf.

Als ich hochschreckte, weil es plötzlich an der Tür geklopft hatte, war ich erstaunt, dass Mark vor mir stand!

»Wie bist du so schnell hierhergekommen?«, war alles, was ich sagen konnte.

»Ich habe mich beeilt!« Mit diesen Worten begann er, mich überall zu küssen. Unsere Körper drängten sich aneinander, und ich wurde mir bewusst, was für eine unvergessliche Atmosphäre die Abteile eines Nachtzuges boten ...

Eine Stunde später hatten wir mein Gepäck eingesammelt und waren bereit zum Aufbruch. Auf einmal schmiegte ich mich an Mark und dankte ihm, dass er mich gerettet hatte. »Ich wusste, dass du kommen würdest. Weißt du, ich vertraue dir mehr als dem Schicksal!« Und obwohl mir meine Worte ziemlich kitschig vorkamen, war Mark offensichtlich geschmeichelt.

2003 Nach meinen kitschigen Worten – »Erinnere mich daran, dass man Männer nicht verstehen kann. Man kann ihnen nur vertrauen« – erzählte Matvej mir nur noch begeisterter von seinem Traum, ein großes Landhaus zu bauen, nachdem er ein russisches Netzwerk von Restaurantzulieferern aufgebaut haben würde. Seit er mir zurück in meine Wohnung verholfen hatte, war es, als ob der Damm des Misstrauens zwischen uns gebrochen wäre und das Vertrauen, das ich in ihn gesetzt hatte, jetzt für immer gelten würde. Während der fünf Tage, die das Seminar dauerte, lauschte ich seinen großen Plänen und versuchte, mir all diese Lagerhäuser und Büros so vorzustellen, als seien sie bereits in Betrieb.

»Wenn ich dir davon erzähle, fange ich selbst an, an diese irrsinnigen Pläne zu glauben«, lächelte Matvej. Wir saßen in einer Bar und tranken Kaffee. Ich sah alles deutlich vor mir, was er mir schilderte. Und wenn mir etwas nicht gefiel, lehnte ich es nicht ab, sondern sagte einfach gar nichts.

In einem Kurs zum Thema »Dem Mann Raum geben« hieß es einmal: »Männer handeln, und Frauen schaffen den Handlungsraum.« Manchmal ist es für eine Frau schwer zu erklären, warum ein bestimmtes Projekt scheitern wird; sie spürt es einfach, ohne es logisch beweisen zu können. In einem solchen Fall ist es am besten, einfach den Raum zu schließen. Das ist ganz einfach. Man muss dem Mann nur gleichgültig und neutral zuhören, und er wird seinen Plan aufgeben. Wenn die Frau aber ihrem sechsten Sinn vertraut, an ein Projekt glaubt und lobt, wovon der Mann träumt, kann der Erfolg nicht ausbleiben. Die lebhafte Vorstellungskraft eines Mannes zeichnet dabei strahlende Bilder der Zukunft, sogar noch kühner, als er es zugeben kann. Wenn der Mann erzählt, dass er gerne ein Restaurant eröffnen möchte und dabei an eine internationale Kette von Restaurantfilialen denkt, dann inspirieren wir ihn, seiner Vorstellung Flügel zu verleihen. Und hier hatte ich eine ausgezeichnete Gelegenheit, das auszuprobieren.

»Wenn ich in deine Augen schaue, kommt es mir vor, als sehe ich bereits vor mir, was du sagst!« Matvej war von meiner Aufmerksamkeit und meinem Vertrauen in ihn so inspiriert, dass alle seine großen Projekte ganz realistisch und machbar wurden, und ich verstand plötzlich, dass etwas, wovon kein Mann je genug haben kann, der Glaube an seine eigene Kraft ist.

KAPITEL 14:

Wenn du an den Mann glaubst, ist das der Schlüssel zu seinem Herzen

1903 »Wenn du an den Mann glaubst, ist das der Schlüssel zu seinem Herzen!«, erklärte meine Tante feierlich, als ich ihr erzählte, wie Mark mich aus dem liegen gebliebenen Zug gerettet hatte. Wir saßen in einer Konditorei, gönnten uns Cremetörtchen und sahen den vorübereilenden Passanten zu.

»Siehst du, du kannst einen Mann, an den andere glauben, sofort von einem unterscheiden, an den niemand glaubt.« Der Blick meiner Tante folgte einem Mann mit gesenkten Schultern.

»Und wie unterscheiden sie sich voneinander?«, fragte ich verwirrt.

»Derjenige, an den eine Frau glaubt, ist von diesem Glauben erfüllt. Seine Schultern sind gestrafft, er hält den Kopf aufrecht, blickt frei umher und bewegt sich entspannt. Sieh dich um, entdeckst du vielleicht einen?«

»Ich dachte mir immer, dass erfolgreiche Männer so aussehen«, sagte ich nachdenklich.

»Das ist richtig, aber nur solche Männer, an die eine Frau glaubt, haben auch Erfolg im Leben«, entgegnete meine Tante. »Das Wichtigste für einen Mann ist, dass eine Frau an ihn glaubt und ihm vertraut«, fuhr sie fort. »Du musst alle seine Projekte, alle seine Vorhaben mit vollem Vertrauen in seine Fähigkeit unterstützen, sie erfolgreich zu Ende zu bringen. Du solltest keine Zweifel an seiner Findigkeit und seinem Talent haben!«

»Selbst wenn ich glaube, dass totales Scheitern und ein Fehlschlag unvermeidlich sind?«

»Wenn du einem Mann wirklich vertraust, kann er sogar mit dem Erfolg haben, was zunächst hoffnungslos wirkt! Nur dein blinder Glaube gibt ihm die Kraft und Energie, alles zu erreichen, so albern es ihm auch vorkommen mag. Und selbst wenn etwas aus äußeren und unvorhersehbaren Gründen doch nicht gelingt, kann er damit umgehen, solange du an ihn glaubst. Was er dir nicht verzeiht, ist mangelndes Vertrauen. Dein Vertrauen verleiht ihm Flügel, aber mit Zweifeln legst du ihn in Ketten. Denselben Glauben musst du auch zeigen, was die Beziehung zu ihm angeht – den Glauben, dass er nur dich allein liebt und dir immer treu ist, auch wenn alles danach aussieht, als sei er untreu – selbst dann, wenn er nachts nicht nach Hause kommt!«

»Aber wenn ich ihn mit einer anderen Frau erwische, wäre es doch Unsinn, so zu tun, als sei nichts geschehen!«, sagte ich empört.

»Nein, es ist klug! Mit deinem Glauben an seine Unschuld entwaffnest du ihn und demonstrierst gleichzeitig Selbstvertrauen. Du zeigst, dass du weißt, wie unmöglich es ist, dich zu verdrängen oder zu ersetzen. Ja, andere Frauen werden sich an ihn heranmachen, weil der, den du erwählt hast, einfach der Beste ist, aber solange du sowohl ihm als auch dir selbst vertraust, können sie ihn nicht vom Weg abbringen. Glaube inspiriert und unterstützt, und das ist das emotionale Grundbedürfnis des Mannes«, schloss Sofija Nikolajevna ihre flammende Rede.

Ich sah den vorübergehenden Männern nachdenklich nach; so wie es aussah, waren nur wenige darunter, die das bedingungslose Vertrauen einer Frau genossen.

»Und wie können wir zeigen, dass wir dem Mann und all seinen verrückten Projekten vertrauen?« Ich wollte genaue Anweisungen. Meine Tante hatte allerdings keine Zeit mehr zu antworten, denn ein hochgewachsener junger Mann mit einem langen blonden Pferdeschwanz betrat das Café. Seine Schultern hingen zwar, aber man sah ihm an, dass er einmal erfolgreich gewesen war. Mir kam er wie ein Künstler vor. Als er Sofija Nikolajevna erblickte, trat er ohne Umstände auf uns zu. »Ich bin so froh, Sie zu sehen, Sofija Nikolajevna! Das ist ja eine Ewigkeit her!«, rief er fröhlich, wandte sich dann mir zu und stellte sich vor: »Gestatten, Aleksander Bartejev. Ich bin Architekt.«

»Angenehm. Varvara Vasiljevna«, erwiderte ich mit sanftem Lächeln.

»Wie schön, Sie wiederzusehen, Aleksander Viktorovitsh!« Meine Tante warf mir einen warnenden Blick zu und wandte sich an den Architekten: »Gerade habe ich mit Varvara Vasiljevna über das neue Haus gesprochen, das sie plant. Es fehlt noch ein Architekt. Ich habe gehört, dass Sie mit Oberst Ognevs Sommersitz in Sestroretsk inzwischen fertig sind? Ich sterbe vor Neugier, Ihre Schöpfung zu bewundern! Alles, was Sie schaffen, ist genial«, schwärmte die Fürstin.

»Oh, Sofija Nikolajevna, da schmeicheln Sie mir aber.« Aleksander Viktorovitsh wirkte verwirrt.

»Können wir uns denn dieses Sommerhaus einmal ansehen?« Ich hätte mich wirklich gefreut, Bartejevs Arbeit zu besichtigen, wenn mich auch die Neuigkeit, dass ich ein neues Haus plante, ziemlich überrascht hatte. Tante Sofija hatte offensichtlich einen Plan.

»Mit dem größten Vergnügen! Wäre es Ihnen recht, diesen Sonntag hinauszufahren? Wir könnten anschließend am Strand spazieren gehen«, lud uns der Architekt zuvorkommend ein.

Ich wechselte einen Blick mit Sofija Nikolajevna, dann nickten wir beide gleichzeitig.

»Gut, dann werde ich mir erlauben, Sie am nächsten Sonntag-mittag abzuholen.« Aleksander warf einen Blick auf seine Uhr und verabschiedete sich mit einer Entschuldigung für seine Eile.

»Was sollte das mit dem Haus?«, fragte ich Sofija Nikolajevna.

»Ich habe nicht vor, irgendetwas zu bauen!«

»Zumindest noch nicht. Aber ich wollte dir nur eine Gelegenheit geben, ein wenig mit ihm zu plaudern und zu beobachten, was der Glaube an einen Mann in ihm bewirkt. Er war früher ein sehr ange-sehener Architekt, aber dann gab es einen unschönen Vorfall beim Bau des Palais einer sehr reichen und sehr törichten Frau, das er geplant hatte. Ohne Bartejevs Wissen wurde verrottetes Bauholz an-geliefert, und die Arbeiter hatten schon begonnen, es zu verwenden, als der Hausverwalter kam und es bemerkte. Es gab einen großen Skandal, und im Anschluss verlor er viele potenzielle Kunden, obwohl er vollkommen schuldlos war und großes Talent besaß. Die Bauherrin war damals in ihn verliebt, und er hatte sie zurückgewiesen.

Am schlimmsten aber war, dass auch Bartejevs Frau, die an Erfolg und gesellschaftliches Ansehen gewöhnt war, ihn ebenfalls verließ«, erzählte meine Tante weiter. »Jetzt braucht er umso mehr Unterstützung und das Vertrauen, dass er alle Widrigkeiten über-winden und wieder Erfolg haben kann.«

»Und was wird Mark davon halten? Was soll ich jetzt mit diesem Bartejev? Ich flirte jedenfalls nicht mit ihm.«

»Flirten nicht, aber seine Gesellschaft genießen und mit ihm plaudern«, erwiderte meine Tante. »Du wirst sein Selbstvertrauen neu entfachen und ihm damit sehr helfen. Sieh es als eine Art Wohl-tätigkeit an. Außerdem braucht jeder Mann ein wenig Konkurrenz, und wenn du deine ganze Aufmerksamkeit auf Mark konzentrierst, langweilt ihn das. Er sollte sehen und spüren, dass viele dich begehren, du aber nur ihm gehörst.

Gleichzeitig solltest du zeigen oder, falls das unmöglich ist, we-nigstens so tun, als glaubtest du, dass ein Mann viele andere Frauen mögen kann, dass du aber weißt, dass er nur dir alleine treu ist. Das ist auch eine Demonstration deines Vertrauens in ihn; du zeigst damit, dass du dir gar nicht vorstellen kannst, eine andere Frau stecke dahinter, wenn er spät oder gar nicht nach Hause kommt. Nein, mit allem, was du tust, solltest du zeigen, dass du verstehst, es kann alles Mögliche passieren, aber es ist unmöglich, dass er eine bessere Frau als dich findet, so dass du gar keinen Zweifel an seiner Treue haben kannst. Du solltest an seine Unfehlbarkeit glauben und dies auf jede mögliche Weise zeigen.«

»Was für ein Unsinn!« Nun reichte es mir aber wirklich, ich war ernsthaft empört. »Selbst dann, wenn ich Beweise habe, dass er mich betrügt?«

»Gerade dann, wenn er dich betrügt! Wenn du ihn loswerden willst, kannst du ihn deswegen zur Rede stellen, aber wenn du seine Liebe gewinnen willst, dann musst du herausfinden, was du getan hast, dass ihn dazu gebracht hat, dich zu betrügen. Ein Mann geht nicht wegen einer anderen Frau weg, sondern deinetwegen!«

2003 »Ein Mann geht nicht wegen einer anderen Frau weg, sondern deinetwegen!«, hallte es in meinem Kopf wider. Ich war in der Nacht aufgewacht, weil ich von der anderen Seite der Wand hörte, wie ein Paar sich unterhielt und miteinander schlief. Alles ging irgendwie durcheinander. Fast ein halbes Jahr lang studierte ich jetzt an der Business School. Ich lebte die ganze Zeit nur von einem Seminar zum anderen, von einem Treffen mit Matvej zum anderen ... Mir kam es vor, als habe der letzte Kurs unser Verhältnis irgendwie verändert. Wir waren einander näher gekommen, aber ich hatte offensichtlich noch einige Illusionen. »Enttäuschte Illusionen pflastern den Weg zu neuen Möglichkeiten.«

In den vergangenen zwei Monaten hatte ich viel gearbeitet und Matvej nur hin und wieder einen Brief geschrieben. Ich hatte angefangen, mehr von mir selbst, meinen Gefühlen und meinen Plänen zu erzählen, und das passte nicht zum Zustand des kleinen Mädchens, das vollkommen im Banne des Mannes steht. Und, wie zu erwarten, wurden seine Antworten zurückhaltender und trockener. Ich versuchte, Matvej damit zu entschuldigen, dass er vielleicht ebenfalls zu viel arbeitete und dass Männer ein anderes Zeitgefühl haben. Aber die Tatsachen ließen sich nicht ignorieren, obwohl ich mein Bestes tat. Ich hoffte sehr, dass sich alles einrenken würde, wenn wir einander endlich wiederbegegneten.

Wie immer holte ich Marinka und Matvej am Freitag am Flughafen ab, und wir unterhielten uns prächtig auf dem Weg in die Vorstadtpension, wo wir wohnen würden. Die Stockholm School of Economy hatte sich nämlich für einen neuen Veranstaltungsort entschieden und das gewohnte und gemütliche Hotel Baltiets verlassen. Während wir die Pension suchten, wurden wir so hungrig, dass Matvej und ich uns aufmachten, etwas zu essen zu besorgen. Wir saßen also alleine im Auto, aber irgendwie hatten wir uns nicht viel zu sagen. Matvej fuhr, ich saß da und quälte mich selbst mit der Frage, was geschehen war.

Endlich tauchte ein Lebensmittelladen auf; wir kauften Obst, Süßigkeiten und andere Kleinigkeiten und machten uns auf den Rückweg, als mir ein nettes kleines Restaurant mit einem beleuchteten Türmchen auffiel. Ich wies Matvej darauf hin und hoffte insgeheim, er werde mich zum Abendessen einladen.

»Ja, das sieht sehr nett aus«, stimmte er zu, »aber wir haben eine hungrige Freundin, die auf uns wartet.«

Zum Trost versuchte er schüchtern, mich zu küssen. Das war aber nicht wirklich ernst gemeint; denn er hielt nicht einmal den Wagen dafür an. Ich hoffte immer noch, dass sich alles ändern würde, wenn wir erst einmal in der Pension wären.

Die Achtlosigkeit der Sekretärin hatte uns diesmal benachbarte Zimmer beschert. Ich wünschte ihm eine gute Nacht und wartete insgeheim darauf, dass er mich einladen würde, bei ihm zu bleiben, oder fragen würde, ob er zu mir kommen dürfe.

Deshalb lachte ich, als er mir einige Trauben und etwas Schokolade geben wollte und sagte, wenn ich hungrig sei, solle ich auch ruhig nachts für eine kleine Zwischenmahlzeit vorbeischauen.

Matvej lächelte, küsste mich auf die Wange und wünschte mir eine gute Nacht. Ich zündete eine Kerze an und schenkte zwei Gläser Cognac ein wie eine naive kleine Närrin. Hinter der Tür hörte ich Matvejs Schritte und stellte mir vor, wie er gleich mit ein paar Weintrauben in der Hand an meine Tür klopfen und mich fragen würde, ob ich etwa des Hungers sterbe und gefüttert werden müsse. Aber ich wartete vergeblich. Ich fand keine Ruhe, lief ziellos im Zimmer herum, versuchte fernzusehen und einige Kursmaterialien durchzuarbeiten, aber nichts half. Schließlich döste ich, erschöpft vom Warten, ein – nur um sofort wieder hochzuschrecken, weil ich auf der anderen Seite der Wand eine zweite Stimme und bekannte Geräusche hörte. Ich lief wie ein verwundetes Tier im Zimmer herum, brannte vor Eifersucht und der Begierde zu erfahren, wen Matvej bei sich hatte, und wurde fast verrückt. Ich hielt ein Wasserglas gegen die Wand, um besser hören zu können, wer meinen Platz in seinem Zimmer eingenommen hatte. Ich wollte hinüberlaufen und einen Skandal machen.

Nach wenigen Minuten hielt ich es nicht mehr aus. Wenn ich in diesem Zimmer blieb, würde ich verrückt werden. Ohne groß zu überlegen, wählte ich die Nummer von Gleb, einem Kommilitonen, der mit mir geflirtet hatte. Ich griff mir die Cognacflasche und stürmte in sein Zimmer. Gleb, der sah, dass ich von Schluchzern geschüttelt wurde, versuchte, verständnisvoll zu bleiben, was morgens um vier nicht einfach ist. Er wies den Cognac höflich zurück, und ich schleppte mich beschämt in mein Zimmer zurück. »Jetzt betrügt mich nicht nur Matvej, sondern den zarten Flirt mit Gleb kann ich auch vergessen«, warf ich mir selbst vor. Es war inzwischen fast fünf Uhr morgens, und auf der anderen Seite der Wand war alles still – entweder war Matvejs Besucherin gegangen, oder sie schlief in seinen Armen.

Bis um sieben Uhr morgens ging ich unsere Romanze im Kopf durch, um zu verstehen, was passiert war. Ich erinnerte mich an Tsvetajevas Worte – »Immer klagen die Frauen: Liebling, was habe ich denn falsch gemacht?« – und versuchte, mir klar zu werden, wie ich mich verhalten sollte. Laut dem Tagebuch meiner Urgroßmutter sollte ich so tun, als sei gar nichts geschehen, aber das war so schmerzlich, als ob mein Herz in Stücke geschnitten würde, und ich zweifelte daran, dass ich so stark sein konnte, einfach vorzugeben, ich wisse von nichts. Ich drehte den Fernseher auf volle Lautstärke, machte mich zurecht und trat lächelnd auf den Korridor hinaus, wo ich sofort Matvej begegnete, der ebenfalls aus seinem Zimmer kam. Er strahlte mich an und begrüßte mich, als sei nichts geschehen: »Guten Morgen. Wie hast du geschlafen?«

»Du hättest die Beste haben können, aber ich hoffe, du genießt, was du gewählt hast«, entfuhr mir geheimnisvoll und wütend das Erstbeste, was mir in den Sinn kam. Damit verstieß ich natürlich gegen alle Anweisungen meiner Urgroßmutter. Im Frühstücksraum setzte ich mich demonstrativ an einen anderen Tisch, redete Belangloses mit den Mädels und ging dann ins Seminar. Allen fiel auf, wie blass ich war; ständig wurde ich mitleidig gefragt, was denn passiert sei. Ich versuchte zu lachen, als sei alles in Ordnung, und starrte in die vertrauten Gesichter, während ich überlegte, wer wohl die andere Frau war. Nicht einmal Gleb machte heute seine üblichen Scherze mit mir, und das ärgerte mich noch mehr. ›Letztlich‹, dachte ich, ›kommt es ja auch nicht darauf an, mit welcher Frau er mich betrogen hat.‹ Da kam Kira herein – zierlich, mit einem kurzen, jungenhaften Haarschnitt und scharfen braunen Augen. Sie trug stolz einen Teller mit grünen Äpfeln vor sich her – dieselben Äpfel, die ich gestern mit Matvej zusammen gekauft hatte …

Jeder ihrer Schritte hämmerte einen Nagel in meine Seele. Ich hätte mir nie vorstellen können, dass es so wehtun konnte. Ich war kurz davor, den Kopf gegen die Wand zu schlagen oder mir die Haare auszureißen – und das kam mir nicht einmal albern und übertrieben vor, sondern völlig notwendig und natürlich. Ich hörte die Vorträge der Dozenten wie im Schlaf und murmelte irgendetwas, wenn mich jemand fragte, ob ich womöglich krank sei. Kaum waren die Seminare zu Ende, sprang ich in mein Auto und fuhr nach Hause. Der Parkwächter wollte mich erst gar nicht vom

Gelände lassen, weil er Angst hatte, in meinem Zustand würde ich einen Unfall bauen. Aber ich ließ mich nicht aufhalten und zog mich so schnell wie möglich wie ein verletztes Tier in meine Höhle zurück, um meine Wunden zu lecken.

Dass ich nicht in einen Unfall geriet, war in der Tat reines Glück. Mein Blick verschwamm vor Tränen, und ich wollte nur noch, dass mich irgendjemand von diesem Schmerz erlöste.

1903 »Erlöse mich von diesem Schmerz!«, schrie ich meine Tante an, dann wurde ich ruhiger und schluchzte nur noch. Es war lange her, dass ich so geweint hatte. Mark konnte offensichtlich starke Emotionen in mir auslösen, und in diesem Zustand war ich aus dem Badeort Sestroretsk zurückgekehrt.

Ich hatte nicht angenommen, dass irgendetwas den wolkenlosen Himmel oder meine heitere Gelassenheit trüben könnte. Die Sonne ist in St. Petersburg ein seltenes Himmelsphänomen, und heute sah die Stadt besonders schön aus. Der freundliche Architekt holte mich wie versprochen ab, und wir genossen den Sonnenschein, als wir in seiner offenen Kutsche nach Sestroretsk hinausfuhren.

»Das Schlimmste an der Geschichte mit dieser Kundin ist, dass meine Frau mir gesagt hat, ich sei völlig unfähig und werde nie wieder Erfolg haben. Ich brauchte Unterstützung und wollte gerne glauben, dass ich die Schwierigkeiten überwinden und sie mich nur noch stärker machen würden. Aber jeden Abend, wenn ich nach Hause kam, erwartete mich erneut Streit«, erzählte Aleksander.

»Wie haben Sie es geschafft, das durchzustehen und wieder an Ihren Erfolg zu glauben?«, fragte ich ihn interessiert.

Aleksander sah mich intensiv an und lächelte. »Es war eine andere Frau.«

»Eine andere Frau?«

»Ja, eines schönen Tages traf ich in der Konditorei, in der wir uns begegnet sind, ein charmantes Geschöpf. Sie hatte gerade

Kuchen für ihre Herrin gekauft. Ihr Lächeln gefiel mir so sehr und ich fühlte mich, obwohl wir aus ganz verschiedenen Welten stammen, so wohl in ihrer Gesellschaft, dass ich ihr Ratschläge gab, welches Dessert sie wählen sollte. Sie nahm meine Ratschläge an, und nach wenigen Minuten der Unterhaltung mit ihr spürte ich, dass die Wolken zerstreut waren und mit ihnen alle meine Selbstzweifel.«

»Und dann haben Sie angefangen, sich mit ihr zu treffen?« Jetzt hatte Aleksanders Geschichte mich gepackt.

»Ja, aber es waren ganz unschuldige Treffen. Ich erzählte ihr von meinem Leben und über mich selbst. Sie war ganz ungebildet, eine einfache Frau, aber sie besaß weibliche Weisheit. Als ich ihr von dem Unfall erzählte, schaute sie mich nur an und sagte, dass so etwas vorkommen könne und ich es sicher überwinden und dadurch stärker werden könne, dass ich schließlich noch erfolgreicher werden würde. Ja, und das Erstaunlichste ist, dass sie mir tatsächlich mein Selbstvertrauen zurückgab. Sie begeisterte sich so ernsthaft für mein Talent, meinen Geist und meinen Geschäftssinn, dass es sich auf mich übertrug und ich schließlich selbst daran glaubte.« Aleksanders Stimme war wärmer geworden.

»Und was geschah dann? Sind Sie noch mit ihr zusammen?«

»Leider nein. Ich bekam dank ihres Glaubens an mich neue Aufträge und neue Kunden. Ich war bereit, sie trotz des Standesunterschieds zu heiraten; meine frühere Frau war ihr trotz ihrer guten Erziehung, ihrer Manieren und ihres großartigen Auftretens weit unterlegen. Aber das Mädchen war klüger als ich; sie sagte, ein Leben wie meines sei nichts für sie, sie wolle ein einfaches, ruhiges Leben – und verschwand. Dennoch hoffe ich immer noch, dass sie mir eines Tages Kuchen bringen, sich auf meinen Knien zusammenrollen und meinen Träumen zuhören wird – und dass sie dabei ernsthaft glauben wird, dass sie alle Wirklichkeit werden können!«

Ich stellte mir Aleksander mit diesem Mädchen vor und begriff, wie wichtig es für den Mann ist zu hören, dass die Frau an ihn glaubt, besonders wenn er Probleme hat. Wer lobt und ermutigt, wird immer eher angehört als jemand, der kritisiert, selbst wenn die

Kritik berechtigt ist. Wenn man den Mann an sein Versagen erinnert, nehmen wir ihm seine letzte Macht. Selbst wenn er sehr selbstsicher ist, steht er doch unter dem Einfluss dessen, was die Frau sagt.

Die Zeit verflog schnell bei unserer Unterhaltung, und schon näherten wir uns dem fast fertiggestellten Sommerhaus. Es war im modernen Jugendstil errichtet und wirkte so gut konstruiert, dass ich mir wirklich wünschte, Aleksander arbeitete für mich.

Es war fast Mittag geworden, und Aleksander lud mich zum Picknick am Strand ein. Wir plauderten weiter fröhlich und genossen die Sonne. Da hörte ich hinter mir eine freundliche Begrüßung. Als ich mich umdrehte, kam die Tochter einer Freundin Sofija Nikolajevnas auf uns zu. Sie war ungefähr zehn Jahre jünger als ich, hatte große tiefblaue Augen, ein Stupsnäschen und blonde Locken. Das charmante Lächeln und ein elegantes blaues Kleid vervollständigten ihre Erscheinung.

»Varja, ich bin so froh, dich zu sehen!«, zwitscherte Nastja.

Ich stellte sie Aleksander vor, der sie einlud, sich zu uns zu gesellen. Wir sprachen über den Jugendstil, Ballettpremieren am Marijinskij-Theater und meine geliebte Tante. Nastja flirtete mit Aleksander, und wir alle freuten uns über den Sonnenschein. Schließlich wurde Aleksander von einem Bekannten weggerufen und ließ uns mit einer Entschuldigung alleine. Nastja beugte sich zu mir, sah mich mit ihren großen Augen an und flüsterte: »Varja, ich brauche deinen Rat!«

Ich lächelte ermutigend und war bereit zuzuhören.

»Ich habe einen Verehrer«, informierte Nastja mich zögernd.

»Aber das ist doch wunderbar«, lächelte ich.

»Vielleicht. Er überschüttet mich mit begeisterten Briefen und schickt mir den ganzen letzten Monat über Blumen, er hat mich ins Theater und zu Empfängen eingeladen, aber ich weiß nicht, wie ich mich verhalten soll«, sprudelte Nastja hervor und sah mich erwartungsvoll an.

»Was sagen denn deine Eltern?«

»Sie halten Herrn Golber für einen sehr wünschenswerten zukünftigen Schwiegersohn.«

»Mark?« Ich spürte, wie ich innerlich zu Eis erstarrte.

»Ja, aber er ist doch alt, fast vierzig!« Nastja rümpfte die Nase.

›Unglaublich! Mark sollte nur hören, wie eine Achtzehnjährige von ihm spricht‹, dachte ich wütend, während ich laut zu Nastja sagte: »Aber du kannst viel von ihm lernen.« Ich versuchte unparteiisch und ruhig zu wirken, obwohl ich innerlich vor Verletzung und Empörung nur so tobte.

»Was denn?« Nastja wurde neugierig.

»Wie man flirtet, was gute Manieren sind, wie man mit Menschen umgeht zum Beispiel!« Ich zählte Marks gute Seiten auf und versuchte, meine Gefühle zu verbergen.

»Glaubst du, ich sollte ihn näher kennenlernen?«, fragte Nastja gedankenverloren.

»Nastja, das musst du selbst entscheiden!« Ich war kurz davor, in Tränen auszubrechen, und versuchte, das Gespräch unauffällig zu beenden. Aleksander kam gerade rechtzeitig zurück, und wir machten uns bald auf den Rückweg in die Stadt.

Ich schützte Müdigkeit vor und sagte die ganze Zeit kein Wort mehr.

Zu Hause angekommen, eilte ich sofort in mein Zimmer und begann zu schluchzen. Ich heulte und schrie meine Tante an, sie solle etwas unternehmen.

»Ich fühle mich, als habe ich einen Pfahl in der Brust«, schrie ich und schluchzte. »Warum hat er mit mir geschlafen und mir alle diese Geschenke und Komplimente gemacht, wenn er gleichzeitig von dieser jungen Nastja träumt?«

»Steh auf, trockne deine Träumen und sprich mir nach.« Sofija Nikolajevna sah mich streng an. »Hör auf zu weinen, es ist nicht das Ende der Welt. Mark benimmt sich wie der typische Verführer; er ist an allen Fronten in der Offensive. Also bilde dir nicht ein, dass du die Einzige für ihn bist. Du musst kämpfen, anstatt zu hoffen, dass sich alles von selbst ergeben wird! Jetzt erlösen wir dich von dem Schmerz und der Beleidigung, und dann besprechen wir, was als Nächstes zu tun ist.«

Meine Tante stellte sich mir gegenüber, legte die Unterarme übereinander und machte eine Faust mit gestrecktem Daumen zum Zeichen, dass alles gut sei.

»Erst war also alles wunderbar, und jetzt bist du plötzlich beleidigt. Strecke deine Finger nach unten: Durch Beleidigungen verlierst du Energie und du fällst zu Boden. Energieverlust führt zu Krankheit und Armut. Alle empfindsamen Menschen sind deswegen immer arm und krank. Du entscheidest dich aber dafür, dass du Beleidigung und Schmerz von dir werfen möchtest. Du umfährst mit den Daumen dreimal deine Füße und hörst am Knöchel auf. Dann führst du die Daumen an den Beinen entlang bis zu den Knien, als ob du eine Linie ziehst. Du ziehst von innen nach außen drei Kreise um deine Knie und ziehst dann die Daumen auf der Innenseite der Oberschenkel über die Hüften bis an den Schoß hoch. Lege über der Klitoris die Finger zusammen und zeichne dann mit den Fingern ein V bis an die Rippen. Eine Frau, die nicht beleidigt ist, gewinnt immer; sie verschwendet weder Zeit noch Energie an unwichtige Beleidigungen. Von den Rippen führst du die Finger bis zu einem Punkt in der Mitte der Brust.«

»Ähnlich wie ein Diamant«, fiel mir auf.

»Ja, mit einem Diamanten bleibt eine Frau ewig jung.« Meine Tante meinte es ernst. »Beleidigungen machen eine Frau alt und krank. Du kannst es dir nicht leisten, dich selbst aufzugeben, nur weil du plötzlich beleidigt sein willst.«

»Aber ich habe mir das doch nicht eingebildet. Ich war wirklich beleidigt und zutiefst verletzt.« Ich fing wieder an zu weinen.

Meine Tante wartete ein wenig, und dann wiederholten wir das Ritual.

»Jetzt liegen deine Daumen also auf der Mitte der Brust. Atme tief ein, stell dir einen Pfahl in deiner Brust vor, rufe beim Ausatmen ›A - S - S - A‹ und ziehe ihn heraus. Wirf die Beleidigung von dir!«

Beim ersten Mal fiel es mir schwer, das Wort auszurufen, es
steckte in meiner Kehle fest. Aber dann fühlte ich, wie wütend ich
über meine Naivität und auf Mark und Nastja war, schrie aus Lei-
beskräften »A - S - S - A« und riss mir die Beleidigung und den
Schmerz aus der Brust. Ich fühlte mich augenblicklich besser.

2003 Ich fühlte mich sofort besser, nachdem ich das Reini-
gungsritual gegen Beleidigungen vollzogen hatte. Ich
kam zu dem Schluss, dass es wohl alle Beleidigungen auf einmal
auslöscht, die man je erdulden musste. Beleidigungen setzen sich
im Körper fest und rauben einem die Energie. Beleidigungen durch
andere Menschen, durch die Umwelt und durch einen selbst ...
Tränen lösen das Problem nicht, man muss handeln. Ich hatte viele
Beziehungsratgeber, und welchen ich auch aufgeschlagen hatte – ich
war immer nur auf Schilderungen gestoßen, wie Beleidigungen Beziehungen und Menschen zerstören.

Als ich merkte, dass mir das nicht weiterhalf, hatte ich die Methoden zur Löschung von Beleidigungen aus dem Tagebuch meiner
Urgroßmutter angewandt. Ich hatte mich selbst verflucht, dass ich
so naiv gewesen war, Matvej zu sehr vertraut hatte und mich dann
selbst falsch verhalten hatte, als das Spiel aus war – typische Gedanken für solche Situationen. Ich legte mich in der Haltung einer Sklavin auf den Boden: die rechte Hand nach vorne, die linke nach hinten. Wenn man sich selbst beleidigt, ist das die schlimmste
Beleidigung, sie nimmt einem alle Macht und lässt einen im Dreck
zurück. Wir verlieren das Selbstvertrauen, werden von der Herrin
der Situation zu ihrer Sklavin, von der Anführerin zur Untergebe-
nen. So lag ich da, jammerte über meine und Matvejs Schwäche und
über Kiras Schwäche, obwohl ich ihr eigentlich keine Vorwürfe
machen konnte.

Und ich entschloss mich, von nun an die Welt zu kontrollieren
und selbst Situationen zu erschaffen, anstatt auf die Launen der

Umwelt zu reagieren. Ich entschloss mich, die erlittenen Beleidigungen von mir zu werfen. Ich erhob mich auf das linke Knie und durchtrennte die Fesseln der Ungewissheit, des Zweifels und der Beleidigung von meinem rechten Knie. Diese Bewegung wiederholte ich dreimal, dann tat ich dasselbe beim linken Knie. Ich fühlte, dass ich befreit war; ich atmete ein und zog ein imaginäres Paar Stiefel an, die mich vor dem Schmutz schützten, dazu einen Gürtel, der meine unteren Zentren vor dem Einfluss anderer Menschen schützte, und dann, das war am wichtigsten, Schulterstücke als symbolische Grenzen für das Gefühl der Verantwortung und das Bedürfnis, die Welt und ihre Ereignisse kontrollieren zu müssen. Da erkannte ich, dass ich tun musste, was man von mir wollte, um die Kontrolle zu erlangen.

KAPITEL 15:

Anerkennung und Aufmerksamkeit sind, was er will

1903 »Wie bitte? Tun, was jemand anderer möchte, und ihn so kontrollieren?« Ich war völlig verwirrt und fügte empört hinzu: »Soll er doch zur Hölle fahren. Er betrügt mich und ich soll ihm verzeihen?«

»Wir sprechen hier nicht von Verzeihung, sondern von Bewältigung. Wenn du beleidigt bist, verlierst du deine Autorität. Manchmal ist ein Rückzug wichtiger als ein Sieg. Aber der Sieg hängt davon ab, was du über deinen Gegner weißt – über seine Stärken und Schwächen und vor allem darüber, was er will.« Manchmal war Sofija Nikolajevna sehr streng und unerschütterlich in ihren Überzeugungen.

»Auch das, was der Mann will?« Ich fand mich damit ab, ihr weiter zuzuhören.

»Männer wollen ununterbrochen Anerkennung und Aufmerksamkeit. Aber Aufmerksamkeit ist so einfach, dass sie schon wieder kompliziert wird. Für den Mann ist Aufmerksamkeit eine konkrete Handlung – die Frau tut etwas, dass ihm Freude oder Nutzen bringt.

Das ist der Ausdruck der Zuneigung, den er schätzt. Aufmerksamkeit für Einzelheiten ist der Schlüssel zum Herz des Mannes, und indem du dem Mann gibst, was er verlangt, bekommst du, was du erwartest!«

»Und wie finde ich heraus, was Mark will?«

»Durch Fragen.«

»Ich frage ihn ja, bekomme aber keine Antwort. Er versteckt alles sehr sorgfältig.« Ich war gleichzeitig wütend und empört. »Warum soll ich eigentlich die ganze Mühe haben und er tut überhaupt nichts? Wenn er sich mir gegenüber so gleichgültig verhält, soll er doch zum Teufel fahren!«

»Ja, du hast Recht! Abwarten ist immer am einfachsten – einfach nichts zu tun und der Verantwortung für die eigene Haltung aus dem Weg gehen. Aber wer keine Verantwortung übernimmt, bekommt nur die Essensreste vom Tisch. Wenn du damit zufrieden bist, dann kannst du auch einfach dasitzen und abwarten, aber dann beklage dich nicht, das Schicksal habe dich zur Einsamkeit verdammt!«, schalt meine Tante.

Ich stöhnte und entschloss mich dann eben, bis zum Ende zu kämpfen, komme was wolle. Wieder wandte ich mich an meine Tante: »Und was soll ich tun, wenn Mark nichts sagt, worin liegt da das Vergnügen?«

»Beobachte und registriere, was er über andere sagt. Denke daran, dass es ein Vergnügen für ihn ist, bewundert zu werden. Sammle Informationen. Ich habe übrigens ganz vergessen, dass wir morgen zu einem Bankett mit einer Theateraufführung bei Michajlovs in Pavlovsk eingeladen sind. Sie geben jeden Sommer einen Empfang und veranstalten dabei eine bemerkenswerte Vaudeville. Am Abend ist dann Tanz. Wir fahren am besten zur Konzerthalle, wo die jungen Leute sich treffen. Außerdem ist es wichtig gesehen zu werden – und die anderen zu sehen.« Sofija Nikolajevna lächelte und befahl mir, ins Bett zu gehen, um am nächsten Tag ausgeruht zu sein. Und als ich bereits in den zweiten Stock hinaufgegangen war und sie mich in meinem Schlafzimmer alleine ließ, fügte sie wie nebenbei hinzu, dass auch Mark bei der Aufführung sein werde.

Am Morgen schien helles Sonnenlicht ins Zimmer, als ich die Augen öffnete. Der Tag versprach wunderbares Wetter. Ein schulterfreies, pfirsichfarbenes Musselinkleid mit tiefem Dekolleté verbesserte meine Stimmung noch weiter. Nach einem geruhsamen Frühstück kauften wir zunächst einige kleine Gastgeschenke und machten uns dann nach Pavlovsk auf.

Ich war überrascht von dem prächtigen Sommersitz der Michajlovs und der fröhlichen Atmosphäre, die dort herrschte. Und obwohl Pjotr Michajlov ein angesehener Anwalt und einer der reichsten Männer der Stadt war, ging es bei ihm sehr ungezwungen zu. Kinder, Hunde und Dienstboten liefen durcheinander. Anja, die älteste Tochter, und ihre Freunde bereiteten die Pantomime vor. Hier legte einer noch letzte Hand an die Kulissen, während dort noch an den Kostümen genäht wurde. Ich stürzte mich mit Vergnügen ins Getümmel und bemerkte zunächst gar nicht, dass auch Mark eingetroffen war. Wir begrüßten einander herzlich. Ich wollte erst so tun, als wisse ich nichts von seinem Treffen mit Nastja, aber dann konnte ich mich doch nicht beherrschen und sagte schnippisch: »Ach übrigens, Mark, ich gründe gerade einen Verein für alle deine Geliebten. Das sind sehr interessante Frauen. Nastja möchte auch gerne beitreten!« Dabei starrte ich ihn herausfordernd an.

»Wenn es nach mir geht, nimmst du nur ein einziges Mitglied auf – dich selbst nämlich!«, erwiderte Mark und küsste mich auf die Nase.

Ich musste lachen. Das war genau die Antwort, die ich hören wollte. Da wurde auch schon zum Essen gebeten. Es gab kalte Rote-Bete-Suppe, frische, selbst gezogene Salate und eine absolut wunderbare Rhabarbermarmelade. Das war alles so delikat, dass ich nicht umhin konnte zu fragen, wer es zubereitet hatte.

Pjotr Dmitrijevitsh begann sofort, die Talente seiner Frau zu rühmen, die die Marmelade selbst gemacht hatte, obwohl es im Haus natürlich eine Köchin gab. Die anderen Gäste griffen das Thema auf und diskutierten, ob man selbst kochen solle und ob das eine Frage des Familieneinkommens sei. Mark beteiligte sich an der Unterhaltung und warf ein, dass Marmelade, die von der eigenen

Frau zubereitet wurde, nicht nur besser schmecke, sondern auch ein Symbol ihrer liebenden Fürsorge sei, ihres Wunsches, ihm das Leben zu versüßen. Bei diesen Worten schaute mich meine Tante an und lächelte geheimnisvoll, aber da wurden wir auch schon ins Haus gebeten, weil die Vorführung beginnen sollte, und ich konnte mir keine Gedanken darüber machen, was dieses Lächeln wohl bedeuten sollte.

Die Aufführung der jungen Laiendarsteller war zwar ziemlich amateurhaft und mehr als einmal blieb der Text auf der Strecke, aber alle Beteiligten und Zuschauer hatten viel Spaß. Danach machten wir uns unter fröhlichem Geplauder für den Aufbruch zum Bahnhof Pavlovsk bereit, wo das Konzert stattfinden sollte. Unterwegs hielt Mark meine Hand, und wir unterhielten uns über das Theater im Allgemeinen und Vaudeville-Aufführungen im Besonderen. Ich hörte gut zu, stimmte zu, wo notwendig, und versuchte, unbekümmert und aufgeschlossen zu wirken, obwohl ich immer noch eifersüchtig wegen Nastja war. Am Bahnhof erwartete uns eine elegante Gesellschaft, flirtende Jugendliche und schöne Musik. Wir kamen jedoch erst an, als das Konzert bereits zu Ende war und die Halle bereits für den Tanz vorbereitet wurde. Alle warteten ungeduldig auf den Beginn der Tanzveranstaltung; bis es so weit war, begrüßte man alte Freunde und besprach den neuesten Klatsch. Meine Tante war verschwunden, nachdem sie Mark zugeflüstert hatte, dass er mich wohlbehalten nach Hause bringen solle, und auch alle unsere neuen Freunde waren in der Menge nicht zu sehen. Wir waren endlich alleine und fühlten uns zueinander hingezogen.

Als die Musik einsetzte, tanzten wir zusammen einen Walzer. Mark führte sehr sicher und sanft, und ich freute mich, dass ich mich ganz seiner Führung hingeben und in seiner Umarmung aufgehen konnte. Wir tanzten so gut, dass wir den Preis als schönstes Paar bekamen. Der war zwar rein symbolisch, aber Mark strahlte vor Stolz. Schließlich endete dieser lange Tag und wir bestiegen den Zug. Ich war so müde, dass ich schon nach wenigen Minuten einschlief. Ich hatte meinen Kopf vertrauensvoll auf Marks Schulter gelegt, und schon war ich eingenickt. Mark bewachte meine Träume, bis wir in St. Petersburg eintrafen. Ich erwachte, als wir in die Stadt einfuhren, und wusste auf einmal, dass ich mit zu Mark kommen wollte, anstatt nach Hause gebracht zu werden.

»Varja, ich fürchte, Sofija Nikolajevna wird sehr missgestimmt sein, wenn du erst morgen früh nach Hause kommst, aber wir behaupten einfach, dass wir den letzten Zug verpasst haben«, lockte Mark mich.

»Glaubst du nicht, sie macht sich Sorgen?« Ich wusste nicht, ob ich sein Angebot annehmen oder ihn durch eine Zurückweisung quälen sollte. Aber etwas in mir sagte mir, dass ich, wenn wir jetzt auf dem Höhepunkt des Begehrens einfach auseinandergingen, etwas sehr Wichtiges verpassen würde. Dann wäre es Nastja, die seine Vorstellungen und Gefühle beherrschen würde.

»Meine Tante ist eine kluge Frau«, sagte ich daher. »Ich glaube, sie wird das verstehen, zumal du ja in mir eine selbstständige Frau siehst, die bereits einmal verheiratet war. Ich wünsche mir sehr, die Nacht mit dir zu verbringen.«

2003 »Ich möchte diese Nacht gerne mit dir verbringen«, flüsterte Matvej, als wir seine Wohnung erreichten. Es war sein Geburtstag und wir feierten.

Ich hatte lange mit mir gerungen, ob ich ihm ein Geschenk kaufen sollte – und wenn ja, was? Vielleicht einen Urlaub? Meine Freundinnen, die ich um Rat gefragt hatte, hatten einhellig gesagt, dass ich ihm Aufmerksamkeiten erweisen und sogar nach Moskau reisen und ihm eine Geburtstagsüberraschung arrangieren sollte. Zuerst war ich dagegen, aber dann stimmte ich zu. Da wir beide weiter an der Business School studierten, würden wir einander sowieso begegnen.

Plötzlich bildete ich mir ein, Kira würde womöglich auch kommen und ich mich so absolut zum Narren machen. Dass Matvej im Herbst Geburtstag hatte, gab mir die Chance, mich ein für alle

Mal zu verändern oder unsere Beziehung zu beenden. Warum nicht etwas daraus machen, woran er sich den Rest seines Lebens erinnern würde? Dann machte ich mir selbst Mut, indem ich mir sagte, dass jemand, der Freude und Aufmerksamkeit schenkt, sich nie zum Narren macht, und dass, wenn ich die Zuneigungsbeweise nicht als Demütigung empfand, sie auch nicht so wirken würden.

Ich begann, mich für die Sache zu begeistern, und wollte einen wirklich unvergesslichen Geburtstag inszenieren, genau nach dem Ratschlag meiner Urgroßmutter. Schwierig war es jetzt herauszufinden, worüber er sich wirklich freute, anstatt mir diese Freude nur vorzustellen. Ich verfluchte mich selbst dafür, dass ich schon wieder vergessen hatte, was Matvej mochte. Ich rief Igor an, einen seiner Bekannten, und versuchte, einen Tipp zu bekommen, aber Igor wusste nur, dass Matvej Cognac und große Limousinen mochte – teure und exklusive Dinge. Also beschloss ich, mir selbst Gedanken zur Auswahl seines Geschenks zu machen. Ich erinnerte mich, dass Matvej die Impressionisten mochte, aber nicht mehr, welchen Maler besonders. Ich schrieb ihm also einen Brief, dass ich ihm gerne etwas schenken wolle, mich aber nicht mehr an seinen Lieblingsmaler erinnern konnte. Er schrieb sofort zurück.

Jetzt stand ich vor dem Schaufenster eines Ladens und staunte über die Fantasie eines Designers, der Monets Gemälde auf jeden nur denkbaren Gegenstand appliziert hatte – Uhren, Teller, Schachteln, Kerzenleuchter und Vasen, selbst auf Porzellan. Ich besprach mich eine halbe Stunde mit der Verkäuferin, dann rief ich Matvej an und fragte ihn, was ihm am meisten gefallen würde.

»Was du mir schenkst, gefällt mir auf jeden Fall am besten!«, erwiderte Matvej und fing an, mir von seinen neuen Projekten und großartigen Plänen zu erzählen. Ich hörte ihm zu und schaute dabei weiter in die Auslagen, um zu einer Entscheidung zu kommen. Die Verkäuferin gab mich auf und kümmerte sich um andere Kunden. Nach einer halben Stunde flehte ich: »Matvej, ich stehe immer noch vor den vielen Dingen und weiß immer noch nicht, was ich dir schenken soll!«

»Mein liebstes Geschenk bist du selbst!«

»Wenn du mich einlädst, komme ich auch!«, sagte ich scherzhaft, und Matvej stimmte nach kurzer Überlegung zu und erklärte, er erwarte mich.

Zwanzig Minuten lang stand ich noch wie erstarrt da, hörte ihm zu und betrachtete die Auslagen. Als Matvej sich dann endlich verabschieden wollte, machte ich einen letzten Versuch, ihm eine Antwort zu entlocken, was er sich für ein Geschenk wünsche.

»Wenn du eine Uhr nimmst, werde ich immer die Minuten bis zu unserem nächsten Treffen zählen; wenn du einen Kerzenleuchter wählst, werde ich auf den Moment warten, wenn wir einander bei Kerzenlicht gegenübersitzen; wenn du einen Teller kaufst, werde ich dir darauf Essen anrichten; wenn du mir ein Bild schenkst, werde ich jedes Mal an dich denken, wenn ich es sehe.«

Nach diesen Worten hätte ich den Laden am liebsten leergekauft, aber ich entschied mich schließlich für eine Uhr. Nachdem ein Geschenk gekauft und die Einladung ausgesprochen war, brauchte ich mir jetzt nur noch eine Überraschung auszudenken.

Der Tag kam und ich fuhr nach Moskau. Die Geburtstagsfeier sollte um sieben Uhr abends in einem Restaurant stattfinden, und ich hatte den ganzen Tag vor mir, um mich vorzubereiten. Ich fuhr direkt vom Bahnhof zu Marinkas Wohnung, schlief dort drei Stunden und war trotzdem noch nicht zu spät für den Friseurbesuch. Marinka hatte für mich einen Termin bei ihrer Stylistin ausgemacht, und nach drei Stunden Styling sah ich mich im Spiegel einem Ausbund an Sinnlichkeit gegenüber. Mein störrisches rotes Haar war leicht gefärbt und geglättet. Meine Augen wirkten riesig, und die roten Lippen rundeten den Effekt ab. Den roten Nagellack fand ich übertrieben, aber die Stylistin beharrte darauf; dieser letzte Pinselstrich sei absolut notwendig. Ein eng geschnürtes schwarzes Korsett und ein enger Rock verwandelten mich in die Verkörperung der Sexualität. Ich war restlos zufrieden mit meiner Erscheinung, aber die Stylistin schien zu glauben, es fehle noch ein allerletztes Highlight. Schließlich strahlte sie und brachte eine temporäre Tätowierung mit Steinen aus Strass in Form einer Blüte auf meiner linken Brust an, die beim Einatmen hervortrat und beim Ausatmen in das Korsett zurücksank. Das wirkte vermutlich sehr verführerisch. Mit den schwarzen durchbrochenen Strumpfhosen und dem Strumpfhalter aus Spitze fühlte ich mich unwiderstehlich.

Ich war bereit für Triumph oder Niederlage. Als ich vor dem Restaurant aus dem Taxi stieg, gab es fast einen Auflauf. Als ich den Raum betrat, zog ich alle Augen auf mich und überstrahlte alle anderen. Die anwesenden Männer spürten mein Feuer und drängten sich um mich. Ich erkannte vier Kommilitonen aus der Business School (Kira war zum Glück nicht dabei); außerdem Geschäftspartner, Kunden und Angestellte von Matvej.

»Matvej, um elf Uhr erwartet dich eine Überraschung!«, verkündete ich geheimnisvoll, als ich auf ihn zutrat und ihn auf die Wange küsste. »Ich hoffe, deine Gäste verzeihen dir, wenn du dich vorzeitig verabschiedest.«

»Eine Überraschung?« Matvej war deutlich neugierig. »Hoffentlich nichts Gefährliches?«

»Nein«, lachte ich.

Die Party lief prächtig, Matvej wurde gebührend geehrt, das Essen war fantastisch, der Sekt floss in Strömen, Trinksprüche wurden ausgebracht, man tanzte. Ich wurde immer nervöser, je näher die bestimmte Stunde rückte, Matvej hingegen wurde immer neugieriger.

Die Party war in vollem Gange, als pünktlich um elf der Portier eintrat und mir sagte, dass die Limousine bereitstehe. Alles schwieg vor Staunen. Ich ging zu Matvej und erklärte ihm, es sei eine amerikanische Tradition, dass Männer an ihrem Geburtstag die Feier verlassen und eine nächtliche Tour durch die Stadt unternehmen, während die Gäste einfach weiterfeiern und sich des Lebens freuen. Matvej war begeistert, aber auch ein bisschen verwirrt. Einer seiner Gäste versuchte, uns aufzuhalten, aber ich flüsterte Matvej zu, dass die Überraschung in der Limousine warte und er niemanden mitnehmen dürfe. Matvej lachte und kam mit. Im Innern des großen, prächtig ausgestatteten Wagens lief dezente Musik; es gab Champagner und Matvejs Lieblingscognac.

Wir setzten uns, schauten einander in die Augen und tranken auf seinen Geburtstag. Der Fahrer hatte die Trennscheibe geschlossen, und wir waren alleine. Die Musik spielte, der nächtliche Charme der Stadt bot eine reizvolle Kulisse und wir fühlten uns zueinander hingezogen.

»Heute ist dein Tag«, flüsterte ich Matvej zu. »Ich mache die ganze Arbeit. Du musst nur genießen.«

Ich nahm ihm die Krawatte ab, dann begann ich, sein Hemd langsam aufzuknöpfen, und streichelte und küsste dabei zärtlich seine Brust. Matvej schloss seine Augen und stöhnte leise, er erschauerte vor Lust. Langsam wurden meine Küsse fordernder und leidenschaftlicher, und dann gaben wir uns völlig dem Augenblick hin ...

Die Limousine hielt an, und der Fahrer klopfte diskret an die Trennscheibe, um zu fragen, wohin wir jetzt zu fahren wünschten; die abgesprochene Rundfahrt sei zu Ende. Matvej nannte die Adresse seines Apartments und erklärte, er würde gerne die Nacht mit mir verbringen. Im Stillen dankte ich Marinka, dass sie mir geholfen hatte, meine verrückte Idee mit der Limousine zu verwirklichen. Als wir in Matvejs Wohnung ankamen, wandte er sich mir zu und flüsterte: »Ich danke dir. Bis jetzt hat sich mir noch nie eine Frau selbst geschenkt. Das ist das schönste Geschenk, das ich jemals bekommen habe!«

1903 »Das ist das schönste Geschenk, das ich jemals bekommen habe!«, sagte Mark und nahm das Glas Marmelade entgegen, die ich für ihn eingekocht hatte.

Als ich nach jenem wunderbaren Tag zu meiner Tante zurückgekehrt war und versucht hatte, ihr die Geschichte von dem verpassten Zug zu erzählen, hatte Sofija Nikolajevna nur nachsichtig gelächelt: »Mein liebes Mädchen, du musst mir keine Märchen erzählen. Zieh dich lieber um, wir gehen auf den Markt.«

»Wozu das denn?«, fragte ich verwirrt; es war nicht die Gewohnheit meiner Tante, selbst den Markt zu besuchen.

»Natürlich um Beeren zu kaufen, und zwar für die Marmelade.«

»Marmelade? Wir haben doch den ganzen Keller voll. Und wer soll sie einkochen? Können wir nicht Marusja auf den Markt schicken, wenn wir Beeren brauchen?« Ich war immer noch verwirrt.

»Du hast neulich erst gefragt, wie du herausfinden könntest, was Mark wichtig ist, und warst ganz verzweifelt, weil er damit nicht herausrücken wollte. Jetzt hat er es dir erzählt, und du hast gar nicht zugehört.« Sofija Nikolajevna ließ mich verärgert stehen. Dann, als sie meine Tränen sah, fügte sie sanftmütiger hinzu: »Die Nacht mit einem Mann zu verbringen, erfordert nicht viel Intelligenz. Aber wahrzunehmen, was er sich wünscht, erfordert eine gute Beobachtungsgabe. Erinnerst du dich denn nicht mehr an die Unterhaltung gestern beim Dinner? Als es um die Marmelade der Michajlovs ging und Mark gesagt hat, dass Marmelade, die seine Geliebte ihm selbst zubereitet hat, für ihn ein Symbol ihrer Aufmerksamkeit ist? Also zieh dich sofort um, wir gehen auf den Markt und kaufen Beeren«, schloss meine Tante resolut.

»Und warum nehmen wir nicht einfach ein Glas aus dem Keller und behaupten, ich hätte es selbst eingekocht?«, fragte ich. Die Aussicht, selbst Marmelade kochen zu sollen, war wenig verlockend.

»Sei nicht albern. Wenn du die Beeren selbst auswählst und die Marmelade selbst einkochst, trägt sie deine Schwingungen in sich. Sie ist dann von deiner Energie erfüllt und wird euch beide auf der ätherischen Ebene miteinander verbinden. Marmelade, die ohne Liebe gemacht wurde, ist tot, und das spürt besonders der Mann, dem du nicht gleichgültig bist.«

Wir gingen also auf den Kuznetshnyj-Markt und mischten uns unter feilschende Obstverkäufer und zeternde Köchinnen. Anfangs war ich völlig verwirrt, weil das Angebot so groß und unübersichtlich war, aber dann entdeckte ich plötzlich einen Stand mit ukrainischen Kirschen, und mir blieb fast das Herz stehen. Ich musste mir Mühe geben, die Hände ruhig zu halten, so sehr wollten sie Marmelade daraus machen. Wir erstanden vier Körbe voll. Dann marschierten wir stolz nach Hause, und ich bat Marusja, mir zu erklären, wie es jetzt weiterging.

»Aber gnädiges Fräulein, warum wollen Sie sich das antun? Ich kriege das ganz schnell und leicht hin!«, protestierte die Köchin, aber meine Tante befahl ihr, sich zu beruhigen und mir zu helfen. Das Einkochen war eigentlich nicht sehr schwierig, und nach vier Stunden konnte ich stolz das Ergebnis meiner Mühen vorweisen. Meine Tante lobte mich, fügte aber hinzu, wenn die Marmelade abgekühlt sei, müsse ich noch jedes Glas in die Hände nehmen, um den Inhalt mit Energie aufzuladen.

»In der guten alten Zeit ging ein junger Mann auf Brautschau oft im Dorf herum und bat die heiratsfähigen jungen Mädchen um einen Schluck Wasser. Diejenige, aus deren Händen das Wasser am süßesten schmeckte, wurde dann seine Braut. Das Wasser im ganzen Dorf kam ja aus demselben Brunnen, aber der Geschmack veränderte sich je nach der Energie der Frau, die ihm das Wasser anbot. Bevor du also deinem Geliebten etwas schenkst, nimm es in die Hände und lade es mit deiner Energie auf«, erzählte Sofija Nikolajevna.

Ich folgte ihrem Rat und nahm jedes einzelne Glas meiner Marmelade in die Hände. Dazu sprach ich: »Marmelade, fülle dich mit meiner Energie, meiner Liebe und meiner Zärtlichkeit.« Ich kam mir ziemlich albern dabei vor, führte aber das Ritual gehorsam bis zum Ende durch.

Meine Tante sah, wie skeptisch ich war, gab mir das letzte Glas, bevor es das Ritual durchlaufen hatte, und befahl mir, den Inhalt zu probieren. Ich aß einen Löffel voll und sagte: »Sie schmeckt, wie Marmelade eben schmeckt. Süß und nach Kirschen.«

»Und jetzt nimm eins von den Gläsern, die du mit Energie gefüllt hast, und du wirst den Unterschied schmecken.«

Ich lächelte skeptisch, probierte - und schmeckte tatsächlich einen deutlichen Unterschied. Diese Marmelade war lebendig, als ob die Kirschen nicht gekocht worden seien, sondern nur in Zucker eingelegt.

»Und wann soll ich ihm die Marmelade geben?«, fragte ich meine Tante.

»Ich glaube, in fünf Tagen, am Wochenende. Wenn wir noch etwas warten, wird der Effekt stärker ausfallen.«

Am Samstag packte ich also drei Gläser Marmelade zusammen und besuchte Mark. »Hier ist ein kleines Geschenk für dich«, sagte ich, kaum dass ich die Schwelle überschritten hatte. »Jetzt kannst du den Geschmack von Marmelade, die ich für dich gemacht habe, im Winter genießen.« Ich hielt ihm das Päckchen hin.

»Im Winter? Von wegen, die wird sofort probiert!«, rief Mark und zog mich hinter sich her ins Speisezimmer.

»Du hast die«, staunte er, »wirklich selbst gemacht? Für mich? Unglaublich delikat. Genau wie du!« Offensichtlich war der gewünschte Effekt eingetreten; er wirkte angerührt und freute sich. »Du hast mir ja schon so viele schöne Geschenke gemacht, aber das hier mag ich wirklich am meisten!«

»Wir werden es zusammen an langen Winterabenden genießen«, versuchte ich zu scherzen.

Aber gerade, als wir uns zum Tee gesetzt hatten und meine Marmelade essen wollten, erhielt Mark eine Nachricht. Er las sie und erklärte, er müsse leider sofort aufbrechen.

»Etwas Dringendes? Sehr dringend?«, fragte ich mitfühlend.

»Ja, Nastja – die Tochter eines guten Freundes – braucht meine Hilfe! Das arme Mädchen ist völlig überfordert mit irgendwelchen Papieren.«

Ich erstickte fast vor Empörung. Es war unglaublich; eine solche Kleinigkeit war ja wohl nicht so dringend, dass er mich hinauswerfen und davonrennen musste!

KAPITEL 16:

Akzeptierst du das oder nicht?

2003 Ich konnte nicht verstehen, dass er mich plötzlich verlassen hatte und irgendwohin entschwunden war. Ich saß am Flughafen und kochte vor Wut. Wie konnte Matvej so unvermittelt nach Sibirien zu seiner Exfrau fliegen, um ihr beim Umzug zu helfen, nachdem wir gerade mehrere verrückte Tage miteinander verbracht hatten, die noch lange nicht zu Ende waren? Exfrauen haben ein unglaubliches Gespür dafür, sich immer dann zu melden, wenn sie fühlen, dass ihr ehemaliger Mann dabei ist, sich ernsthaft zu verlieben. Sie denken sich die unwahrscheinlichsten Anlässe aus, um ihren Ehemaligen wieder an sich zu binden. Und selbst wenn sie es waren, die die Trennung wollten, ist die Vorstellung, dass eine andere Frau mit ihm glücklich werden könnte, für sie oft unerträglich.

Die drei Tage nach Matvejs Geburtstag waren wie im Flug vergangen. Wir stromerten durch Moskau, erkundeten neue kleine Restaurants und besuchten amüsante Ausstellungen. Das Gefühl der Leichtigkeit und mühelosen Euphorie verließ uns nicht. Matvej war sanft und behutsam. Darum war es umso schmerzlicher und enttäuschender, als ihm seine Exfrau auf einmal wichtiger schien als unsere Romanze. Verärgert tauschte ich mein Rückflugticket um und kehrte zwei Tage früher als geplant nach St. Petersburg zurück.

Dort telefonierte ich sofort mit meinen Freundinnen und rief sie zu einem erneuten Kriegsrat zusammen. Wir kamen alle gleichzeitig bei meiner Wohnung an. Ich warf meinen Koffer beiseite, setzte Tee auf und tigerte in der Wohnung herum.

»Ist das vielleicht normal?« Ich hetzte herum, immer noch kochend vor Wut. »Könnt ihr euch das vorstellen? Kaum ruft seine Exfrau an, lässt er mich stehen und rennt los, um sie zu retten. Ich glaube, das war's jetzt wirklich mit uns beiden.«

Manetshka und Aniska lächelten und ließen sich ihren Erdbeertee schmecken.

»Manetshka, du bist die Psychologin. Erklär mir bitte, was ich jetzt tun soll!« Ich blieb vor ihr stehen.

»Einen Mann kann man nicht verstehen, man muss ihn akzeptieren. Du musst ihn so annehmen, wie er ist! Einen Erwachsenen kann man nicht mehr ändern. Eine Frau kann das zwar, sie ist flexibel und formbar. Aber ein Mann verändert sich nicht mehr. Denke an das Sprichwort: ›Ein Mann heiratet eine Frau in der Hoffnung, dass sie sich nicht verändert, aber sie tut es doch, und eine Frau heiratet einen Mann in der Hoffnung, dass er sich verändert, aber er tut es nicht.‹«

»Und wenn ich ihn aber nicht mag, so wie er ist? Habe ich keine Chance, ihn zu verändern?«

»Nur wenn du ihn so akzeptierst, wie er jetzt ist, wird er sich irgendwann auch ändern, aber nicht vorher! Manchmal ist es in einer Beziehung nötig, ein bisschen strategische Blindheit zu zeigen und nur das Positive zu sehen. Jeder Mensch hat, wie der Mond, seine dunkle und seine helle Seite. Überlasse die Erforschung der dunklen Seite des Mannes seinen Feinden und Konkurrenten. Du solltest diese Seite ignorieren, auch wenn du weißt, dass sie da ist, und nur seine helle Seite sehen«, versuchte mir Manetshka einzuhämmern.

»Als ich das ausprobiert habe, wurde das Leben auf einmal viel leichter«, sprang ihr Aniska zur Seite. »Ich habe mich entschieden,

Männer wie Naturkatastrophen zu betrachten: Man kann nichts dagegen tun, sondern nur beobachten und bereit sein, sie abzuwehren.«

»Seid doch bitte ein wenig präziser: Wie soll ich denn vorher wissen, was mich bei einem Mann erwartet?« Ich war unzufrieden und wartete auf weitere Erklärungen.

»Du bekommst immer genau das, was du selbst erschaffst.« Manetshka war sehr von ihren Thesen überzeugt. »Aber davon sprechen wir jetzt nicht! Merke dir einfach Folgendes: Es ist viel leichter, das Wesen eines Mannes zu akzeptieren, wenn wir seine Eigenschaften verstehen! Du solltest wissen, dass er manches nicht deshalb macht, weil du ihm gleichgültig bist oder weil er seine Exfrau mehr liebt als dich, sondern weil er einfach nicht anders kann. Es ist seine Natur.«

»Oh mein Gott, ich bin offenbar sehr schwer von Begriff, und während ich seine Eigenschaften studiere, mache ich bestimmt einen Haufen Fehler. Wahrscheinlich gibt es Beschreibungen von bestimmten Männertypen mit ihren verschiedenen Ticks, die mir verstehen helfen, was ich von ihnen zu erwarten habe, was ich akzeptieren muss und was ich ändern kann, wenn ich es behutsam angehe. Ich brauche ein System! Gibt es so etwas? Hat die Psychologie noch keine Klassifikation für Männer geschaffen?« Ich sah Manetshka erwartungsvoll an.

»Ich glaube, du brauchst eine Vorlesung über die verschiedenen Männertypen«, sagte Manetshka und machte sich bereit.

1903 »Du brauchst eine Vorlesung über Männertypen, wie ich sehe. Du musst unbedingt wissen, wie man sie unterscheidet, damit du sie so akzeptieren kannst, wie sie sind«, fasste meine Tante zusammen, nachdem sie sich meine Geschichte von der Marmelade bis hin zu Marks plötzlicher Abreise zur hilfsbedürftigen Nastja angehört hatte.

»Mark gehört zu dem Typ, den man als *Lehrer* bezeichnet. Für ihn ist es sehr wichtig, sich um jemanden zu sorgen und gebraucht zu werden.« Meine Tante bot mir Tee an und wartete, bis ich mich etwas beruhigt hatte. Das fiel mir sehr schwer, nachdem ich so voller Zweifel und Ärger über Mark zurückgekehrt war.

»Die Kombination verschiedener Elemente macht einen Mann zum *Befehlshaber,* den nächsten zum *Künstler* oder *Dichter,* einen dritten zum *Forscher,* der die Geheimnisse des Universums aufdeckt, und den vierten zum *Kaufmann* und *Lehrer.* Das sind die vier grundlegenden Typen des Mannes«, fuhr meine Tante fort.

»Wie du weißt, wird die Welt von vier Elementen beherrscht, die jedem von uns ihre eigene Energie mitgeben. Die Erde verleiht uns praktischen Sinn und Beständigkeit, die Fähigkeit, auf Details zu achten und für Sauberkeit und Ordnung zu sorgen, und die Neigung zur Sachlichkeit. Das Wasser verleiht uns Emotionalität und Emp-findsamkeit, Mitgefühl und die Fähigkeit, entgegen der Logik unseren Gefühlen zu folgen. Das Feuer schenkt uns Kreativität und Vorstel-lungskraft, die Fähigkeit, zu träumen und zu erfinden und die latenten Möglichkeiten in jedem Handlungsschritt zu erkennen. Die Luft unterstützt unsere Fähigkeiten zur Analyse und zum klaren systematischen Denken, zum Aufbau von Struktur und zur Ent-wicklung eines starken Willens. In jedem Menschen wirken sich alle vier Elemente aus, aber jeweils zwei von ihnen dominieren und sorgen für bestimmte Eigenschaften und Fähigkeiten. Diese beiden Hauptelemente bestimmen den Typ, zu dem der Mann gehört.

Der Typ des *Befehlshabers* wird von Erde und Luft dominiert. Diese Männer verfügen über ausgeprägte logische und praktische Fähigkeiten. Sie sind geborene Führer, die nach Herrschaft streben. Sie haben einen starken Willen, handeln überlegt und verfolgen ihre Ziele bis zu Ende. Nach ihrem Bewusstsein kommt es auf Macht an, um die Welt zu beherrschen, und das demonstrieren sie auch. Sie scheitern nur selten, sind sehr nachtragend und rächen sich hart-näckig. Von ihrer Umgebung verlangen sie Unterordnung. Sie sind gehemmt, wenn es darum geht, ihre Gefühle zu zeigen, misstrauisch und eifersüchtig. Sie beobachten jeden Schritt ihrer Partnerin und möchten sie vor der Welt verstecken. Solchen Männern ist ihr eigenes Äußeres nicht sehr wichtig, aber sie legen großen Wert auf Statussymbole.

Der Typ des *Kaufmanns* wird von Erde und Wasser dominiert. In solchen Männern herrschen praktischer Sinn und Empfindsamkeit vor. Sie können ihre Emotionen zeigen und gleichzeitig die Stimmung anderer einschätzen, um ihre Zwecke zu erreichen. Sie feilschen und handeln und versuchen, ihr Interesse durchzusetzen. Gleichzeitig neigen sie nicht zu Sentimentalität und Romantik. Ihre Grundeigenschaft ist große Freiheit im Denken und Handeln und die Neigung, den eigenen Impulsen zu folgen. Sie sind unberechenbar, risikofreudig, optimistisch, entschlossen und keine Freunde des abstrakten Argumentierens. Dieser Typ Mann strebt besonders nach Autorität und Ruhm. Er ist sehr selbstsicher und versucht, anderen seine Überlegenheit zu zeigen, ist aber gleichzeitig gesellig und immer bereit zum Feiern. Er hat viel Geschmack und Sinn für Ästhetik und die Schönheit der Welt. Für ihn ist sein Äußeres sehr wichtig; er ist immer gut gekleidet. Wenn es um Geschenke geht, ist er sehr großzügig, bei kleinen Dingen allerdings oft geizig. Er kann gut flirten und schenkt dabei sinnliche Lust. Er ist ein großartiger Liebhaber. Er schätzt die Abwechslung und ist immer auf der Suche nach neuen Erlebnissen.

Der Typ des *Künstlers* wird von Wasser und Feuer beherrscht. Er ist kreativ und ausgesprochen sinnlich. Diese Männer besitzen eine starke Vorstellungskraft; sie sind fasziniert von neuen Möglichkeiten und verfolgen ihre Träume. Sie sind die Schöpferischen – Künstler, Dichter, Architekten, Schauspieler und Musiker. Sie können ihre Gefühle ausdrücken und Emotionen auslösen. Sie sind nachdenklich, romantisch und zu schönen Gesten fähig. Solchen Männern ist ihre Umgebung völlig gleichgültig. Für sie ist es unwichtig, wo sie schlafen, was sie essen und wie sie gekleidet sind; wichtig ist für sie, dass sie geliebt werden. Sie sind gleichzeitig großzügig und geizig. In ihrem Leben herrscht schöpferisches Chaos, aber das muss so sein, damit sie schöpferisch sein können. Für sie ist die Frau eine Angebetete, aber es fällt ihnen schwer, sie zu ernähren. Sie würden ohne Weiteres für die Frau ihr Leben geben, können ihr aber kaum ein Heim bieten. Sie leben in imaginären Welten weitab der Realität; sie brauchen jemanden, der sie entdeckt und ihre Fantasien Wirklichkeit werden lässt. Im Bett sind sie sehr erfinderisch.

Der Typ des *Forschers* wird von Feuer und Luft beherrscht. Solche Männer besitzen eine starke Logik und Intuition und viel männliche Kraft. Sie sind Wissenschaftler und Forscher, immer bereit, ins Unbekannte vorzustoßen und neue Naturgesetze zu erkennen. Sie zerstören bedenkenlos das Alte zugunsten des Neuen. Sie haben nur geringes Interesse an ihrer Umgebung, und dort herrscht gewöhnlich Unordnung. Sie achten nicht auf ihre Gesundheit, leben nur für ihre Arbeit und vergessen manchmal sogar zu essen. Geld ist ihnen gleichgültig, wenn sie es verdienen, geben sie es auch schnell wieder aus. Gefühle verstehen sie eher schlecht, zeigen sie daher auch nicht gerne und lassen niemanden, der ihnen nahesteht, in ihre private Welt schauen. Sie können ihre Ansichten stets begründen und merken oft nicht, dass sie bei ihrer Suche nach der Wahrheit andere Menschen verletzen. Sie wirken kalt und zurückhaltend, aber in ihrem Herzen sind sie sehr leidenschaftlich.

Wenn man weiß, zu welchem Typ ein Mann gehört, kann man ihn besser verstehen und so akzeptieren, wie er ist, mit allen Vorteilen und Nachteilen. Man kann von einem Künstler keinen goldenen Palast und vom Befehlshaber keine starken Gefühlsäußerungen erwarten«, beendete meine Tante ihre Beschreibung der verschiedenen Männertypen.

»Also kann man einen Mann nicht ändern?«, fragte ich.

»Ja, meine Liebe, Männer sind beständiger in ihrem Charakter als Frauen ... und viel träger«, fügte meine Tante lächelnd hinzu. »Genauer gesagt sind sie rationaler und möchten keine Zeit damit verschwenden, die Züge zu entwickeln, die in ihnen nur schwach ausgeprägt sind. Anders ist es bei Frauen – sie sind flexibler und können die Energien stärken, die sich in ihnen von Geburt an oder durch ihre Erziehung nur schwach zeigen.

Wie du weißt, herrschen in jeder Frau gewöhnlich zwei Elemente vor, zum Beispiel Wasser und Luft, Emotionalität und Logik, das Mädchen und die Königin; oder Feuer und Wasser, Emotionalität und Sexualität, das Mädchen und die Liebhaberin. Deshalb kann eine Frau, wenn sie die vier Grundzustände kennt – Liebhaberin, Königin, Mädchen und Geliebte –, sich jedem Mann anpassen und erkennen, wonach er sucht.

Jeder Mann sucht nach der Energieform, die ihn ergänzt und stärkt. Ein praktisch und logisch gesinnter Mann wird zum Beispiel nach einer sinnlichen und spontanen Frau suchen, nach dem Mädchen und der Liebhaberin. Der kreative Mann, der zu gefühlsbetont ist, sucht dagegen nach einer praktisch gesinnten und logischen Frau, in der Erde und Luft vorherrschen. Aber schauen wir uns das noch etwas genauer an.

Der *Befehlshaber* erwartet von der Frau Sexualität und Emotionalität; sie soll die Liebhaberin und das Mädchen sein. In Japan hießen diese Frauen Geishas, in Indien Devadasis, im alten Griechenland Hetären, aber die Bezeichnung ist unwichtig. Sie sind wie unstete, bunte Schmetterlinge. Solche Frauen haben viele Talente – sie können singen und tanzen, Verse machen und deklamieren. Sie sind vielseitig, kreativ und erfinderisch. Für sie ist das Leben eine Bühne, und sie schaffen jedes Mal eine neue Geschichte, die sie von den Kostümen bis zu den Requisiten durchdenken. Und Männer vom Typ des Befehlshabers sind ihnen dankbar, dass sie ihr regelmäßiges und graues Leben mit Farbe und Unberechenbarkeit füllen. Solche Frauen können einen Mann ehrlich bewundern und ihn zu neuen Taten inspirieren. Und auch wenn der Mann grummelt, weil er unter ihren tausend Nippsachen nichts Sinnvolles findet, ist er doch bereit, den Launen des kleinen Mädchens nachzugeben und nachts unter ihren kundigen Liebkosungen dahinzuschmelzen.

Kaufleute sehnen sich nach einer sachlichen und sexuellen Frau, der Königin und der Liebhaberin. Solche Frauen sind äußerlich kalt und unzugänglich, wirken eisig und klug, sind aber im Bett zu allem bereit. Sie sind temperamentvoll und verspielt, aber der Mann zweifelt immer an der Echtheit ihrer Gefühle. Ihm kommt es vor, als nehme er an einer Art Experiment teil, und das Risiko steigert nur seine Empfindungen. Selbst der kalte Geiz solcher Frauen und ihre Gleichgültigkeit schrecken den Kaufmann nicht ab, sondern ermutigen ihn im Gegenteil, durch Geschenke seine Großzügigkeit zu beweisen. Sie lässt den Mann das Geschenk selbst wählen und zwingt ihm nicht ihre Vorstellungen auf, sondern vertraut seinem Geschmack. Sie muss nur erwähnen, was ihr gefällt. Aber wenn der Mann in Schwierigkeiten gerät, kann sie sich mäßigen und verlangt keine Geschenke mehr.

Kaufmänner finden sich leicht mit den Torheiten ihrer Geliebten ab, mit der mangelnden Geborgenheit, die sie erfahren, und der Unfähigkeit der Frau zu kochen. Sie sind fasziniert von der Mischung aus Unabhängigkeit, Klugheit, Leidenschaft und Unberechenbarkeit. Solche aktiven und unberechenbaren Frauen binden den Mann mit ihrer Lebhaftigkeit, ihren ununterbrochenen Skandalen und ihrem Fehlverhalten an sich, beruhigen sich dann aber schnell und gestehen ihre Niederlage an. Kaufmänner machen sich nicht viel aus der Aufmerksamkeit anderer Männer für ihre Frau; sie sind eher eifersüchtig, solange sie noch eine Freundin ist.

Teure Kosmetik und lackierte Nägel sind typisch für ihre Freundin. Der Kaufmann achtet auf die Qualität und Herkunft der Kosmetik. Eng anliegende Abendkleider und ständige Veränderungen des Äußeren erregen das Begehren des Kaufmanns und faszinieren ihn, so wie ihn alles Neue fasziniert. Eine Frau, die sowohl Königin als auch Liebhaberin ist, ist bereit, für den Mann zu tanzen, erlaubt ihm aber nicht sie zu berühren, und entzündet so sein Verlangen. Sie kann den Mann mit Geschichten über Mode oder über ihre Gefühle von seinen Problemen ablenken, seine Vorzüge loben und sein Vertrauen erwidern. Der Mann sieht auch ihre Eifersucht gerne und genießt ihre Skandale. Sie scheut sich nicht, in seiner Gegenwart ihre schlechte Laune zu zeigen.

Männer vom Typ *Künstler* schätzen an einer Frau praktisches und logisches Denken. Für sie ist es wichtig, in ihrer Gefährtin die

Geliebte und die Königin zu sehen, die Muse. Solche Frauen können Geborgenheit schenken, sorgen für Sauberkeit, kochen gut und halten den Haushalt in Schuss. Solche Frauen sind beharrlich und ruhig sowie zurückhaltend mit ihren Gefühlen. Sie sind elegant und genau. Ihr Organisationstalent macht sie zum Kopf der Familie. Männer vom Typ Künstler überlassen ihnen oft die Oberhand im Zuhause und widmen sich ganz ihrer Kreativität; Alltagsdinge sind für sie unwichtig.

Das Problem ist oft, dass solche Frauen sich einen starken und erfolgreichen Mann wünschen, in dem eine einzelne Energieform sehr ausgeprägt ist, ohne zu verstehen, warum solche Männer sie nicht beachten. Königinnen und Geliebte wollen keine Zeit an angehende Künstler und Schriftsteller verschwenden und übersehen dabei, dass nur ihre Unterstützung aus dem angehenden Künstler einen erfolgreichen macht. Nur mit einer Frau kann ein solcher Mann die Höhen erreichen, die ihm vom Schicksal vorherbestimmt sind.

Männer vom Typ *Forscher* suchen ebenfalls nach einer Frau mit praktischem Sinn, die aber gleichzeitig sehr emotional ist, also nach der Geliebten und dem Mädchen. Solche Frauen haben einen guten Geschmack und sind genau. Sie bevorzugen bequeme und praktische Kleidung ohne Schnürung, und sie können perfekt kochen und nähen. Sie sind immer mit irgendetwas beschäftigt. Ihr Haus glänzt vor Sauberkeit und steht Gästen stets offen. Geliebte und Mädchen sind gesellig und fröhlich, und in schwierigen Zeiten bieten sie Unterstützung, beruhigen und liebkosen. Solche Frauen können die Stimmung eines Mannes sehr gut einschätzen und sich ihm leicht anpassen.

Der Forscher ist dankbar für die Unterstützung und die Organisation seines Alltags sowie für die Gefühle, die die Frau ihm schenkt. Aber es ist ihm auch wichtig, dass sie ihn bewundert und an ihn glaubt. Sie führt alle Geschäfte, lässt ihm aber die Möglichkeit, sich als der Chef zu fühlen. Das letzte Wort überlässt sie stets ihm, was aber nicht bedeutet, dass sie tut, was er sagt. Sie lässt den Mann herrschen und kontrolliert ihn dabei sanft und unmerklich.«

Nach dieser Beschreibung der verschiedenen Männertypen sah mich meine Tante scharf an und wartete auf Fragen. Ich hatte in der Tat eine. »Und welcher Mann ist der richtige für mich? Was erwartet er von mir?«

»Anfangs warst du das Mädchen und die Geliebte, also ziehen dich Männer vom Typ Befehlshaber am ehesten an. Jede Frau hat die Wahl, entweder den Mann zu suchen, der am besten zu ihr passt, oder die Frau zu werden, die ein bestimmter Mann sucht. Wir haben ja bereits gesagt, dass Männer sich nicht ändern und dass es Frauen leichter fällt, die jeweils erforderlichen Eigenschaften zu entwickeln. Es ist auf jeden Fall am einfachsten, man selbst zu bleiben, sich natürlich zu verhalten und zu erfahren, dass man so akzeptiert wird, wie man ist. Aber wenn du deine Möglichkeiten erweiterst, erweiterst du auch deine Auswahl. Dann kannst du selbst wählen und musst nicht darauf warten, erwählt zu werden. Du entscheidest selbst, mit welchem Mann du zusammenlebst und wer der Vater deiner Kinder werden soll. Aber nichts in der Welt kann einen Mann ändern. Im Gegenteil, er ändert lieber die ganze Welt, damit sie zu ihm passt – und ebenso seine Frau, wenn sie dazu bereit ist.«

TEIL IV

Auf dem Gipfel des Traumes

KAPITEL 17:

Bist du bereit
für eine Veränderung?

2004 »Bin ich bereit für eine Veränderung?«, prüfte ich mich und dachte an Matvej. Warum sollte ich zu einer dämlichen Maniküre gehen? Nur weil sich für ihn die Liebe einer Frau in ihrem Aussehen zeigt? Ich würde Stunden im Schönheitssalon verbringen müssen, um schön zu wirken.

Ich ordnete Matvej als Kaufmann ein, und das machte mich traurig. Ich wünschte mir tief im Herzen, dass ich mich irrte. Ich erreichte den Schönheitssalon - und das sogar pünktlich, was für mich schon eine reife Leistung ist. Ich konnte es gar nicht abwarten, Mila, meiner Kosmetikerin, von der Reise nach Moskau, den männlichen Archetypen und meinen Problemen zu erzählen. Mila war eine Quelle weiblicher Weisheit und guter Ratschläge für alle Lebenslagen. Die besten Psychoanalytikerinnen der Welt arbeiten wahrscheinlich in Schönheitssalons.

»Nun, was gibt es Neues bei dir?«, fragte sie, sobald sie mich begrüßt hatte. »Immer noch dieselben Kämpfe, oder gibt es ein neues Schlachtfeld?«

»Vorerst halten wir die Stellung«, versuchte ich, im selben Stil zu antworten.

»Und wieso? Ist der Feind zu schwach für einen Durchbruch?« Mila hob überrascht die Augenbrauen.

»Mir scheint eher, dass es am Angriffswillen fehlt«, erwiderte ich traurig.

Mila beschäftigte sich nachdenklich mit meinen Händen. Ich überlegte ebenfalls, ob ich Matvej anrufen sollte und was ich dann sagen würde; und was ich sagen würde, falls Matvej mich anriefe.

»Macht er dir Geschenke?«

»Geschenke? Bis jetzt gab es noch keinen Anlass, weder meinen Geburtstag noch Weihnachten«, antwortete ich.

»Aber dafür braucht man doch keinen Anlass! Männer machen Geschenke, weil sie intuitiv spüren, dass sie zehnmal mehr zurückerhalten!«, deklarierte Mila. »Und je mehr Geschenke sie machen, desto mehr Zuneigung beweisen sie damit.«

»Merkwürdig, mir ist noch nie ein leidenschaftliches Verlangen an Männern aufgefallen, mich mit Diamanten zu überschütten«, zweifelte ich.

»Hast du denn um Diamanten gebeten?«

»Nein. Aber wenn ein Mann seine Sinne beisammen hat, muss er das doch selbst merken!«

»Da überschätzt du die Männer aber sehr! Ich sehe schon, dass du erst noch die Methode erlernen musst, mit der man Geschenke bekommt!«

»Meine Güte, warum ist alles so kompliziert? Ach komm, verrate mir einfach diesen Zaubertrick und wir probieren ihn aus, vielleicht funktioniert er ja.«

»Bevor ich dir sage, was du tun musst, um Geschenke zu bekommen, muss ich dich aber vorwarnen, dass es das Geschenk ist, auf das es ankommt.«

»Und die Aufmerksamkeit«, wandte ich ein.

»Nein, deine Reaktion auf das Geschenk ist wichtig! Der Mann erwartet eine emotionale Reaktion, diese Anerkennung ist wichtig für alle Männer. Er will nicht nur schenken, sondern auch hören und sehen, wie sein Geschenk ankommt. Selbst wenn du im ersten Moment vergisst, dich begeistert zu zeigen, kannst du das immer noch nachholen. Besser spät als nie, wenn es um Dankbarkeit geht.«

»Aber wenn mir das Geschenk nicht gefällt, ist die Dankbarkeit unaufrichtig.«

»Allein schon, dass der Mann versucht hat, etwas Schönes für dich zu finden, verdient bereits Dankbarkeit und Bewunderung. Besonders wenn man bedenkt, wie schwierig es für einen Mann ist, sich vorzustellen, was dir gefällt. Er wird immer Angst haben, unwissentlich irgendwelchen Kitsch zu kaufen und sich vor dir zu blamieren. Deshalb ist es immer gut, ihm von Anfang an zu erzählen, wovon du träumst und was du gerne hättest. Wie schnell entscheidet sich eine Frau?«

»Sofort. Ich komme irgendwo vorbei, sehe etwas und kaufe es«, erwiderte ich in Gedanken an meine Shoppingtouren.

»Das stimmt. Und ein Mann?«

»Soweit ich gesehen habe, brauchen Männer mehr Zeit.«

»Ein Mann braucht mindestens sieben Stunden, um sich zu entscheiden. Die nächsten Intervalle sind 14 Stunden, 72 Stunden, 1 Jahr und 3 Monate, 3 Jahre und 7 Monate und so weiter. Das längste Programm läuft 12 Jahre. Aufgrund seiner Mentalität kann ein Mann sich nicht sofort auf unsere durchdachten Vorschläge einlassen. Er wird dich sofort davon überzeugen, dass dein Wunsch albern, unvernünftig, unlogisch und so weiter ist und viele Argumente anführen, warum er unmöglich ist! Hier darfst du niemals zustimmen und auf gar keinen Fall darfst du womöglich noch weinen.«

Ich hörte mit offenem Mund zu. Auf einmal wurde mir so vieles klar!

»Die erste Regel ist, dass du deine Wünsche nur erwähnen darfst, wenn du neben ihm sitzt oder liegst.«

»Ja, sie sind nicht nur albern, sondern auch schwerhörig«, stimmte ich traurig zu.

»Es ist besser, dabei links von deinem Geliebten zu sitzen, damit deine Worte besser aufgenommen werden.«

»Gut, das habe ich begriffen. Wie lautet die zweite Regel?«

»Die Aufgabe sollte sehr genau und deutlich gestellt sein. Männer mögen keine schwammigen Bitten wie ›mach mir eine Freude‹. Mit welchem Geschenk würdest du gerne anfangen?«

Ich überlegte eine Weile. Bald war Valentinstag. »Es klingt zwar banal, aber ich hätte gerne einen Diamantring. Aber das geht wohl nicht.«

»Liebes, du unterschätzt dich. Ein Gespräch mit dir ist bereits ein Geschenk, das du dem Mann machst. Du schenkst ihm Zeit, Ideen, Leidenschaft – und das alles umsonst.«

»Aber man kann ja schließlich nicht alles als Tauschhandel begreifen«, wehrte ich empört ab.

»Ohne Handel gibt es keinen Fortschritt, das hast du doch in der Schule gelernt. Andererseits klingt das zwar seltsam, aber Männer schätzen eine Frau umso mehr, je mehr sie für sie ausgeben. Stell dir vor, du bist eine Investition. Je mehr er in dich investiert, desto mehr bekommt er von der Welt zurück. Wenn du seine Geschenke annimmst, kann er sich dadurch weiterentwickeln!«

»Nehmen wir an, du hast mich überzeugt. Soll ich jetzt hingehen und sagen: ›Schenk mir doch bitte einen Diamantring zum Valentinstag!‹?«

»Nein, natürlich nicht. Aber du musst deinen Wunsch ganz genau ausdrücken: Ob du Weißgold oder Gelbgold möchtest, wie viel Karat der Diamant haben sollte – und vielleicht hast du ja deinen Wunschring schon irgendwo gesehen …«

»Ich soll ihn mir selbst aussuchen und ihm zeigen?«

»Ja, du kannst ihm auch den Katalog oder eine Anzeige zeigen. Das hängt alles von seinem Geschmack ab.«

»Ich hätte gerne einen Ring aus Roségold mit einem kleinen Diamanten. Ich glaube, ich habe so einen in einem Katalog gesehen.«

»Das klingt schon viel besser. Jetzt müssen wir noch klären, wie du deinen Wunsch ausdrückst. Das sollte nur von seinem Standpunkt aus geschehen: Sag ihm, warum es in seinem Interesse ist, dass er dir den Ring schenkt. Die dritte Regel lautet also: Sprich von deinem Wunsch in seinen Wertbegriffen.«

»Das ist doch Unsinn. Er braucht den Ring bestimmt nicht, und warum ist es in seinem Interesse, mir einen zu schenken?«, fragte ich ratlos.

»Wir wissen doch, was es für einen Mann bedeutet, Geschenke zu machen. Er tätigt eine Investition. Nun denk daran, warum das für ihn bedeutsam ist – er kann seine Großzügigkeit zeigen, seine Wichtigkeit bestätigen, seinen Geschmack beweisen und so weiter.«

»Ich bin so froh, dass ich endlich einem Mann mit einem so untadeligen Geschmack begegnet bin, und es würde mich sehr freuen, wenn du mir zum Valentinstag einen Ring aus Roségold mit einem kleinen Diamanten schenken würdest«, deklamierte ich versuchsweise und war entsetzt, wie furchtbar gestelzt das klang, aber Mila gefiel es. »Und du glaubst wirklich, dass ein Mann darauf positiver reagiert, als wenn ich einfach sage ›Schenk mir dies und jenes‹?«

»Ja, natürlich. Du hast ihm ein Kompliment für seinen untadeligen Geschmack gemacht und ihm gleich Gelegenheit gegeben, ihn zu beweisen. Versuche es und genieße deinen Erfolg.«

»Und wenn ihm der Ring zu teuer ist?« Ich wurde wieder besorgt.

»Wir sollten uns immer Geschenke wünschen, die mehr kosten, als er sich leisten kann, und so seine Komfortzone erweitern.«

»Seine Komfortzone? Was soll denn das sein?«

»Die Komfortzone ist in diesem Fall der gegenwärtige Besitzstand des Mannes: sein Auto, seine Wohnung, sein Einkommen. Die Wünsche einer Frau erweitern seine Komfortzone, deshalb besitzt ein Mann, dessen Frau sich mehr wünscht, irgendwann auch mehr. Es ist natürlich immer schwierig, über seine Komfortzone hinauszugehen, deshalb heißt sie ja auch so. Die Komfortzone ist eben komfortabel für den Betreffenden, und er möchte sie gar nicht verlassen. Aber wenn man sie nicht erweitert, dann verengt sie sich automatisch, das ist immer so, und der Betreffende verliert das, was er hat. Wenn du dir das Unmögliche wünschst, bekommst du das, was du haben willst! Deshalb ist die Bitte um Geschenke nur ein Beispiel dafür, wie man die Komfortzone eines Mannes erweitert. Dasselbe Gesetz gilt auch für die Planung der Zukunft eines Mannes, für Autos, Wohnungen – was du willst! Je mehr du von dir selbst hältst, desto besser sind die Chancen des Mannes, den Gipfel seiner Möglichkeiten zu erreichen.«

1903 ›Je mehr du von dir selbst hältst, desto mehr Chancen hat der Mann, den Gipfel seiner Möglichkeiten zu erreichen‹, dachte ich und bewunderte das Schaufenster des wunderbaren Juweliergeschäfts Fabergé. Ich bat Mark, mir bei der Auswahl eines Weihnachtsgeschenks für meine Tante zu helfen. Und hier, angesichts der Diamanten, raffte ich meinen ganzen Mut zusammen und vertraute ihm an, dass auch ich gerne ein Geschenk hätte.

»Varja, was meinst du – würde Sofija Nikolajevna sich über silberne Löffel freuen?«, fragte Mark. »Hast du schon eine Idee?«

»Schon«, lachte ich, »aber nicht für meine Tante, sondern für mich selbst. Sieh dir diesen wundervollen Stein an!«

»Ja, der ist schön«, stimmte Mark sofort zu, ohne zu fragen, ob er ihn mir kaufen solle.

Ich blieb noch eine Weile bei den Diamanten stehen, aber Mark war schon in die Silberware vertieft. Schließlich wählten wir einen eleganten Silberflakon für Duftöle aus und gingen. Ich kochte vor Zorn, versuchte aber auch, es so gut wie möglich zu verbergen. Eine Einladung zum Tee lehnte ich allerdings ab und eilte zu meiner Tante.

Rasend wie eine Furie stürmte ich ins Haus und zu meiner Tante, ohne auch nur den Mantel auszuziehen.

Sie las gerade in einem Roman.

»Warum sind alle Männer solche Schafsköpfe?«, schrie ich.

»Was ist denn passiert? Beruhige dich doch. Tief durchatmen. Was ist los?« Meine Tante blieb unerschütterlich wie immer.

»Ich habe alles getan, was du mir beigebracht hast: Ich habe Mark zu einem Juwelier geführt und ihm einen Ring gezeigt; er hat gesagt, es sei ein schöner Ring – und dennoch hat er keine Anstalten gemacht, ihn mir zu kaufen.«

»Denke daran, wie lange ein Mann braucht, um sich zu entscheiden! Sprich die Sache in drei Tagen noch einmal an.«

»Und was soll ich dann sagen?«

»Es kommt nicht darauf an, was du sagst, sondern was du fühlst! Du musst in dir fühlen, dass du alle Diamanten der Welt wert bist! Du solltest lernen, die Liebe zu akzeptieren, die sich in einem Geschenk äußert. Wenn du nicht wirklich selbst glaubst, dass du dieser Liebe wert bist, dann wirst du nie so weit kommen, dass dir alle Reichtümer der Welt zu Füßen gelegt werden, nur weil es dich gibt, weil du lebst, atmest und lachst.«

Ich wollte schon widersprechen, als ich tief in meinem Herzen verstand, dass meine Tante Recht hatte; ich war eigentlich selbst nicht davon überzeugt, dass ich diesen Diamanten verdiente. Ich schaute meine Tante an.

»Wir führen jetzt das Ritual des Füllhorns durch. Davor müssen wir allerdings deinen Ärger darüber loslassen, dass du von der Welt keine Geschenke bekommst. Du bist einfach noch nicht bereit, die Welt kann nichts dafür.

Wir stellen uns aufrecht hin, die Beine schulterbreit auseinander. Beim Ausatmen nehmen wir die Hände auseinander, heben sie über den Kopf, atmen ein und strecken die Daumen aus; damit zeigen wir der Welt, dass alles in Ordnung ist. Wir denken an die Beleidigung, die wir von der Welt empfangen haben, und drehen die Daumen nach unten; wir packen die Beleidigung, wobei wir die Daumenspitzen in Höhe der Magengrube aneinanderlegen, und heben sie entlang der Mittellinie, der Straße des Lebens, nach oben. Wir atmen tief ein, atmen von oben her aus, wobei wir ›HOH‹ sagen, und werfen dabei die Beleidigung ab, heben die Daumen nach oben, sagen der Welt, dass wir alles nur Denkbare wert sind, und danken ihr für ihre Großzügigkeit. Und die Welt öffnet ihr Füllhorn über uns. Wir legen unsere Finger zusammen und schaffen damit ein Füllhorn, das uns zugewandt ist. Wir stellen uns deutlich vor, was in unser Leben eintritt: alle Gaben, alle Geschenke. Wir verschränken unsere Finger,

klopfen uns auf den Kopf und schwimmen im Überfluss der Welt;
wir stellen uns vor, wie die Welt uns mit Diamanten überschüttet.«

2004 Ich stand gerade mitten im Zimmer und stellte mir vor, wie Matvej mich mit Diamanten überschüttete, als plötzlich das Telefon klingelte. Ich erschauerte, als ich Matvejs Stimme hörte.

»Was macht denn das charmanteste Mädchen der Welt gerade?«

»Ich stelle mir gerade vor, wie der großzügigste Mann der Welt mich mit Diamanten überschüttet!«

»Kenne ich den?«

»Ja, und zwar ziemlich gut! Bist du gerade in St. Petersburg?« Ich wechselte das Thema, weil ich mich erinnerte, dass man den Mann nur um Geschenke bitten soll, wenn man ihm nahe ist und nicht aus einer Entfernung von tausend Kilometern.

»Nein, ich bin noch in Moskau, aber morgen komme ich! Können wir uns am Mittag treffen?«

»Das wird dich einiges kosten!«, versuchte ich zu scherzen.

»Alle Diamanten der Welt etwa?«, fragte Matvej erschrocken.

»Das besprechen wir, wenn du da bist.« Ich war ziemlich zufrieden mit mir selbst, legte auf und fing an zu planen, wie ich die Gelegenheit am besten herbeiführte. Ich wollte Spontaneität und Natürlichkeit, stattdessen berechnete ich jeden meiner Schritte im Voraus.

Am nächsten Mittag war der Plan dann komplett ausgearbeitet. Man kann einem Mann ja nicht einfach befehlen, irgendwohin aufzubrechen und irgendetwas zu bringen. Das funktioniert nur in den russischen Märchen; im wirklichen Leben wird der Mann von solcher Unbestimmtheit geradezu gelähmt. Ich nahm mir also bei einem Juwelier einen Katalog mit Ringen mit. Mir gefielen ziemlich viele davon, also wollte ich Matvej doch die endgültige Auswahl überlassen. Und ich opferte heldenhaft einen ganzen Abend dafür, Pelmeni, sein Lieblingsgericht, zu kochen.

»Wohin gehen wir denn zum Essen?«, war seine erste Frage.

›Hungrige Männer können einem Angst machen‹, dachte ich und sagte laut: »Ich habe eine leckere Überraschung für dich, also gehen wir zu mir.«

»Ich sehe schon, das wird verdammt teuer«, beklagte er sich.

»Du kannst es dir doch leisten«, erwiderte ich mit einem Satz, den ich irgendwo gelesen hatte.

Wir hatten fast die Vasilijevskij-Insel erreicht, als sein Telefon klingelte.

»Lara, ist die Bolshaja-Morskaja-Straße weit von hier? Ich muss da ein paar Dokumente abholen. Und dann gehen wir deine Überraschung essen. Ich hoffe nur, dass ich vorher nicht verhungere.«

»Wir müssen nur einen kleinen Abstecher machen.«

Wir hielten am Gewerbezentrum in der Mitte der Bolshaja-Morskaja-Straße. Matvej ging seine Dokumente holen, und ich schaute mir gelangweilt die Fassaden an. Plötzlich landete mein Blick auf einem alten grauen Gebäude auf der anderen Straßenseite. Es trug ein altes Fabergé-Zeichen und darunter ein neues Ladenschild *Jachont*. Spontan beschloss ich, einen Blick hineinzuwerfen; ich erinnerte mich an die Beschreibung dieses Geschäfts im Tagebuch meiner Urgroßmutter.

Es war, als sei ich ein Jahrhundert in der Zeit zurückgereist, als ich die Auslage betrachtete. Eine Halskette aus Silber und Türkisen fesselte mich sofort. Ich staunte über ihre Eleganz, und plötzlich wurde mir klar, dass sie perfekt zu meinem türkisfarbenen Kleid passen würde. Fasziniert kehrte ich zum Wagen zurück, wo Matvej mich bereits erwartete.

»Du siehst aus, als ob du die Verkörperung deiner Träume gesehen hättest«, bemerkte er.

»Gut geraten. Ich habe die Halskette meiner Träume gesehen. Vielleicht kaufe ich sie mir«, sagte ich automatisch und ärgerte mich sofort, dass ich ihm keine Chance gegeben hatte, sie mir zu schenken. Ich musste ja immer alles selbst entscheiden. Es ist sehr schwierig, seinen Unabhängigkeitsdrang loszuwerden; er taucht immer in den unpassendsten Momenten auf. Mein sorgfältig ausgearbeiteter Plan war hinfällig. Um den Ring aus Roségold zu bitten, hatte ich gar keine Lust mehr. Diese Gedanken gingen mir so schnell durch den Kopf, dass Matvej nichts auffiel.

Die Pelmeni waren mir perfekt gelungen, und Matvej brach fast schnurrend vor Zufriedenheit auf dem Sofa zusammen. Ich setzte mich links neben ihn und schnurrte ebenfalls: Bald sei ja Valentinstag, sagte ich, und ich hätte gerne etwas, das mich an ihn erinnerte ...

»Was möchte denn mein Mädchen?«, fragte Matvej nachsichtig.

»Erinnerst du dich an die Halskette, die ich entdeckt habe, als du die Papiere holen warst?«

»Ja, es ist sehr gefährlich, ein kleines Mädchen alleine zu lassen. Sie finden immer etwas, das sie in die Irre führt.« Matvej grinste, aber ich beschloss, ernst zu bleiben.

»Ich könnte es mir natürlich selbst kaufen, aber es wäre so viel schöner, es von dir zum Valentinstag zu bekommen. Ich bin so froh, einen so großzügigen Mann kennengelernt zu haben!« Gleichzeitig dachte ich: ›Was rede ich hier eigentlich für einen Unsinn?‹

Matvej dachte nach und schwieg. Ich weiß nicht, woran er gedacht hat, aber das Geschenkeprogramm war anscheinend erfolgreich installiert.

1903 ›Das Geschenkeprogramm wäre installiert‹, dachte ich, während ich mich in Marks Umarmungen langsam wieder aufwärmte.

Wir waren am Wochenende nach Peterhof hinausgefahren, um uns am traditionellen russischen Wintervergnügen der Verteidigung einer Schneefestung zu beteiligen. Die Festung bestand aus Schneequadern und stand mitten im Park; sie glitzerte in der Sonne. Wir schlossen uns den Verteidigern an. Lachen und Frauenkreischen schufen eine entspannte und sorglose Stimmung. Die Wogen des Kampfgeists schlugen hoch, und die Festung wurde mit einem

Hagel von Schneebällen überschüttet. Wir Verteidiger versuchten, einen Ausfall mit Gegenangriff, aber laut den Regeln muss jeder, der von drei Schneebällen getroffen wird, ausscheiden, und so lichteten unsere Reihen sich schnell. Ich versuchte, den Schneebällen auszuweichen, aber ein überraschend heftiger Treffer ins Gesicht warf mich buchstäblich um, und unwillkürlich schossen mir die Tränen in die Augen. Mark brauchte einige Sekunden, um zu bemerken, was geschehen war. Dann hörte die fröhliche Schlacht sofort auf, und er eilte zu mir.

»Liebes Mädchen, ist alles in Ordnung?«, fragte er besorgt, streichelte meinen Kopf und nahm mich in die Arme. Ich schluchzte ein bisschen, vergaß aber den Schneeball sofort und genoss seine Umarmung.

»Varja, wie kann ich dich trösten?«

Ich erinnerte mich an den Ratschlag meiner Tante, lächelte unter Tränen und brachte undeutlich hervor: »Ein Kuss und ...«, ich überlegte, »vielleicht etwas, das mich an diesen Tag erinnert, ein Kristall so klar wie Eis.« Ich hoffte, Marks Vorstellungskraft würde ausreichen, um ihm einen Diamanten zu suggerieren. Jetzt musste ich nur noch warten, bis das Programm abgelaufen war.

2004 Jetzt musste ich warten, bis das Programm abgelaufen war. Matvej fuhr nach Moskau zurück, und ich hatte keine Ahnung, ob er mir die Halskette schenken würde. Ich hatte eigentlich schon entschieden, dass ich sie mir lieber selbst kaufen als ›auf die Gunst der Natur warten‹ wollte. Außerdem nahte der Jahrestag unserer ersten Begegnung, und es sah so aus, als würde Matvej ihn, wie es sich für Männer gehört, vergessen. Ich setzte mich also hin und schrieb ihm eine E-Mail, in der ich fragte, ob er am 14. Februar schon irgendetwas vorhabe. Die Antwort bestätigte meine Vermutungen und bestand aus einer Frage: »Was passiert denn am 14. Februar?« Ich musste ihn sanft an den Valentinstag erinnern, außerdem daran, dass ich ungeduldig sein Geschenk erwartete und auch selbst eines für ihn vorbereitet hatte.

Wir verabredeten uns zur Feier des Tages der Liebenden im Restaurant Ginza in St. Petersburg. Ich war ziemlich ängstlich, als es so weit war. Leiser Jazz spielte im Hintergrund, Kerzen brannten. Ich trug ein silbernes Kleid mit kleinen türkisfarbenen Vergissmeinnichtblüten, die im Kerzenlicht glitzerten. Mein Haar war schmucklos und betonte meinen langen Hals. Wir stießen auf den Valentinstag an, und dann zog Matvej eine kleine Schachtel hervor. Ich freute mich, dass er an ein Geschenk gedacht hatte; auf einmal war es nicht mehr so wichtig, was es eigentlich war. Ich öffnete es und war sprachlos – die elegante Silberkette mit den Türkisen war sogar noch schöner als in meiner Erinnerung.

»Stell dir vor, mein Fahrer hat sie extra vom Flugzeug aus Sverdlovsk abgeholt! Als ich nämlich in den Juwelierladen kam, um die Kette zu kaufen, war sie schon weg. Ich konnte sie aber nachbestellen, und letzte Woche sollte sie fertig sein. Aber es ging wie immer irgendetwas schief und erst gestern kam der Anruf. Der Juwelier entschuldigte sich, die Zeit reiche leider nicht mehr, es mit der Post aus Sverdlovsk kommen zu lassen. Ich machte also einen Bekannten ausfindig, der dort wohnt, und bat ihn, die Kette per Luftfracht zu schicken, und ich ließ sie dann mitten in der Nacht am Flughafen abholen!«

Ich hörte atemlos zu und flüsterte: »Du bist unglaublich! Ich kann mir gar nicht vorstellen, wie du das alles organisiert hast! Wie hast du dir gemerkt, dass ich diese Kette haben wollte?«

Matvej lächelte nur nachsichtig.

»Das ist das schönste Geschenk meines Lebens; nur du mit deinem untadeligen Geschmack konntest so etwas Wunderbares aussuchen«, erklärte ich.

»Also schön.« Matvej räusperte sich. »Wenn ein Mann so viel Zeit und Geld für eine Frau aufwendet, bedeutet das wohl, dass er verliebt ist.«

1903 »Wenn ein Mann Zeit und Geld für eine Frau aufwendet, heißt das, dass er verliebt ist!«, erklärte Mark feierlich. Im Kamin brannte ein Feuer und erfüllte den Raum mit Pinienduft. Wir saßen am Esstisch und feierten das Silvesterfest. Die Uhr schlug zwölf und Mark bat mich, die Augen zu schließen. Ich fühlte einen Stein auf meiner Haut und eine Schließe in meinem Nacken. Seit Jahrtausenden legen Männer ihren Geliebten Halsketten an, und seit Jahrtausenden schmelzen die Frauen dabei dahin.

Bevor ich ausgegangen war, hatte ich meine Tante mit Fragen gelöchert, was ich tun solle, falls Mark mir etwas schenkte. Sollte ich es einfach annehmen und ganz selbstverständlich »Danke« sagen, oder sollte ich ihm vor Freude um den Hals fallen? Ich hatte es satt, alles so genau vorauszuplanen, aber ich wollte auch keinen Fehler begehen. Um selbstsicher zu bleiben, besprach ich lieber alles vorher mit meiner Tante.

»Jeder Mann erwartet eine emotionale Reaktion auf seine Geschenke, und zwar gleichgültig, ob es sich um eine Nippsache oder ein Haus handelt. Ein Mann möchte sehen, hören und spüren, dass er Freude spendet und die Erwartungen seiner Geliebten erfüllt.

Alle Männer weltweit erwarten eine solche Anerkennung. Eine Anerkennung ihrer Verdienste! Beifall und Applaus, selbst wenn er nur von einer Frau kommt. Wir vergessen oft auszusprechen oder zu zeigen, wie sehr wir es anerkennen, was der Mann für uns tut! Wir freuen uns, dass er sich um uns kümmert und sich für uns anstrengt, uns Freude macht und Geschenke bringt. Zögere nicht, dich immer wieder zu bedanken, damit er sieht, wie sehr du dich über seine Mühen freust!«

Die Anweisungen meiner Tante klangen mir immer noch in den Ohren, als ich in Marks Haus eintraf, wo wir die Silvesternacht verbringen wollten. Er war ein bisschen verlegen und sehr feierlich, als er mich an der Tür empfing. Wir nahmen im Speisezimmer mit seinen Eichenpaneelen Platz, und stumme Dienstboten trugen immer neue Gerichte herein.

Schlag Mitternacht legte er mir dann die Halskette um! Ich wartete noch auf einen Ring, war direkt etwas verwirrt, weil er ausblieb, und wagte die Augen nicht zu öffnen.

»Varja, du darfst die Augen wieder öffnen!«, lachte Mark schließlich. »Du siehst aus wie ein Kind, das auf ein Wunder wartet!«

Ich schlug die Augen auf und eilte zum Spiegel. Der große dreieckige Diamant, elegant geschliffen, funkelte im Kerzenlicht! Ich war sprachlos vor Staunen und brachte kein Wort hervor. Und ich überlegte fieberhaft, ob ich ein so wertvolles Geschenk überhaupt annehmen sollte ... Meine Tante hatte mir allerdings befohlen, mich über jedes Geschenk zu freuen, also drehte ich mich, immer noch wie betäubt ob der Schönheit und Kostbarkeit des Steins, zu Mark um und sah ihn an. Eine Mischung aus Freude, Bewunderung und Dankbarkeit strahlte aus meinen Augen.

»Mark, er ist so wunderschön, dass mir die Wort fehlen!« Dann fiel ich ihm um den Hals. In einer anderen Situation hätte das vielleicht unpassend gewirkt, aber auf einmal war es genau das Richtige. Mark brach in ein frohes Lächeln aus und flüsterte:

»Du bist ja wie ein Kind, das endlich sein so langersehntes Spielzeug bekommen hat! So also fühlt sich der Weihnachtsmann! Das gefällt mir ziemlich gut; ich könnte dir die ganze Welt schenken!«

»Die brauche ich nicht – du bist genug für mich!«, erwiderte ich lachend. »Ich werde allerdings über dein Angebot nachdenken.«

»Ich glaube, du brennst vor Begierde, dein Geschenk vorzuführen. Wir sollten jetzt unbedingt zum Ball aufbrechen!«, sagte Mark und ließ die Kutsche vorfahren.

›Wahrscheinlich willst du deine Großzügigkeit demonstrieren‹, dachte ich, ›und die Leidenschaft in meiner Antwort hören – und davon überzeugt werden, dass du Anerkennung genießt!‹

KAPITEL 18:
Eine Überraschung
nach der anderen

2004 Es ist wichtig für einen Mann, sich anerkannt zu fühlen. Am nächsten Tag war ich davon völlig überzeugt. Einer unser Partner rief mich auf der Arbeit an und beklagte sich tatsächlich nahezu hysterisch, dass er einfach keine Anerkennung bekomme, nur weil ich phrasenmäßig gefragt hatte »Wie geht's Ihnen?«. Es war ein Schrei aus der Tiefe seiner Seele! Ich beschloss, Matvej einen Brief zu schreiben, in dem ich ihm ausdrücklich klarmachte, wie sehr ich mich über die Türkishalskette freute.

»Es wird Zeit, unsere Beziehung ans Ziel zu bringen«, überlegte ich, »wir sind jetzt schon fast ein Jahr zusammen!«

Gestern war ein komplett außergewöhnlicher Tag! Nach dem Restaurantbesuch gingen wir in den Kotshubej-Palast in Pushkin. Er ist vor längerer Zeit restauriert worden und nun ein Luxushotel. Ich hatte ein Zimmer im französischen Stil ausgewählt und gefragt, ob ich meine Vasen und meinen CD-Spieler mitbringen könne und Kerzen, Champagner und Obst aufs Zimmer bestellt. Das Personal fand meine Vorbereitungen offenbar ziemlich interessant.

Bevor das Essen serviert wurde, ging ich meine Vorbereitungen noch einmal durch. Rosen und Kerzen schwammen in Wasserschalen, das Bett war mit dunkelroten Seidenlaken bezogen, die Luft von einem Jasminduft erfüllt (französisches Parfüm war schwierig aufzutreiben) und die CD mit französischer Musik wartete im CD-Spieler.

»Wohin bringst du mich denn?«, fragte Matvej, als das Boot anlegte und wir ins Auto stiegen.

»Nach Frankreich!«, erwiderte ich leichthin.

»Ich habe meinen Reisepass nicht dabei!« Matvej wurde langsam nervös.

»Das war nur ein Scherz. Es geht nach Pushkin, aber für eine französische Nacht.«

»Und was erwartet mich dort?«

»Die Spiele der Madame de Pompadour!«

»Ich kann aber kein Französisch!«, warnte mich Matvej.

»›Je t'aime‹ kannst du bestimmt. Mehr brauchst du nicht.«

»Und was heißt das?«, fragte er vorsichtig.

»Ich liebe dich!«, übersetzte ich und fürchtete, er werde womöglich nicht mitmachen.

Aber offenbar wirken Liebeserklärungen in Fremdsprachen nicht so ernsthaft und bedeuten einem Mann fast nichts. »Ich liebe dich« kann er in drei Fremdsprachen leichter sagen als in seiner Muttersprache. Und so wiederholte Matvej ohne Zögern: »Je t'aime!«

Nach der Französischstunde waren wir schnell in Pushkin angekommen. Weil es bereits spät war, waren die Straßen ziemlich leer.

Im Hotel bat ich Matvej, die Anmeldung zu erledigen, während ich ins Zimmer vorauseilte, die Kerzen anzündete und die französischen Chansons einschaltete. Dann war es so weit. Einige Sekunden stand Matvej einfach nur still da.

»Öffnest du bitte den Champagner?«, fragte ich und verschwand ins Badezimmer. Dort legte ich prächtige schwarze Spitzendessous, einen Strumpfhaltergürtel und Strapse an, warf mir einen schwarzseidenen Bademantel über und setzte eine dunkle Perücke auf. ›Echt französisch‹, dachte ich und vervollständigte das Kostüm mit einem Schönheitsfleck auf der Wange.

»Kennst du schon die drei Lieblingsdinge der Franzosen?«, fragte ich Matvej, als ich wieder herauskam.

»Was denn?« Matvej sah mich blinzelnd an.

»Champagner davor und Kaffee danach!«

»Dann lass ihn uns zusammen trinken!« Und Matvej, das Glas in der Hand, zog mich an sich und teilte unter Küssen den Champagner mit mir. Ich wollte eigentlich gerne, dass die Küsse immer weitergingen, aber ich drehte die Musik lauter und begann zu tanzen, wobei ich Matvej mit einem Fächer aus roten Straußenfedern sanft streichelte. Er umarmte mich und flüsterte: »Je t'aime!« Dann riss er mir die Unterwäsche herunter und begann, mich mit dem Fächer zu streicheln. Die kühle Seide und die sanfte Liebkosung mit dem Fächer trugen mich davon auf das Meer der Lust ... Dann lagen wir eng umschlungen im Bett, und in meinem Herzen wartete ich darauf, dass Matvej mir seine Liebe gestehen und vielleicht sogar um meine Hand anhalten würde, aber ich wartete vergeblich – die magischen Worte blieben aus.

1904 »Die magischen Worte sind ausgeblieben«, erklärte ich traurig, als ich vom Ball zurückkam. Meine Tante hob die Augenbrauen und wartete auf den Rest der Erzählung.

Der Ball hatte alle meine Erwartungen übertroffen. Der strahlende Diamant verstärkte das Funkeln meiner Augen und die Männer drängten sich um mich. Mark flüsterte mir zu, das Begehren der anderen Männer mache mich nur umso begehrenswerter für ihn. Ich schwebte von einem Verehrer zum nächsten und lauschte den Streichern. Insgeheim hoffte ich, Mark werde den richtigen Moment finden, mir seine Liebe zu gestehen und eventuell sogar um meine Hand anzuhalten. Zum Abschluss des Balls wurde im Innenhof des

Palais ein großartiges Feuerwerk abgebrannt, und die Gäste strömten nach draußen. Mark umarmte mich von hinten und küsste mich sanft aufs Ohr, sagte aber kein Wort! Vielleicht fand er die Situation doch zu unpassend, oder er war noch nicht bereit?

»Da wirst du kaum eine vernünftige Erklärung finden. Wenn ein Mann etwas will, dann tut er es. Warum ist das für dich so schwer zu akzeptieren, warum hältst du dich mit Illusionen auf und suchst eine Begründung nach der anderen für sein Zögern?«, warf mir meine Tante vor.

»Was soll ich denn tun?«, fragte ich verwirrt und einem Tränenausbruch nahe.

»Nicht weinen«, versuchte mich meine Tante zu beruhigen. »Im Grunde hast du Recht; für den Mann ist es ein großer Schritt, um deine Hand anzuhalten. Er weiß ja, dass er für dich verantwortlich ist, sobald er dir den Ring an den Finger steckt. In der guten alten Zeit gab es daher keine Intimitäten vor der Hochzeit. Ihre Zurückhaltung steigerte das Verlangen des Mannes und brachte ihn schneller vor den Altar.«

»Jetzt verstehe ich gar nichts mehr! Du hast mir gesagt, dass der Mann nach drei bis sechs Begegnungen ausgebrannt sei. Und jetzt sagst du, die erste Nacht mit ihm dürfe überhaupt erst nach der Hochzeit stattfinden. Was ist denn nun richtig?«

»Das ist doch bloß ein Ideal, Liebes. Männer sind träge Geschöpfe, wie du weißt, und sie brauchen Zeit, um sich zu verlieben, genauso wie für jede andere Entscheidung auch. Auch wenn eine Frau vielleicht beim ersten Anblick weiß, dass ein Mann der Richtige für sie ist – bei ihm dauert das länger. Er braucht etwa drei Monate, am besten ohne Sex, um seine Gefühle zu spüren. Das ist eine Art Probezeit für ihn. Dem Nächsten wirst du dich erst in der Hochzeitsnacht hingeben.«

»Wie? Dem Nächsten? Was meinst du damit?«

»Mark ist nicht der richtige Mann für dich, und deswegen habe ich dir erlaubt, die Nacht mit ihm zu verbringen.«

»Er ist nicht der richtige Mann für mich?« Ich verstand nun gar nichts mehr und wurde immer verwirrter. »Und dann habe ich ein ganzes Jahr darauf verwendet, die Beziehung mit ihm aufzubauen? Wozu das alles?« Ich sah meine Tante forschend an.

»Damit du lernst, wie man eine Beziehung richtig anfängt, wenn du den Richtigen triffst! Denn wenn du wirklich deine andere Hälfte triffst, dann solltest du keinen Fehler mehr machen.«

»Und wann werde ich den treffen, der für mich gemacht ist?«, fragte ich vorsichtig.

»Erst wenn du viele andere Männer getroffen hast, wirst du demjenigen begegnen, der vom Universum für dich vorgesehen ist«, erwiderte meine Tante geheimnisvoll.

»Meine Güte, tausende Frauen treffen den Richtigen ohne Probleme. Wieso soll das für mich so schwierig sein?«

»Wer viel hat, muss viel geben«, sagte meine Tante philosophisch. »Und warum glaubst du, dass so viele Frauen ihre wahre Liebe finden? Sie bleiben einfach mit dem erstbesten Mann zusammen, der ihnen Aufmerksamkeit erweist, und suchen dann den Rest ihres Lebens unerreichbares Glück. Sie geben sich mit einem Ersatzglück statt mit der wahren Liebe zufrieden. Wir haben die Wahl, und die Frau ist ganz allein verantwortlich für die Welt, in der sie lebt.« Meine Tante schwieg und fuhr dann in normalerem Tonfall fort: »Und die Erschaffung dieser Welt beginnt mit dem Klang der Hochzeitsglocken. Wenden wir uns also wieder der Ehe zu, genauer gesagt, wie man es anstellt, einen Heiratsantrag zu bekommen!

Du solltest Mark dazu bringen, dir einen Antrag zu machen, und dann entscheidest du, wie du weiter vorgehst. Vielleicht irre ich mich nämlich auch und er ist doch der Richtige für dich.«

»Da bin ich ganz sicher!«, verteidigte ich meine romantischen Vorstellungen.

2004 »Da bin ich mir immer noch sicher!«, erwiderte ich auf Aniskas Frage hin, ob ich Matvej immer noch heiraten wolle. Ich hatte ihn zum Flugzeug nach Moskau gebracht und beeilte mich jetzt, meinen Freundinnen sein Geschenk zu zeigen und mich dann zu beklagen, dass er mir keinen Antrag gemacht hatte.

»Vielleicht ist das alles ganz unwichtig und ihr müsst doch nicht heiraten! Trefft euch einmal pro Woche, das ist doch am bequemsten für euch beide«, riet Aniska zweifelnd. »Vielleicht ist eine offene Beziehung ja das Beste in diesem Fall?«

»Für den Mann schon!« Ich zog ein Gesicht. »Er wird bekocht, umsorgt, Sex gibt es auch und auf diese Weise bekommt er die Energie, um seine Ziele zu erreichen, wie wir ja gelernt haben. Und was macht er dann? Eines Tages verschwindet er und vergisst sogar, sich zu bedanken. Er bekommt alles und für dich bleibt nichts. Wenn du seine Ehefrau wärst, könntest du wenigstens die Hälfte des Vermögenszugewinns beanspruchen ...«

»Eben.« Aniskas Verstand war offenbar wieder da. »Genau wie in meiner Beziehung mit Vitalik. Als ich ihm begegnete, war er 25 und ich ein Jahr jünger. Wisst ihr noch – er arbeitete damals als Plakatkleber! Drei Monate später wohnte er bei mir. Ich nahm ihn mit zu meiner Stylistin, kleidete ihn neu ein, inspirierte und unterstützte ihn und verschaffte ihm eine Stelle in meiner Firma. Nach drei Jahren eröffnete er seine eigene Werbeagentur, kaufte sich ein Auto, eine Wohnung und war ganz stolz darauf – und dann zog er alleine dort ein. Und jetzt? Er ist 29, jung und reich. Ich bin 28, also noch nicht alt, aber auch kein junges Mädchen mehr, und alle Männer fragen mich interessiert, ob ich verheiratet bin. Ich habe vier Jahre an diesen Mann verschwendet, und wozu? Sicher, ich verdiene selbst gut, aber es ist doch manchmal schön, sein Leben zu teilen.«

»Du hast Recht. Das Problem ist, dass ein Mann ohne Heiratsurkunde einfach nicht anerkennt, was er für eine Verantwortung gegenüber der Frau hat. Er nimmt seine Verpflichtungen nicht ernst und teilt seine Erfolge nicht mit ihr. Wirklich traurig ist aber, dass wir das durchgehen lassen. Männer sind immer das, was wir ihnen zu sein erlauben«, schloss ich. Plötzlich hatte ich eine Idee: »Vielleicht sollte ich ihn herausfordern und ihn irgendwie provozieren?«

1904 »Du musst ihn herausfordern und provozieren!« Die Augen meiner Tante hatten verdächtig zu leuchten begonnen.

»Wie denn?«, fragte ich träge und deprimiert.

»Wenn der Mann dir nach einem Jahr noch keinen Antrag gemacht hat, wird es Zeit für drastische Mittel«, erklärte meine Tante.

»Warum erst nach einem Jahr?«, fragte ich geistesabwesend.

»Ungefähr ein halbes Jahr lang siehst du ihn dir genau an und überlegst, ob er der Vater deiner Kinder sein kann. Falls ja, bringst du ihn sanft, aber beharrlich dazu anzuerkennen, dass du nur als seine Ehefrau mit ihm zusammenbleibst, nicht als Liebhaberin. Macht er den entscheidenden Schritt nicht, um deine Hand anzuhalten, dann ist es möglich, dass du ihn verlierst. Manchmal kommt er aber auch einfach nicht darauf, was du von ihm erwartest, und dann musst du es ihm klarmachen.« Meine Tante plante offensichtlich etwas.

»Wann triffst du dich das nächste Mal mit Mark?«, fragte sie.

»Übermorgen. Warum?«

»Dann haben wir noch ausreichend Zeit. Du fährst ja erst in zwei Wochen nach Paris.«

»Ich fahre nach Paris?«, fragte ich erstaunt. »Bist du meiner Gesellschaft schon müde?«

»Meine Güte, das hat nichts mit mir zu tun. Natürlich reist du nach Paris, und zwar für immer!« Meine Tante sah mich scharf an. »Verstehst du immer noch nicht? Wir müssen Mark das Gefühl geben, dass er dich für immer verliert, wenn er jetzt nicht die Gelegenheit ergreift und sich dir erklärt. Aber bedenke, dass es dann keinen Weg zurück gibt. Wenn er dir keinen Antrag macht, kehrst du frühestens in einem Jahr nach St. Petersburg zurück.« Fröhlich fügte sie hinzu: »Es wird Zeit, sich um die Franzosen zu kümmern, damit du noch einen Stein für dein Diadem bekommst.«

»Und sollte ich ihm davon erzählen?«

»Ja, du wirst ihm sagen, dass der Notar, der deine Erbschaftsangelegenheiten in Frankreich regelt, dir geschrieben hat, und dass du in zwei«, dieses Wort betonte sie stark, »Wochen abreisen und wohl kaum nach Russland zurückkehren wirst.«

»Aber wenn er nicht widerspricht und mich nicht aufhalten will?«

»Dann ist zumindest klar, dass du deine Zeit nicht mehr an ihn verschwenden musst. Wenn er nach einem Jahr nicht zur Heirat bereit ist, dann wird diese Beziehung zur Qual für dich. Der Mann gewöhnt sich daran, dass er alles von dir haben kann, und legt keinen Wert darauf, dich vor den Altar zu führen. Der Mann sollte seine Chance haben, aber du auch! Vertue deine Zeit nicht mit leeren Hoffnungen.«

2004 »Vertue deine Zeit nicht mit leeren Hoffnungen«, ermahnte ich mich selbst bei den Vorbereitungen für eine Geschäftsreise nach Moskau. Mein Plan war bis in die allerkleinsten Details ausgearbeitet. Heute im Restaurant würde ich einen letzten Versuch unternehmen, unsere Beziehung auf eine neue Ebene zu heben. Wenn ich dann immer noch keinen Erfolg hätte, dann ... nun, dann würde ich einen anderen Mann finden, und zwar einen besseren!

Ich hatte sehr lange darüber nachgedacht, welches Kleid ich anziehen sollte, und mich für das hellorangefarbene mit den grünen und weißen Blüten entschieden. Es wirkte sehr chinesisch, gleichzeitig züchtig und aufreizend, auffallend und elegant. In diesem Kleid und den langen Ohrringen mit den grünen Steinen und auf hohen Absätzen wirkte ich wie eine exotische Blume!

»Du siehst wunderbar aus heute!«, begrüßte mich Matvej.

»Dankeschön.« Wir setzten uns an einen kleinen Tisch. Ein niedlicher Kellner schaute mir tief in die Augen und fragte nach meinen Wünschen. Trotz Matvejs Anwesenheit hätte ich am liebsten geantwortet: »Dich!« Doch stattdessen bestellte ich dann doch nur Gazpacho und Shrimps.

»Wie geht es dir?«, fragte Matvej anteilnehmend.

»Viel zu gut!«

»Wieso zu gut?«

»Stell dir vor, meine alte Flamme hat mich wieder ausfindig gemacht. Wir haben uns vor drei Jahren getrennt, als er beruflich nach Amsterdam gegangen ist.«

»Was wollte er denn?«, fragte Matvej misstrauisch.

»Er glühte vor Leidenschaft und hat behauptet, er habe zwar inzwischen eine Menge Mädchen kennengelernt, sei aber zu dem Schluss gekommen, es gebe keine bessere Frau für ihn als mich«, erzählte ich, ganz erstaunt über meine eigene Vorstellungskraft und den überzeugenden Klang meines Märchens.

»Und?« Matvej wirkte angespannt.

»Er hat das ganze Dachrestaurant des Grandhotels gebucht. Nur für mich! Als ich ankam, war es mit Blumen und Luftballons dekoriert, romantische Musik spielte und auf einem Podest stand ein Tisch für zwei.«

»Das ist zu viel!«, erklärte Matvej verächtlich.

»Aber es war so romantisch!«, behauptete ich und tat, als tauche ich nur mühsam aus einer schönen Erinnerung auf.

»Reiche Leute haben einen seltsamen Geschmack«, sagte Matvej ärgerlich. »Und was wollte er?«

»Er hat mir einen Heiratsantrag gemacht«, antwortete ich so ruhig wie möglich und versuchte dreinzublicken, als passiere mir das jeden zweiten Tag. ›Verstellung ist etwas Wunderbares‹, dachte ich.

»Und was hast du geantwortet?« Matvej klang gleichgültig.

»Erst muss ich darüber nachdenken, ob ich den heirate, der mir einen Antrag macht, oder den, den ich liebe.«

»Und der, den du liebst, macht dir keinen Antrag?« Matvej stellte sich dumm.

»Noch nicht, aber er hat noch zwei Wochen Zeit. Dann kehrt Artem nämlich nach Amsterdam zurück und möchte mich gerne mitnehmen und heiraten«, fuhr ich fort. Jetzt hatte ich alle Brücken hinter mir abgebrochen. Wenn Matvej sich in den nächsten zwei Wochen nicht rührte, würde ich tatsächlich irgendeinen Mann engagieren und eine falsche Hochzeit inszenieren müssen, wurde mir klar.

»Möchtest du das denn auch gerne?« Matvej sah mich forschend an.

»Heiraten? Warum nicht? Wir würden in Amsterdam wohnen, und Artem ist ein liebevoller Mann. Am wichtigsten ist aber, dass er mich wirklich mag. Meine Urgroßmutter hat gesagt: ›Heirate, sooft du gefragt wirst.‹«

1904 »Heirate, sooft man dich fragt«, hatte meine Tante gesagt. Wenn ich nun aber gar nicht gefragt werde?

Eine Woche war vergangen, seit ich Mark von der bevorstehenden Reise nach Frankreich wegen meiner Erbschaft erzählt hatte. Ich hatte ihm auch gesagt, dass ich vermutlich niemals nach St. Petersburg zurückkehren würde. Mark wurde nervös, fragte aber nur nach dem Datum meiner Abreise. Da musste ich mich wohl oder übel festlegen und nannte ihm ein Datum.

»Du willst also wirklich abreisen?«, fragte er mich in der kleinen Jagdhütte, in die er mich über das Wochenende eingeladen hatte. Die Hütte war luxuriös eingerichtet und sehr behaglich. Wir saßen vor dem Kamin und steckten einander frische Erdbeeren in den Mund sowie schwarzen Kaviar. Dazu tranken wir Met.

»Nichts und niemand hält mich in St. Petersburg«, sagte ich traurig.

»Ich glaube, ich halte dich ziemlich fest«, lachte Mark und umarmte mich. Ich genoss die Wärme seiner Arme, und der Met machte mich schläfrig. Mir fiel gar nicht auf, dass wir langsam auf den Fußboden rutschten und auf einem Bärenfell landeten. Mark löste vorsichtig seine Umarmung und deckte mich mit einem Nerzmantel zu. Dann entschied er aber, dass eine Schönheit wie meine nicht verborgen bleiben sollte, also zog er mich langsam aus. Der Met trübte mein Bewusstsein und ich konnte mich nicht mehr selbst ausziehen. Mark hob mich sanft auf und legte mich auf seinen

Nerzmantel. Erst als ich den weichen Pelz an meiner nackten Haut fühlte, kam ich wieder richtig zu mir.

»Eine russische Massage mit einem Nerzhandschuh«, schnurrte Mark, »damit du in Frankreich eine schöne Erinnerung hast.«

Ich wand mich wortlos und stöhnte vor Lust. Ich dachte, Mark habe vielleicht einen Abschiedsabend organisieren wollen, an den ich immer denken müsste, aber er versuchte nicht im Geringsten, mich aufzuhalten.

Die Reibung unserer Körper am seidigen Pelz führte zu kleinen statischen Funkenentladungen, die unsere Lust nur verstärkten. Doch dann brach ich im letzten Moment in Tränen aus. Ich wusste selbst nicht, ob ich vor Lust weinte oder weil mir klar wurde, dass es unsere letzte Nacht war.

2004 »Das war unsere letzte Nacht«, fasste ich zusammen, als ich Aniska von der französischen Nacht in Pushkin und der fehlgeschlagenen Provokation erzählt hatte.

»Woher willst du wissen, dass es nicht gewirkt hat?«, fragte Aniska hoffnungsvoll.

»Weil es jetzt zwei Wochen her ist und Matvej nicht mit einem Ring und einem Liebesschwur aufgetaucht ist. Also muss ich jetzt einen gefälschten Ehemann auftreiben oder Matvej merkt, dass ich nur geblufft habe.«

»Aber das ist doch albern. Sag ihm einfach, dass du dich anders entschieden hast«, riet Aniska, vernünftig wie immer.

»Das sieht erst recht albern aus.« Dann fiel mir etwas ein: »Aniska, ich gehe Skifahren.«

»Jetzt bist du aber wirklich verrückt ... Wieso denn Skifahren? Du kannst doch noch nicht mal richtig Skifahren ...« Meine Freundin schüttelte den Kopf.

»Ich fahre nach Chamonix, an den Mont Blanc. Dort liegt noch Schnee, und dann kehre ich nach St. Petersburg zurück!«

»Kannst du mir erklären, warum du ausgerechnet jetzt Skifahren willst?«

»Um einen Ehemann zu finden!«

»Was für einen Ehemann?«, fragte Aniska überrascht.

»Einen gefälschten! Ich lasse mich mit irgendeinem Franzosen fotografieren und verschicke dann E-Mails mit Fotoanhang: ›Meine Flitterwochen in Chamonix.‹«

»Aber das ist doch alles Blödsinn. Selbst wenn du behaupten würdest, verlobt zu sein – du könntest dich doch immer anders entscheiden. Man weiß schließlich, dass Frauen nichts im Kopf haben.«

»Warum verstehst du das nicht, Aniska? Ich kann nicht herumsitzen und zusehen, wie der Mann, an den ich so viel Energie gesendet habe, mich ignoriert.«

»Hat deine Urgroßmutter nicht gesagt, dass ein Mann Frauen nicht anerkennt, die viel Energie an ihn senden, sondern Frauen, für die sie selbst viel Energie aufwenden?«, erinnerte mich meine Freundin mit ihrem guten Gedächtnis.

»Das ist alles vorbei, ich werde jetzt einfach alles richtig machen! Ich fliege nach Chamonix, lache mir einen würdigen Kandidaten an und verschicke die Fotos!«

»Kannst du denn deinen falschen Ehemann nicht auch hier finden und dich vor dem Denkmal Peters des Großen fotografieren lassen?« Aniska startete einen letzten Versuch, mich von meiner Reise abzubringen, ohne die Größe meines Plans zu erkennen.

»Nein, mein aktives Wesen dürstet nach Aktion!«, deklamierte ich und rief das Reisebüro an, um den Flug zu buchen. »Manchmal braucht man einfach eine Ortsveränderung.«

KAPITEL 19:

Ein entscheidender Schritt –
oder: Die letzte Chance

1904 »Manchmal braucht man einfach eine Ortsveränderung«, bemerkte meine Tante, als sie mir packen half. »Du siehst aus, als gingest du Exil und nicht nach Frankreich!«

»Für mich ist es dasselbe«, erwiderte ich. »Aber ich verstehe trotzdem nicht, warum wir das tun.«

Sofija Nikolajevna sah mich scharf an und sagte: »Ich glaube, du verstehst das sehr gut, aber du willst es dir selbst nicht eingestehen, dass dieser Mann für dich bereits Vergangenheit ist. Es ist besser, ihn jetzt loszulassen, als deine fruchtlosen Versuche immer weiter fortzusetzen und dir deswegen echte neue Gelegenheiten entgehen zu lassen. Sei also nicht traurig und sammle deine Siebensachen zusammen, wir müssen noch dein Abschiedsfest morgen vorbereiten.«

»Na gut«, seufzte ich und begann, meine Kleider einzupacken.

Als ich mein weinrotes Samtkleid in der Hand hielt, brach ich fast in Tränen aus. Da klingelte es an der Tür. Meine Tränen waren vergessen. »Mark«, schoss es mir durch den Kopf. »Er ist gekommen, um mich aufzuhalten.« Ich eilte hinunter ins Vestibül.

Es war aber nicht Mark Golber, sondern ein Bote mit einem Brief an mich, einem Brief aus Frankreich. Überrascht öffnete ich den Umschlag und las das Schreiben.

»Tante!«, rief ich laut.

Meine Tante kam besorgt aus dem Speisezimmer, wo sie gerade die Dienstboten instruierte.

»Was ist passiert, Liebes?« Mein Schrei hatte sie erschreckt. »Hoffentlich ist niemand gestorben?«

»Nein, aber jetzt muss ich wirklich nach Frankreich. Stell dir vor, mein Mann hatte in Chamonix anscheinend heimlich ein Haus gebaut. Ich hoffe, es war ein Geschenk für mich.« Das bezweifelte ich allerdings sehr. »Als die Arbeit abgeschlossen war, suchte der Baumeister nach dem Bauherrn und hat über den Notar schließlich mich gefunden. Jetzt habe ich also einen echten Grund, nach Frankreich zu reisen, und zwar einen sehr wichtigen. Ich habe einen Landsitz in den Bergen!«

»Oh, ich wusste gar nicht, dass ein Haus einen Mann ersetzen kann«, sagte meine Tante. »Wie ich sehe, bist du ja schon viel fröhlicher.«

»Vielleicht kann es keinen Mann ersetzen, aber jetzt habe ich einen Ort, für den ich einen Mann brauche, und nach den Energiegesetzen wird dann auch einer auftauchen!«

»Da bin ich ja froh, dass unsere Vorbereitungen nicht ganz vergebens waren! Also komm, jetzt haben wir zu tun, wir müssen das Haus schmücken und noch einmal alle Rituale wiederholen – und im Sommer komme ich dich dann besuchen!«

»Ach, meine liebe Tante, jetzt möchte ich wirklich gerne in die Berge; da scheint die Sonne, und der Mont Blanc ist wunderschön!«, versuchte ich mich selbst zu überzeugen.

»Ich glaube, Liebes, die Bergluft heilt alle Krankheiten, auch die seelischen Wunden«, erwiderte meine Tante.

2004 ›Die Bergluft heilt alle Krankheiten, auch die seelischen Wunden‹, dachte ich, während ich aus meinem Hotelfenster den Mont Blanc bewunderte. Das Hotel lag im Zentrum des Ortes und war von einem schönen Garten umgeben. Es war ein Jugendstilhaus und gleichzeitig gemütlich und elegant. Die pfirsichfarbenen Wände, die weißen Bogenfenster und das kleine Türmchen ließen es romantisch wirken. Ich ging hinunter zum Frühstück, bestellte einen Cappuccino und war überzeugt, dass Schnee und Sonne mir neue Kraft verleihen würden.

Ich blickte mich um und entschied mich für die Teilnahme an einem Skikurs. Das ist die beste Art, neue Bekannte zu finden. »Aber vielleicht mache ich lieber einen Snowboardkurs, Skier sind heutzutage nicht mehr in.« Ich zog auf meinem Zimmer meinen stylishen rosa Snowboardanzug an und ging wieder nach unten. Die Treppe mochte ich, denn über ihr waren die Wände mit Portraits einer schönen Frau bedeckt, die etwa hundert Jahre alt sein mussten. Ich sah sie mir an und bewunderte ihre perfekten Schultern, den langen Hals, die kleinen Ohren, die großen Augen und die roten Locken. »Ich muss das Personal fragen, wer sie eigentlich war«, schoss es mir durch den Kopf, aber ich vergaß die Idee sofort wieder.

Meine Gedanken wanderten zu Matvej. Was hatte ich falsch gemacht? Nachdenklich erreichte ich den Treffpunkt der Anfängergruppe. Es war eine nette Gesellschaft: drei junge Schweizer, ein Österreicher und eine Engländerin, die ziemlich tough aussah. Die Sonne und das Lachen über unsere eigene Ungeschicklichkeit schweißten uns bis zum Ende der ersten Lektion schon zusammen, und die Einladung zum Glühwein folgte sofort.

»Was hast du heute Abend vor?« Chris, der hochgewachsene Österreicher mit den weißen Zähnen, lächelte mich an. Meine Gedanken wirbelten sofort durcheinander, und ich wollte automatisch »Nichts Besonderes« antworten, erinnerte mich aber in letzter Sekunde an die Regeln und zügelte mich:

»Eine Menge interessante Sachen.«

»Vielleicht bin ich ja noch interessanter und du kannst mich in deine Pläne einbauen?«

»Vielleicht schon, aber heute leider nicht mehr, fürchte ich. Ich habe wirklich schon etwas vor«, erwiderte ich und befürchtete, ihn damit dauerhaft abzuschrecken. Aber wie meine Urgroßmutter geschrieben hatte, muss man, um eine neue Persönlichkeit zu werden, auch etwas Neues wagen. Deswegen lächelte ich möglichst charmant und verabschiedete mich. »Jetzt erwartet mich ein ruhiger Abend alleine mit einem Buch statt der Gesellschaft dieses sexy Österreichers«, lobte und verfluchte ich mich gleichzeitig. Nach dem Abendessen und einem kurzen Bummel durch den Ort kehrte ich ins Hotel zurück. Der Pianist spielte ein melodisches Stück auf dem weißen Flügel im Foyer. ›Was für ein ungewöhnlicher und schöner Konzertflügel!‹, dachte ich.

1904 ›Was für ein ungewöhnlicher und schöner Konzertflügel‹, dachte ich, als ich am Schaufenster des Musikgeschäfts vorbeikam. Sofort nach meiner Ankunft in Paris suchte ich wegen des Hauses in Chamonix den Notar auf.

»Hoheit, bitte treten Sie näher«, begrüßte mich Monsieur de Jager. »Hatten Sie einen angenehmen Aufenthalt in St. Petersburg? Hat es sich seit Ihrer Kindheit sehr verändert?«, fragte er höflich interessiert.

»Nun, während meiner Zeit im Smolnyj-Internat habe ich nicht viel gesehen; aber jetzt habe ich viel Interessantes entdeckt«, erwiderte ich und dachte dabei über die Bedeutung von ›viel‹ und ›interessant‹ nach.

»Ja, Entdeckungen kommen immer überraschend. Wer hätte ahnen können, dass Ihr verstorbener Gemahl heimlich ein Châlet in Chamonix bauen ließ?«

»Vielleicht wollte er es mir zum Geschenk machen?«, fragte ich vorsichtig.

»Als Geschenk war es wohl gedacht. Fragt sich allerdings, für wen«, erwiderte Charles ausweichend.

»Wenn er es einer anderen Frau geschenkt hätte, wäre ich diejenige gewesen, die einen Herzinfarkt bekommen hätte«, scherzte ich traurig.

»Aber jetzt gehört das Haus Ihnen, Hoheit!«, versicherte mir der Notar entschieden.

»Gut, aber was soll ich damit tun? Verkaufen? Was raten Sie mir?«

»Ich würde empfehlen, dass Sie es sich erst einmal anschauen und erst dann entscheiden.« Charles reichte mir die Eigentumspapiere.

»Ich danke Ihnen«, sagte ich und erhob mich, um zu gehen, aber Charles hielt mich auf. Offenbar wollte er noch etwas loswerden, das er für die letzte Minute aufgehoben hatte.

»Sie haben sich verändert, Hoheit. Die gute Luft in Russland ist Ihnen bekommen. Darf ich Sie vielleicht für heute Abend einladen, sich wieder mit dem Geschmack französischen Kaffees vertraut zu machen?« Charles hatte sichtlich Angst vor einer Ablehnung. Ja, meine Rituale zahlten sich aus – selbst Charles, der mich seit sechs Jahren kannte und nie eine Annäherung gewagt hatte (und das lag nicht daran, dass er meinen Mann respektiert oder gefürchtet hätte), wollte auf einmal mit mir flirten. Charles, gut angezogen und gutaussehend, wurde in Gesellschaft der schönsten Damen der Pariser Gesellschaft gesehen und war sehr stolz auf seine Reputation als Kenner weiblicher Schönheit. Reich war er auch, und so konnte er es sich leisten, seine Zeit nur mit Frauen zu verbringen, die nicht nur schön, sondern auch interessant waren. Es galt als großes Kompliment für eine Dame, wenn er sie seiner Aufmerksamkeit würdigte. Dennoch antwortete ich freundlich: »Ich fürchte, heute muss ich mich ein wenig ausruhen, und für morgen habe ich bereits mehrere Verabredungen.«

»Dann sagen wir übermorgen? Ich erwarte Sie im Chat Noir auf dem Montmartre. Um fünf.«

»Gut, ich will versuchen zu kommen. Au revoir!« Ich gratulierte mir zu meinem Sieg, als ich die Kanzlei verließ. Ich hatte tatsächlich gelernt, nicht jede Einladung sofort anzunehmen. ›Es klappt tatsächlich!‹, dachte ich bei mir.

2004 »Es klappt tatsächlich!«, lobte ich mich selbst. Obwohl ich Chris jeden Tag beim Snowboarden sah und er mir während der Übungsstunden half und Mut zusprach und sogar mein Snowboard ins Hotel zurücktrug, ließ ich mich erst nach zwei Tagen von ihm zum Essen einladen. Das Restaurant war über einen tobenden Bergbach hinaus gebaut und berühmt für seine gute Küche. Wir bestellten Foie gras und tranken Weißwein.

»Morgen Abend fahre ich ab! Wie schade, dass du zwei Tage lang so beschäftigt warst, dass wir keine Zeit hatten, uns richtig kennenzulernen! Aber jetzt haben wir ja noch die ganze Nacht vor uns«, sagte Chris geradeheraus und zeigte ein sehr sexy Lächeln.

Ich schmolz sofort dahin und fing an, mich in Gedanken selbst zu überreden. »Wer weiß, ob wir uns je wiedersehen, und schließlich leben wir im 21. Jahrhundert. Warum sollte ich mir diese Chance entgehen lassen?« Also warf ich den Rat meiner Urgroßmutter über Bord und beschloss, mich dem sexy Österreicher hinzugeben. ›Es wird Zeit, dass ich ein bisschen egoistischer werde und Männer benutze, statt mich in sie zu verlieben‹, dachte ich. Laut sagte ich: »Manchmal macht man in der Nacht schreckliche Entdeckungen. Hast du keine Angst?«

»Wow! Ich liebe Geheimnisse, besonders bei einem so charmanten Mädchen!«, sagte Chris.

»Fährst du gerne Snowboard?« Ich versuchte, das Thema zu wechseln.

»Ich mag das Gefühl, als ob man fliegen würde, das man manchmal erreicht«, erwiderte Chris, sah mich scharf an und fuhr fort: »Und beim Sex kann ich auch ohne Snowboard fliegen!«

›Vielleicht habe ich einen lasterhaften Blick, wenn die Unterhaltung sofort wieder beim Sex landet?‹, fragte ich mich in Gedanken.

Früher hatte ich keine Probleme mit freundlicher Konversation gehabt, aber meine Rituale hatten das geändert, und das hatte ich vorher nicht bedacht.

»Eine von den Discos hier soll ziemlich gut sein. Lass uns hingehen; wir sollten deinen letzten Abend ein bisschen feiern!«, bot ich an.

»Okay, gute Idee«, stimmte Chris zu.

»Ich muss mich nur noch schnell umziehen. Wartest du kurz auf mich? Ich brauche nur zehn Minuten!« Danach drehte sich das Gespräch auf dem Rückweg ins Hotel zu meiner Erleichterung um die Clubszene in verschiedenen Wintersportorten.

Im Hotel ging ich auf mein Zimmer und zog mich hastig um. Ich wählte einen schwarzen schulterfreien Pullover, nebelte mich mit Parfüm ein und legte Lippenstift auf. Als ich mich im Spiegel betrachtete, sah ich, dass meine Augen vor Erwartung fiebrig glänzten. Mit einem solchen Blick erwartet natürlich niemand ein Nein.

›Meine Güte, was tue ich eigentlich?‹, fragte ich mich selbst. ›Die zweite Verabredung sollte nicht länger als zwei Stunden dauern und nicht mit Sex enden. Wozu brauche ich das? Am besten wäre es jetzt, sich zu verabschieden, ihn auf die Wange zu küssen und ihn erst morgen am Hang wiederzusehen!‹ Aber ich langweilte mich und vernünftige Argumente haben dann einen schweren Stand.

»Habe ich dir gefehlt?«, fragte ich scherzhaft, als ich wieder hinunterkam.

»Ich habe mir inzwischen die Bilder angesehen. Das sind sehr schöne Portraits von dieser Rothaarigen.«

»Ja, mir gefallen sie auch gut. Ich bewundere sie jedes Mal, wenn ich daran vorbeikomme.«

»Und weißt du, wen sie darstellen?«, fragte Chris interessiert.

»Nein, ich wollte eigentlich das Personal fragen. Vielleicht die Besitzerin des Hotels?«

»Und ich habe gedacht, es könnte deine Urgroßmutter sein. Du siehst ihr sehr ähnlich!«, bemerkte Chris leichthin.

»Was?«, stotterte ich und fühlte mich, als bekäme ich einen Eimer kaltes Wasser über den Kopf geschüttet. Mein Verlangen verschwand sofort; ich stand wie erstarrt da. Ich wollte nicht mehr ausgehen. Ich starrte das Portrait an: In den Augen der Dargestellten fand ich Nachsicht für meine Schwächen und gleichzeitig den Vorwurf, die Regeln gebrochen zu haben. Ich krümmte mich, als habe ich Magenschmerzen.

»Was ist denn los?«, fragte Chris.

»Entschuldige, mir geht es auf einmal nicht gut. Vielleicht liegt mir die Foie gras doch ein bisschen schwer im Magen«, stieß ich die erstbeste Ausrede hervor, die mir einfiel. Ich musste jetzt alleine sein.

»Soll ich einen Arzt rufen?« Chris klang besorgt.

»Nein, es geht schon. Ich lege mich ins Bett, dann geht es mir bald wieder besser. Tut mir leid, dass ich dir den Abschiedsabend verderbe!«, brachte ich heraus.

»Das ist schon in Ordnung! Wir sehen uns ja morgen auf dem Berg!«, verabschiedete sich Chris.

»Ja, ich bringe die Kamera mit, wir machen ein paar Bilder! Bis dann!« Und ich küsste ihn züchtig auf die Wange. Wer hätte gedacht, dass ich vor zehn Minuten noch mit ihm schlafen wollte.

»Gute Besserung!« Chris verschwand in den Schatten.

Ich seufzte erleichtert und sah mir das Portrait noch einmal an. Das konnte nicht sein! Ich schüttelte misstrauisch den Kopf und sah es wieder an, dann in einen Spiegel.

Dieselben Augen, geweitet vor Überraschung, rote Locken, Grübchen, kleine Ohren, ein langer Hals – wieso war mir das bloß noch nicht aufgefallen? Ich sah mich um. Das gesamte Mobiliar stammte noch aus der Zeit meiner Urgroßmutter. Tiffany-Tischlampen, elegante, gebeizte Beistelltischchen, ein flauschiger grau-rosa Teppich, weiche grüne Vorhänge und Sesselpolster, geschwungene Kerzenhalter und ein schmiedeeiserner Kronleuchter in einem ungewöhnlichen Grün. Und dann der auffällige weiße Flügel, offensichtlich Jugendstil. Meine Urgroßmutter hatte einen guten Geschmack gehabt.

1904 »Ich habe offensichtlich einen ganz guten Geschmack«, lobte ich mich selbst und bewunderte meine Arbeit. Es war bereits Frühling, als ich die Einrichtung des Hauses abschließen konnte. In den vergangenen drei Monaten hatte ich in Paris gelebt und war alle zwei Wochen nach Chamonix gekommen, um die Fortschritte zu überwachen. Zwischen diesen Reisen bestellte ich Möbel, wählte Lampen aus und kaufte verschiedene Kleinigkeiten für die Einrichtung. Wie sich herausstellte, erforderte die Einrichtung und Dekoration von 600 Quadratmetern Wohnfläche viel Zeit und meine ganze Konzentration.

Ich hatte überhaupt keine Zeit mehr, an Mark zu denken, und meine zwei Verabredungen pro Woche mit Charles genügten meinem Bedürfnis nach Bewunderung und Komplimenten vollkommen. Weiter ließ ich es allerdings, ganz nach den Regeln meiner Tante, nicht kommen. Ich spielte sehr geschickt die Unzugängliche, obwohl ich mein Temperament mit überaus großer Anstrengung zügeln musste.

Charles führte mich in die besten Restaurants und zu allen Premieren, schenkte mir einen wunderbaren Saphirring und drei Wochen später auch die passenden Ohrringe dazu. Ich ließ mich umsorgen und beschenken, ohne eine Gegenleistung zu versprechen. ›Wie berechenbar die Männer doch sind‹, dachte ich. Ganz Paris sprach darüber, dass der knausrige Charles auf einmal Blumen und Schmuck kaufte. Wenn wir irgendwo erschienen, erntete ich interessierte Blicke, alle wollten sehen, was mich so besonders machte. Ich hätte das ja gerne erklärt, hatte aber keine Zeit dafür.

Und jetzt konnte ich endlich in mein Châlet einziehen! Ich wollte den Sommer dort verbringen, die frische Bergluft genießen und meine Aufzeichnungen und Tagebücher in Ordnung bringen. Meine Tante hatte versprochen, mich Anfang Juni zu besuchen, also hatte ich einen ganzen Monat, um das Haus mit Leben zu füllen.

Dann kam das erste Abendessen im neuen Haus, und ich schlief zum ersten Mal in meinem großartigen Bett. »Möge der Bräutigam der Braut im Traum erscheinen«, wünschte ich mir selbst in alter russischer Tradition – wenn man zum ersten Mal an einem neuen Ort schläft, hat man einen Wunsch frei. In der Nacht träumte ich prompt von Mark. »Habe ich ihn denn immer noch nicht vergessen?«, fragte ich mich selbst am nächsten Morgen.

2004 »Habe ich ihn wirklich noch nicht vergessen?«, fragte ich mich selbst am Morgen. Ich hatte die ganze Nacht von Matvej geträumt. Ich war gerade mit einer CD voller Fotos und einer Tonne Fragen aus Chamonix zurückgekehrt.

An jenem Abend, als ich das Bild meiner Urgroßmutter entdeckt hatte, hatte ich es gar nicht abwarten können, den Eigentümer des Hotels zu fragen, ob das wirklich meine Urgroßmutter auf dem Portrait war. Ich ging mehrfach hinunter und sah es mir immer wieder an.

Meine Romanze und die Business School hatten mir wenig Zeit gelassen, das Tagebuch richtig zu lesen; wahrscheinlich hatte ich etwas Wichtiges übersehen. Ich hatte sehr viele Fragen. Am nächsten Morgen stellte sich aber heraus, dass wirklich nur der Hotelbesitzer wusste, wer die Frau war – und dass er noch einen Monat in Kanada war! Das Personal wusste nicht einmal den Namen der Portraitierten. Ich ärgerte mich – ich hätte gleich fragen sollen. Jetzt würde ich in einem Monat wiederkommen müssen.

Der Tag war warm und sonnig, ein perfektes Wetter zum Fotografieren. Die Gruppe erschien vollständig zum Unterricht, und als er vorbei war, fotografierten wir uns gegenseitig. Ich versuchte, einige Bilder zusammen mit Chris zu bekommen. Er umarmte mich so zärtlich und sah mich so schmachtend an, dass wir wirklich ein frisch getrautes Paar hätten sein können.

›Das liegt daran, dass wir nicht miteinander geschlafen haben! Er verhält sich völlig anders!‹, dachte ich und dankte meiner Urgroßmutter im Stillen, weil der Anblick ihres Portraits mich gestern vor einem Fehler bewahrt hatte. Die Fotos würden bestimmt weniger gut gelingen.

»Die Fotos sind prima geworden«, lobte Aniska, als sie mich am Flughafen abholte. Ich kam mit der Maschine aus Genf zurück und brannte darauf, ihr alles zu erzählen. Weil sie ihrerseits darauf brannte, alles zu hören, aßen wir in einem Café eine Pizza und sprachen über die Ergebnisse meiner Reise.

»Der sieht ziemlich gut aus – und ziemlich verliebt«, stimmte Aniska meiner Einschätzung zu. »Und die Bilder willst du jetzt per E-Mail an deine Bekannten aus der Business School schicken?«

»Warum nicht? Zusammen mit der Einladung zur Hochzeit.«

»Weißt du, was eine Hochzeit kostet? Lass den Unsinn.« Aniska dämpfte wie immer meinen Eifer. »Schick einfach die Bilder mit der Unterschrift ›Mein Bräutigam und ich auf dem Mont Blanc‹. Die Leute können sich den Rest doch denken«, schlug Aniska vor.

»Okay, okay.« Ich musste meiner Freundin zustimmen.

»Ist sonst noch was in Chamonix passiert?«, fragte die aufmerksame Aniska.

»Warum fragst du?« Ich tat so, als verstehe ich nicht.

»Du hast ein verdächtiges Leuchten in den Augen. Hast du einen Schatz gefunden?«

»Nein, aber das Gemälde meiner Urgroßmutter«, erklärte ich so ruhig wie möglich.

»Was?« Aniska fiel fast vom Stuhl. »Was wollte deine Urgroßmutter in Chamonix, und was willst *du* dann noch hier?«

TEIL V

Ein ganz anderes
Happy End

KAPITEL 20:

Wie es geschieht –
Theorie und Praxis

1904 »Was willst du denn hier?«, war alles, was mir einfiel, als ich Mark auf meiner Türschwelle stehen sah.

»Ich wollte dich sehen«, erwiderte Mark.

»Wozu?« Eine dümmere Frage hätte ich nun wirklich nicht stellen können.

»Ich habe meinen rothaarigen kleinen Kobold vermisst! Varja, lässt du mich rein, oder soll ich auf der Straße verhungern und erfrieren?« Mark beugte den Kopf, als wolle er alle Sünden der Welt abbüßen.

»Komm schon rein!« Ich zeigte Mitleid.

»Und vielleicht bekommt der arme Pilger sogar etwas zu essen?« Mark wollte offenbar mein gutes Herz ausnutzen.

»Du bekommst sogar deinen Lieblingsborschtsch. Ich habe mich entschlossen, ihn selbst zu kochen; meine französische Köchin bekommt ihn aus irgendeinem Grund nicht richtig hin.«

»Ihr fehlt die russische Seele«, vermutete Mark und trat näher. »Oh!«, freute er sich und schaute sich um. »Das ist richtig gemütlich und elegant! Hast du einen Architekten beauftragt, oder hast du das alles selbst entworfen?«

»Sowohl als auch. Sein Wissen, mein Geschmack. Ich habe viele Talente«, erklärte ich.

»Das bezweifele ich nicht!«

»Entschuldige, aber ich weiß immer noch nicht, warum und für wie lange du gekommen bist!« Ich musste ihn ein bisschen quälen.

»Du solltest die russischen Märchen mal wieder lesen. Erst bekommt der Gast ein Mahl, dann ein Bett – und dann erst darf man fragen«, hielt mir Mark vor. »Wie steht's denn nun mit dem Essen?«

2004 »Wie steht's denn mit dem Essen?«, war das Erste, was Matvej sagte, als er anrief. ›Mein Plan funktioniert! Die Fotos wirken!‹, triumphierte ich innerlich.

»Ist da etwa jemand hungrig?«, fragte ich.

»Ja, und zwar in jeder Hinsicht«, erwiderte Matvej. »Ich muss über so viele Dinge mit dir reden. Deswegen möchte ich dich gerne auf einen kleinen Urlaubstrip einladen. Für eine Woche?«

»Eine Reise? Aber ich heirate in zwei Monaten!«

»Darüber möchte ich auch gerne mit dir sprechen.« Matvej war sehr hartnäckig, wenn er sich etwas unbedingt wünschte, wie alle Männer. Ich glaube, wenn Frauen endlich aufhören, Rechtfertigungen für die Trägheit der Männer zu erfinden, dann werden sie auch aufhören, unter unerwiderter Liebe zu leiden.

»Ja, ich habe eine Jacht in Kroatien gechartert. In einer Woche geht's los. Ich schicke dir ein Flugticket per Express. Wir treffen uns am Flughafen. Ich komme direkt aus Moskau zum Flughafen Pulkovo.« Matvejs Ton duldete keinen Widerspruch.

»Moment mal! Ich bin gerade erst aus Chamonix zurückgekommen. Außerdem muss ich arbeiten! Ich werde noch gefeuert«, protestierte ich pro forma.

»Das wird auch Zeit!«, sagte Matvej scherzhaft.

»Jetzt bin ich beleidigt. Und müssen wir auf der Jacht selbst kochen?« Innerlich war ich bereits überzeugt.

»Ja, außer uns ist nur noch der Skipper an Bord, also werde ich angeln und du kochst. Wie echte Erwachsene. Ich möchte gerne eine Woche lang ausprobieren, ob wir es den Rest unseres Lebens miteinander aushalten«, stieß er hervor und legte auf. Ich saß mit offenem Mund da.

1904 »Ich möchte gerne eine Woche lang ausprobieren, ob du es den Rest deines Lebens mit mir aushältst«, flüsterte Mark. Der Borschtsch war gegessen und gelobt; wir waren aus dem Speisezimmer in den Salon umgezogen und hatten uns an den Kamin gesetzt. Das Feuer erinnerte mich an unsere letzte Nacht in der Jagdhütte. Mark saß in einem Sessel und hatte mich auf seinen Schoß genommen. Als er mich umarmte, dachte ich automatisch an die Worte meiner Tante: »Der Zustand des Mädchens – von der Königin fühlen sie sich angezogen, aber heiraten wollen sie das Mädchen.« Ich sah Mark überrascht an.

»Weißt du, ich bin ziemlich ans Alleinsein gewöhnt, und ich kann mir nur schwer vorstellen, dass jemand Tag und Nacht bei mir ist. Ich habe drei Monate lang gelitten und mir dann klargemacht, wie sehr du mir fehlst. Ich bin bereit, dein Ehemann zu werden, wenn du einverstanden bist.« Jedes Wort war in inneren Kämpfen sorgfältig zurechtgelegt worden, das hörte man.

Ich erstarrte und fragte nach: »Ist das ein Heiratsantrag oder eine Absichtserklärung?«

Mark antwortete nicht, sondern begann, mich leidenschaftlich zu küssen. ›Morgen schicke ich meiner Tante ein Telegramm und frage sie‹, entschied ich mich im Stillen und küsste ihn zurück. ›Das muss der Zusammenfluss der Energien sein, von dem ich gehört habe‹, dachte ich. Charles' Küsse gaben mir dieses Gefühl nicht, sondern hinterließen eher einen leichten Ekel. Marks Küsse dagegen ließen meinen ganzen Körper prickeln vor Begierde. Wir fielen übereinander her und konnten nicht genug voneinander bekommen. Da fiel Mark der Flügel ins Auge. Ich bemerkte, wohin er schaute, und schüttelte den Kopf: »Nein! Das denkst du nicht wirklich?«

»Doch!« Mark setzte mich auf den Flügel. Ich lachte und wollte mich wehren, aber vergeblich. Meine Gefühle waren unbeschreiblich!

»Wie erfinderisch du bist!«, lachte ich. »Das ist ja schrecklich!«

»Warum ist es schrecklich?«

»Stell dir vor, wie es ist, wenn ich eine alte Antiquitätenhändlerin sein werde und meine Möbel verkaufen will. Ich werde keines meiner Möbelstücke verkaufen können, ohne daran erinnert zu werden, wie wir uns geliebt haben. Sogar der Konzertflügel wird mich daran erinnern!«

»Was haben wir denn sonst noch hier, um Spuren der Erinnerung zu hinterlassen?« Mark sah sich interessiert im Salon um. »Ich finde, das Männchen sollte sein Revier markieren, damit es ihm niemand streitig macht!« Stolz stellte Mark sich mitten ins Zimmer, was sehr amüsant wirkte. Ich brach wieder in Lachen aus.

»Du bringst mich immer zum Lachen!« Mehr konnte ich vor lauter Lachen nicht herausbringen.

»Das freut mich! Wer eine Frau glücklich und fröhlich machen kann, gewinnt! Also habe ich eine Chance!« Offenbar fiel ihm etwas ein. Er sah mich fragend an. »Habe ich denn eine Chance, oder gibt es andere Kandidaten?«

»Es gab welche, natürlich. Eine schöne Frau hat immer Verehrer, aber ihr Herz gehört nur dem Einen«, erwiderte ich ausweichend.

»Ich hoffe, damit bin ich gemeint?«

»Die Hoffnung stirbt immer zuletzt.«

2004 »Die Hoffnung stirbt immer zuletzt!«, antwortete ich auf Matvejs Frage, ob Hoffnung auf ein Mittagessen bestehe. Ich lag an Deck der Jacht und genoss die warmen Strahlen der Sonne. Matvej kitzelte meinen nackten Bauch und murmelte, er habe sich ein Mittagessen verdient.

»Ich wusste nicht, dass du so ein Vielfraß bist«, schalt ich.

»Ich bin kein Vielfraß, sondern ein Jäger«, spielte er den Beleidigten und zeigte den Kalmar vor, den er gerade gefangen hatte.

»Ich weiß doch gar nicht, wie man den zubereitet!«, wehrte ich erschrocken ab.

Wir waren jetzt zwei Tage an Bord der Jacht. Wir benahmen uns wie ein glücklich verheiratetes Paar im Urlaub. Meine bevorstehende Hochzeit war kein Gesprächsthema. Ich hatte beschlossen abzuwarten, was Matvej unternehmen würde, und so lange die Schönheit des Mittelmeers und der kleinen Inseldörfer zu genießen.

Aber es blieb keine Zeit fürs Nichtstun. Ich musste alle meine verschütteten Kochkenntnisse reaktivieren und für Frühstück, Mittagessen und Abendbrot sorgen. Die Jacht hatte immerhin eine gut ausgestattete Kombüse, und schon nach einem Tag fand ich mich gut darin zurecht. Probleme hatte ich nur mit den Pfannkuchen, die immer anbrannten, und im nächsten Ort, den wir anliefen, kauften wir eine neue Pfanne. Auf dem Rückweg zum Boot, beladen mit Lebensmitteln, der neuen Pfanne und einem Bündel Kerzen, dachte ich mir, Matvej wolle wohl sehen, wie ich mich in der Rolle der Geliebten machte. »Ich will also versuchen, auch diese Rolle perfekt zu spielen«, versprach ich mir selbst.

1904 »Ich will versuchen, auch diese Rolle perfekt zu spielen!«, versprach ich mir selbst, nachdem ich das Telegramm meiner Tante gelesen hatte. Es bestand nur aus drei Wörtern: »Sei die Geliebte!« Ich versuchte fieberhaft, mich daran zu erinnern, was der Mann von einer Frau in dieser Rolle erwartet. Ich dachte an den See und das Mädchen im gelben Kleid und seine Worte: »Besitze den Körper des Mannes, wie du diesen Kristall besitzt.« Ich hatte mich gerade hingesetzt, als die Türglocke klingelte und ein Bote einen Brief von meiner Tante brachte.

»Mein liebes Mädchen, wenn du mein Telegramm bekommen hast, weißt du schon, dass Mark jetzt von dir erwartet, die Rolle der Geliebten zu spielen. Du musst dich also an die sinnlichen Dominanten des Mannes erinnern. Denke stets daran, dass sich seine sinnlichen Vorlieben in den ersten Lebensjahren entwickelt haben und sehr tief sitzen. Alles, was ein Mann sieht und fühlt, die Liebkosungen und Gerüche seiner Mutter, die Gerüche seines Hauses, Geräusche, die er als Kind gehört hat – all das sammelt sich in seinem Unbewussten. Auf dieser Ebene wirst du niemals etwas ändern können; er wird immer die Welt wiedererschaffen wollen, die er aus seiner Kindheit kennt und die ihm vertraut ist. Alles, was du tun kannst, ist, Informationen darüber zu sammeln und sie so genau wie möglich nachzuempfinden. Wir haben darüber ja bereits gesprochen, aber ich fasse lieber noch einmal alles zusammen, um es dir leichter zu machen. Die fünf Sinne sind Sehen, Hören, Riechen, Schmecken und Tasten. Wir Frauen und die Männer erfahren durch sie die Welt, aber ein Mann hat etwas andere Prioritäten. Schauen wir sie uns im Einzelnen an.

Der erste Sinn ist der Sehsinn. Alles, was ein Mann um sich herum erblickt, sollte seinen Erwartungen entsprechen: Möbel, Gegenstände und die Erscheinung der Frau. Letzteres umfasst ihre Haarfarbe, Frisur, Kleidung, Schminke und Schuhe. Eine Frau achtet dabei auf Einzelheiten, aber der Mann sieht das Gesamtbild, und das sollte ein harmonisches, aufeinander abgestimmtes Ganzes bilden. Jeder Mann trägt in sich sein eigenes Idealbild einer Frau, also musst du es erkunden und dich ihm anpassen.

Jeder Mann versucht zu Anfang, die Frau zu verändern, so dass sie seinem Idealbild entspricht, indem er ihr Ratschläge erteilt, ihr Sachen kauft und manchmal ihre Einkäufe kritisiert. Besteht eine Frau auf ihrer Unabhängigkeit und verweigert sich seinen Wünschen, wechselt er lieber die Frau als seine Ideale. Allerdings ist er bereit, seine eigene Erscheinung entsprechend deiner Anleitung zu ändern. Er bittet dich um Hilfe beim Kauf von Hemden, Krawatten und Anzügen. Manche Männer brauchen jemanden, der sich um ihr Äußeres kümmert. Gib dir Mühe dabei und suche ihm nur schöne und teure Kleidungsstücke aus. Ein gutaussehender, gepflegter Mann ist oft das Verdienst seiner Frau. Und der Mann ist ihr dankbar dafür. Denke daran, dass wir Frauen einen besseren Sinn für Details haben, also hilf ihm und zeige deinen guten Geschmack. Aber steuere ihn sanft, anstatt ihm Vorschriften zu machen. Kaufe ihm nichts von deinem eigenen Geld, bevor ihr verheiratet seid, sonst machst du dich zu seiner ›Mama‹.

Der zweite Sinn ist der Tastsinn. Männer brauchen Berührungen und erfahren die Welt durch Berührungen. Sie sollten berühren, was sie sehen, um zu erkennen, ob es zu ihnen passt. Für einen Mann heißt Sehen auch Berühren. Andererseits sehnen sie sich nach den Berührungen einer Frau; man hält einen Mann daher am besten, indem man ihn so oft wie möglich umarmt.

Gehst du an ihm vorüber, so vergiss nicht, eine besondere Stelle an seinem Körper, die nur du kennst, sanft zu streicheln und ihn zu küssen. Morgens solltest du ihn nicht nur formell auf die Wange küssen, sondern ihm einen wirklichen Kuss auf den Mund geben, der mindestens sieben Sekunden andauert. Dieser Kuss schützt den Mann vor unangenehmen Vorfällen und den Ansprüchen anderer Frauen. Mit dem Morgenkuss schließt du den Mann in deinen Energiekreis ein und er wird weniger zugänglich für andere Frauen. Einmal in der Woche solltest du ihn mit einer Massage verwöhnen. Wenn seine Liebhaberin das nicht tut, sucht der Mann sich seine Berührungen woanders. Der Körper sehnt sich nach Berührungen; und die Männer von heute ganz besonders.

Der dritte Sinn ist der Geruchssinn. Der Geruch der Geliebten ist unaussprechlich befriedigend, aber wir verbergen ihn mitunter unter einem falschen Parfüm. Lass daher den Mann das Parfüm für dich auswählen; sage aber niemandem, welcher Geruch ihn anzieht. Duft ist der Faktor, der ihn am stärksten beeinflusst, und du musst aufpassen, dass andere Frauen dieses Wissen nicht ausnutzen und ihn damit zu sich locken.

Der Geruch des Hauses ist ebenfalls sehr wichtig. Männer sind geruchsempfindlicher als Frauen, und Essensgeruch beim Kochen ist ihnen unangenehm. Männer sind daher nicht gerne in der Küche. Der einzige Lebensmittelgeruch, der sie sexuell anregt, ist Vanille. Versuche daher, möglichst viel mit Vanillearoma zuzubereiten.

Vergiss aber nicht, dass der unangenehmste Geruch für jeden Mann der Altersgeruch ist. Alles sollte immer frisch und sauber duften. Hebe kein altes Gerümpel auf und schleppe deinen Mann nicht zu alten Verwandten mit. Füll das Haus mit Frische und Sonnenlicht und lüfte so viele Gegenstände wie möglich im Freien und an der Sonne. Das Licht löscht den Altersgeruch aus, also füll das Haus mit hellem Licht.

Der vierte Sinn ist der Geschmackssinn. Dränge deinem Mann kein gesundes Essen auf, wenn es nicht gut schmeckt. Wenn er Borschtsch mag, werde die perfekte Borschtschköchin. Denk daran, dass er nach dem Geschmack sucht, an den er sich aus der Kindheit erinnert. Suche daher möglichst den Rat seiner Mutter. Das größte Kompliment, das ein Mann dir machen kann, ist: »Du kochst wie meine Mutter!« Vielleicht entwickelt er auch eine Vorliebe für deine Lieblingsgerichte, aber hoffe nicht darauf, sondern informiere dich über seine Lieblingsgerichte und lerne, wie man sie zubereitet.

Der fünfte Sinn ist das Gehör. Vielleicht liegt hier der fundamentale Unterschied zwischen Männern und Frauen. Für Frauen ist das Hören der zweitwichtigste Sinn, daher reden sie ständig – wenn sie sich freuen und wenn sie traurig sind. Sie möchten ihre Gedanken und Taten gerne der ganzen Welt mitteilen. Für den Mann dagegen steht das Gehör an letzter Stelle. Er kann einer Frau nicht länger als 20 Sekunden konzentriert zuhören. Das heißt nicht, dass er sich für deine Erlebnisse, deine Träume und deinen Alltag nicht interessiert, aber sein Gehirn ist so gebaut, dass es nach 20 Sekunden Zuhören abschaltet. Auf die Frage »Wie war dein Tag, Liebling?« antworte daher nur: »Sehr interessant, Liebling. Und deiner?« Und dann höre ihm genau zu. Jeder Mann will, dass man ihm zuhört. Lausche daher mit offenem Mund, ohne dich vom Kochen, Putzen oder anderen Arbeiten ablenken zu lassen. Sonst wird er sich andere Ohren suchen, die ihm gebannt lauschen. Das Einzige, dessen er nie zu müde wird zu hören, sind Komplimente. Lobe seine Vorzüge, und zwar seine wahren, keine eingebildeten (das wäre Schmeichelei), und du hast immer einen Gesprächsgegenstand.

Liebes Mädchen, hier ist eine Zusammenfassung dessen, was ein Mann von dir in der Rolle der Geliebten erwartet. Er erwartet Fürsorge, aber die Art Fürsorge, die für ihn bedeutsam ist. Daher wiederhole ich nochmals, dass es dir umso leichter fallen wird, die Frau seiner Träume zu werden, je mehr du darüber weißt, was er erwartet.

Ich weiß, dass du beim Lesen dieses Briefes innerlich oft widersprochen haben wirst: »Warum sollte ich mich ihm anpassen und seine Lieblingsgerichte kochen, nur das tun, was ihm gefällt, das Parfüm tragen, das er aussucht, und ihn auch noch massieren? Und was ist mit mir und meiner Persönlichkeit?« All das hast du dich wahrscheinlich gefragt. Aber deine Persönlichkeit zeigt sich auf einer anderen Ebene. Auf der physischen Ebene bist du eine Schauspielerin, die einfach in eine andere Rolle und ein anderes Kostüm schlüpft, ohne ihr Ich zu verändern. Wähle jeweils das passende Kostüm für die Rolle, die gerade von dir erwartet wird. Die Art und Weise, wie du agierst, ist die Manifestation deiner Persönlichkeit, nicht welches Kleid du trägst oder welches Gericht du kochst. Wichtig ist dabei, dass du dem Mann auf der physischen Ebene das gibst, was er erwartet. Und er wird es dir danken, indem er dir die Welt zu Füßen legt. Du wirst mir zustimmen, dass das angesichts der Belohnung kein allzu hoher Preis ist.

Sei klug und der Mann ist für immer in deiner Hand. Tausend Küsse, liebes Mädchen. Wir sehen uns im Juni.

Deine Sofija Nikolajevna«

Ich hielt den Brief meiner Tante noch in den Händen, als mir schon neue Ideen kamen, womit ich mich in den nächsten Tagen beschäftigen würde.

2004 Mir kamen neue Ideen, womit ich mich in den nächsten Tagen beschäftigen würde. Nur gut, dass ich das Tagebuch meiner Urgroßmutter durchgeblättert hatte. Ich beschloss, während der letzten vier Tage unseres Urlaubs die Rolle der perfekten Geliebten zu spielen. Ich kochte leckere Mahlzeiten und versuchte, meine Fähigkeiten zu verbessern: beim Zuhören, beim Stylen meines Äußeren, in der Kunst der Berührung und in der Anwendung von Düften. Und ich wollte ein Versäumnis wiedergutmachen und mit ... meinem Äußeren beginnen.

»Matvej, wann legen wir wieder an?«, fragte ich.

»Auf der Zweiginsel. Es gibt dort ein nettes kleinen Städtchen mit schönen Läden. Ich glaube, das wird schön«, erwiderte er, während er den Kalmar aß, den ich nach dem Rezept des Skippers gekocht hatte. »Du kochst ziemlich gut. Und die Hauptsache ist, du brauchst nicht zu lange dafür. Du verbringst die ganze Zeit zusammen mit mir, aber das Essen steht trotzdem pünktlich auf dem Tisch. Vielleicht helfen dir die Meeresgeister. Ich gewöhne mich jetzt seit drei Tagen an Frühstück, Mittagessen und Abendbrot.«

»Das freut mich. Vielleicht können wir ja ein Restaurant eröffnen. Ich stehe in der Küche, und du besorgst Kalmare und Schellfisch. Das hat etwas Ursprüngliches!«, antwortete ich so sanft wie möglich, obwohl ich innerlich vor Empörung kochte. Als ob ich eine Wahl hätte! Wenn man mitten auf dem Meer meutert, wird man womöglich auf einer einsamen Insel ausgesetzt.

»Ich angle lieber in Geschäften. Die Auswahl ist besser und es ist nicht so anstrengend«, sagte Matvej.

»Ich schlage vor, dass wir morgen auf der Insel unsere Rollen tauschen.«

»Wie denn?«

»Lass mich dir einige Sache kaufen, von denen ich glaube, dass sie dir gut stehen, und du tust dasselbe für mich. Hast du einen besonderen Wunsch?«

»Ich bin so daran gewöhnt, mir alles selbst zu kaufen, aber vielleicht ist das eine gute Idee.« Matvej überlegte. »Ich wollte mir ein kurzärmeliges weißes Hemd kaufen. Und was möchtest du gerne?«, fragte er.

»Ich bezweifele, dass wir ein Geschäft mit Business-Hosenanzügen finden werden. Ein Sonnenkleid wäre mir recht.« Sonst fiel mir nichts ein, denn ich wollte auch keine wirklich großen Wünsche anmelden.

»Gehen wir zusammen shoppen oder getrennt?« Als echter Mann wollte Matvej alles genau im Voraus wissen.

»Wir können zunächst eine Stunde getrennt bummeln und dann gemeinsam über den Fischmarkt gehen oder umgekehrt – erst auf den Fischmarkt und dann shoppen.« Ich hatte schon wieder die Zügel in die Hand genommen und gab Anweisungen. Gerade noch rechtzeitig stoppte ich mich und sagte meinen Standardsatz auf: »Was immer du willst, Liebling, so soll es geschehen.«

Matvej, offensichtlich geschmeichelt, entschied: »Dann gehen wir zuerst auf den Fischmarkt, dann shoppen und jetzt – schwimmen!«

Und im nächsten Moment fand ich mich im Wasser wieder.

»Lass uns zu der kleinen Insel da drüben schwimmen!« Matvej zeigte auf ein Eiland nicht weit entfernt. »Ich will schon lange unbedingt mit dir auf einer einsamen Insel schlafen und mich wie Robinson Crusoe fühlen.« Sanft küsste er mich.

Der Insel war wirklich einsam und winzig. Kroatien ist ein Paradies für Liebende. Jedes Paar kann eine Insel für sich alleine finden. Wir legten uns in den Sand und ich erinnerte mich an die Massage.

»Damit du dich wie Robinson fühlst, gebe ich dir eine echte Eingeborenenmassage.«

»Eingeborenenmassage?«, fragte Matvej neugierig.

»Ja! Leg dich auf den Bauch!«, befahl ich. Ich dachte an den Unterricht in der *Academy of Private Life* und zeichnete ihm »Liebesschlangenlinien« auf den Rücken, von der rechten Schulter zur linken, dann schräg nach unten. Ich fasste seine Seiten, die empfindlichsten Stellen am Männerkörper, atmete ein und berührte die Haut am Steißbein mit meinen Fingernägeln. Fünf Wiederholungen und Matvej begann, vor Lust zu stöhnen.

Einige kreisförmige Berührungen des Steißbeins, wo die männliche Sexualenergie sich konzentriert, und dann begannen meine Hände, Halbkreise um seine Hinterbacken zu ziehen und dann wieder zum Steißbein aufzusteigen.

Einatmen stärkt die sexuelle Energie, und alle Bewegungen, die man ausführt, während man einatmet, aktivieren folglich die Lust sowohl im Mann als auch in der Frau. Jede Frau sollte wissen, dass man auch bei technisch korrekter Ausführung ohne den Energiezufluss nur mechanisch handelt, ohne etwas zu bewirken. Matvej spürte offenbar meine sexuelle Energie; er blieb nicht lange still und ergriff bald die Initiative.

Als wir wieder zu uns kamen, sah Matvej mich vergnügt an und sagte: »Ihr Eingeborenen seid ziemlich ernsthaft dabei! Ich hoffe, ihr esst eure Opfer nach einer solchen Lust nicht auf!«

»Nein, wir legen sie in Meerwasser ein«, lachte ich und schwamm auf die Jacht zu, die friedlich auf den Wellen schaukelte.

»Für eine solche Massage würde ich mein Leben geben!«, rief Matvej, während er mich überholte.

1904 »Für eine solche Massage würde ich mein Leben geben!«, murmelte Mark zufrieden auf dem Bett. »Wer hat dir das beigebracht?«

»Meine Tante!«, erwiderte ich mit sittsam niedergeschlagenen Augen.

›Manche Berührungen wirken Wunder bei einem Mann‹, dachte ich zufrieden. ›Jede Frau sollte die Kunst der erotischen Massage lernen. Wie in Indien, wo eine wahre Frau immer Meisterin der 64 Künste ist.‹

Der Samstagmorgen begann mit einer sanften Massage und sanftem Sex. Meine Tante hatte einmal vier Stunden lang erklärt, dass Liebkosungen am Morgen die mächtigste Waffe sind, die man sich vorstellen kann. Wir können den Mann am Morgen völlig in unseren

Besitz bringen. Sexuelle Signale am Morgen sind die beste Möglichkeit, den Mann zu befriedigen. Eine Frau, die zu dieser Tageszeit bei ihm ist und sein Verlangen stillen kann, wird den Rest des Tages seine Gedanken beherrschen.

»Wenn du möchtest, dass ein Mann nur dich begehrt, dann weise seine Liebesbezeugungen am Morgen nie zurück«, hatte meine Tante wiederholt, »selbst wenn er noch im Halbschlaf ist, während er nach dir greift, freu dich – er gehört dir. Wenn du wirklich keine Zeit hast, küss ihn wenigstens, aber nicht auf die Lippen, sondern auf eine empfindlichere Stelle. Wenn er nur dir gehören soll, beginne jeden Morgen mit einem Liebesakt.«

Gemäß diesem Ratschlag begann ich den Samstagmorgen mit wilden Küssen und einer Massage.

»Wo hast du das gelernt?«, fragte Mark misstrauisch.

»Ich habe mit Bananen geübt«, erklärte ich sittsam.

»Mit dir wird es nie langweilig. Dabei siehst du so anständig aus!«, lächelte Mark.

»Wieso, was ist denn hier nicht anständig?« Ich zuckte mit den Schultern. »Nicht faulenzen, steh endlich auf! Große Taten liegen vor uns!«, rief ich scherzhaft und rollte ihn aus dem Bett.

Den Weisungen meiner Tante folgend, gab ich ihm Gelegenheit, seinen guten Geschmack zu beweisen. Er durfte die Gästezimmer neu einrichten und die Dekoration im Salon umgestalten. Mark war geschmeichelt, dass ich ihn um Rat fragte, und begann, die Einkaufstouren mit mir zu genießen.

Die ersten gemeinsamen Einkäufe sind genauso intim wie der erste Kuss. Wichtig ist nur, immer daran zu denken, dass kein Mann einen Einkaufsbummel länger als eine halbe Stunde durchhält.

2004 »Wichtig ist, daran zu denken, dass kein Mann einen Einkaufsbummel länger als eine halbe Stunde durchhält«, ermahnte ich mich selbst.

Es gab Läden voller nutzlosem Designerkram und netten Kleinigkeiten. Ich hielt mich zwar nicht an die vereinbarte halbe Stunde, schaffte es aber trotzdem noch rechtzeitig, Matvej ein schönes Hemd auszusuchen. Wir trafen uns 40 Minuten später in einem Café, wo wir die Jachten bewunderten und uns von unseren Erlebnissen erzählten.

»Ein Sonnenkleid habe ich schon gefunden, aber du solltest es vorher anprobieren, finde ich«, fiel Matvej dann ein.

»Ich habe das Hemd für dich auch noch nicht gekauft. Ich war mir über die Größe unsicher. Probier es gleich mal an!«

»Ja, gute Idee. Fangen wir mit dem Hemd an – das Sonnenkleid auszusuchen, wird sicher länger dauern«, sagte Matvej und bezahlte den Kaffee.

Wir kehrten in den Laden zurück, und ich bat den Verkäufer, das Hemd zu bringen, das ich ihn hatte zurücklegen lassen. Als Matvej aus der Umkleidekabine trat, staunten der Verkäufer und ich. Ob es an der Farbe oder dem Schnitt lag – jedenfalls sah Matvej in dem Hemd ungeheuer sexy aus.

»Ihre Frau hat einen ausgezeichneten Geschmack«, lobte der Verkäufer.

»Das stimmt«, erwiderte Matvej stolz. »Eigentlich gehört zu diesem Hemd ein Paar Jeans. Was können Sie uns da zeigen?«, fragte er dann den Verkäufer, der sofort begeistert eine Auswahl vorlegte. Manche dieser Jeans waren nicht das, was wir suchten, andere aber passten Matvej wie angegossen und ließen seine Beine länger und die Hinterbacken runder wirken. Matvej zahlte und lachend verließen wir den Laden.

»Jetzt schauen wir uns dein Kleid an«, sagte Matvej.

Die Boutique war voller Perlenketten, Schuhe und Hüte und führte natürlich auch T-Shirts, Kleider und Röcke aller Farben und Stile. Die Farbenpracht überwältigte uns fast. Alleine hätte ich hier den ganzen Nachmittag verbracht, bis ich mich durch das Angebot gewühlt hätte. Aber man sollte die Geduld eines Mannes ja nicht auf die Probe stellen ...

»Also, dieser Stil hier gefällt mir.« Matvej drückte mir etwas Rosafarbenes mit Rüschen und Spitzen in die Hand. Normalerweise bin ich eher für schlichte, elegante Kleidung im Business-Stil. Jetzt entdeckte ich, dass Matvej auf romantische junge Frauen stand. Das schulterfreie Sonnenkleid mit dem fließenden Schnitt verwandelte mich in ein Mädchen aus dem letzten Jahrhundert.

»Absolut irre«, erklärte Matvej, als ich aus der Umkleidekabine trat. »Dazu brauchst du noch eine Perlenkette, lange Ohrringe und Sandalen.« Matvej flüsterte mit der Verkäuferin, die mir verschiedene Perlenketten und Ohrringe anlegte. Schließlich wählte er aus, was ihm gefiel, und stellte mir auch die Sandalen hin. Ich fühlte mich wie Galatea und Matvej wahrscheinlich wie Pygmalion. Jeder Schritt meiner Verwandlung ließ ihn sich mehr in seine Schöpfung verlieben. Er schaute mich fasziniert an, setzte mir einen rosa Hut auf, blinzelte und war offensichtlich zufrieden mit seiner Arbeit, denn er sagte: »Das wäre dann alles.«

1904 »Das wäre dann alles«, sagte Mark, als er die letzte Lampe auswählte. Ich ging gerne mit ihm zusammen in Genf einkaufen. Es war ein gemeinsamer schöpferischer Vorgang. Am wichtigsten aber war, dass wir dieselben Sachen mochten. Es war, als seien wir auf dieselbe Frequenz eingestellt. Sobald mir etwas ins Auge fiel, blieb Mark ebenfalls stehen und nickte bestätigend. Andersherum war es genauso, und ich entdeckte eine Menge interessanter Details an den Sachen, die ihm gefielen. Es war, als sehe ich die Welt durch seine Augen, und in diesen anderen Farben zeigte sie vollkommen neue Seiten. Wir verbrachten eine Stunde in einem Möbelhaus, wo wir das Mobiliar für das Gästezimmer und die Lampen aussuchten. Mark wählte im Gegensatz zu mir alles in dezentem Beige, Gold und Dunkelblau; er nahm nie Rosa oder Hellgrün. Jawohl, Männer haben eine absolut andere Farbwahrnehmung als Frauen. Für sie sind aufregende Farben für ein Schlafzimmer dunkel;

Rosa ist für sie weich und zart, aber nicht leidenschaftlich. Dann wollte ich bezahlen, aber Mark ließ mich nicht.

»Ich schenke dir die Sachen«, sagte er.

»Aber das ist ziemlich teuer.« Ich war peinlich berührt.

»Ja, und ich kann es mir leisten«, wehrte er nur ab.

Ich wollte erst widersprechen, ließ es dann aber bleiben. Wenn der Mann in dein Haus investieren will, heißt das, er fühlt sich als Besitzer. Männer gehen nicht gerne einkaufen, aber sie bezahlen gerne, weil sie sich in diesem Moment in ihrem Status und ihrem Reichtum bestätigt fühlen. Wenn sie die Brieftasche zücken oder den Scheck unterschreiben, erzählen sie der ganzen Welt, wie reich und mächtig sie sind. Wenn ein Mann daher für eine Frau bezahlen will, sollte man ihn nicht durch eine Zurückweisung demütigen und so seine Macht in Frage stellen. Man muss den Mann in die Frau investieren lassen. Nicht umsonst heißt es: »Frauen geben Geld aus, Männer investieren es.«

»So komme ich mir bei meinem nächsten Besuch vor, als sei es auch mein Haus«, bemerkte Mark.

»Bei deinem nächsten Besuch?«, fragte ich. »Willst du denn abreisen?«

»Natürlich, meine Patienten und meine Forschungsarbeit warten auf mich.«

Ich erstarrte. »Und warum bist du dann hierhergekommen«, wollte ich fragen, »um mich zu quälen?« Bevor ich irgendetwas Unpassendes sagen oder in Tränen ausbrechen konnte, lächelte ich und entschuldigte mich kurz. Ich floh auf die Toilette, atmete einige Male tief durch und ermahnte mich selbst: »Geduld, nur Geduld.« Dann setzte ich mein schönstes Lächeln auf und dachte daran, was mich meine Tante gelehrt hatte.

Lege die Daumen und Zeigefinger beider Hände zusammen und bilde so den Ring der Venus. Lege die Finger an die Mundwinkel, atme ein, nimm das Lächeln und hebe es mit den Fingern an die Schläfen. Zwischen Ein- und Ausatmen befestige das Lächeln und beim Ausatmen löse es wieder.

Meine Augen begannen zu leuchten, ich lächelte unwillkürlich und alle negativen Gefühle verschwanden. »Nur keine Eile, lassen wir den Dingen Zeit, sich zu entwickeln«, befahl ich mir selbst und kehrte mit einem noch charmanteren Lächeln zu Mark zurück.

»Ist alles in Ordnung?«, fragte er besorgt.

»Ja, gewiss, alles ist in Ordnung«, erwiderte ich so überzeugend wie möglich.

»Es wird Zeit für das Abendessen! Wo feiern wir unsere Neuerwerbungen?«

»Es gibt hier ganz in der Nähe ein Restaurant mit ausgezeichnetem Fondue«, schlug ich vor. »Wir können zu Fuß hingehen.«

Charles hatte mir dieses Restaurant gezeigt. ›Ich habe ihn schon lange nicht mehr gesehen‹, fuhr mir durch den Kopf. ›Gewöhnlich verschwindet er nicht eine ganze Woche lang. Vielleicht ist ihm etwas passiert.‹ Ich verscheuchte den Gedanken.

»Gut, lass uns gehen«, entschied Mark und bot mir seinen Arm. Die Maisonne schien und eine Frühlingsbrise umspielte uns. Die Schaufenster voller Uhren und Schmuck zogen meinen Blick mit ihrem Glitzern an.

»Vielleicht sollte ich mir eine Schweizer Uhr anschaffen«, sagte Mark nachdenklich. »Als Zeichen meiner neuen Zeitrechnung.«

»Neue Zeitrechnung?«, wiederholte ich.

»Ja, ein neues Leben. Schauen wir uns ruhig ein bisschen um.«

»Gewiss.« Ich fühlte mich wie eine Schlafwandlerin.

»Varja, bist du müde?«, fragte Mark.

»Nein, mir geht es gut. Wann reist du denn ab?« Ich beschloss, die Frage, die mich quälte, loszuwerden.

»In zwei Tagen, aber ich nehme dich ja mit«, sagte Mark ganz selbstverständlich.

»Du nimmst mich mit? Wozu?« Ich war völlig verwirrt und verstand gar nichts mehr.

»Schau dir nur diesen Ring an«, sagte Mark, ohne meine Frage zu beantworten. Wir gingen gerade an einem Juweliergeschäft vorbei; in der Auslage glitzerte ein Ring mit einem großen Diamanten. Der

Verkäufer sonnte sich auf einem Stuhl vor der Tür, und als er unser Interesse bemerkte, bat er uns sofort hinein.

»Für einen Diamanten wie Sie ist das nur ein sehr kleiner Stein ...«, schmeichelte er mir. »Möchten Sie ihn einmal anprobieren?«

Während ich überlegte, war Mark bereits eingetreten und schaute sich den Ring an.

»Drei Karat, hervorragender Schliff, Roségold«, pries der Verkäufer den Ring an. »Wer eine Frau hat, die eines solchen Geschenks würdig ist, ist wirklich ein glücklicher Mann.« Und er schaute Mark neidisch an.

»Ja, ich bin ein glücklicher Mann«, bestätigte Mark. »Ich habe eine Frau, der ich einen Ehering an den Finger stecken werde!«

»Dann haben Sie eine gute Wahl getroffen!«, sagte der Verkäufer. Es war nicht klar, was er meinte – mich oder den Ring.

KAPITEL 21:

Ist er der Richtige für dich? Wie wichtig es ist, die eigenen Wünsche zu kennen

2004 »Da haben Sie eine gute Wahl getroffen«, lobte der Verkäufer.

Die Insel stand offensichtlich unter der Herrschaft des Handelsgottes Merkur, der uns nicht gehen lassen wollte. Wir waren soeben mit zwei riesigen Paketen voller Kleider auf dem Rückweg zur Jacht, als wir einen kleinen Juwelierladen entdeckten. Ein ungewöhnliches Silberkreuz mit eingearbeitetem Azurit zog meinen Blick auf sich. Ich stellte mir vor, wie gut es an Matvejs Hals aussehen würde, und entschloss mich, es ihm zu schenken.

»Matvej, wartest du mal kurz?«

»Noch ein Laden?«, fragte er mit gespieltem Entsetzen.

»Ja, der letzte Touch für deinen neuen sexy Look«, erwiderte ich und bat den Verkäufer, mir das Kreuz zu zeigen. Der Verkäufer nahm es aus dem Schaufenster und gab es Matvej.

»Das ist ein ganz besonderes Kreuz. Es stammt aus einem montenegrinischen Kloster und schützt den Träger vor Unheil«, erklärte der Verkäufer und lobte meine Wahl.

Der dunkelblaue Azurit passte zum Stahlblau von Matvejs Augen und ließ sie weicher und tiefer erscheinen. Das Kreuz war nicht einmal teuer – es kostete nur 50 Dollar – und passte also zum Konzept meiner Urgroßmutter, dem Mann Aufmerksamkeit zu erweisen, aber ihn nicht mit Geschenken und Emotionen zu überschütten. »Ich hoffe, es schützt dich vor allen Misserfolgen«, flüsterte ich Matvej zu.

»Danke für das Amulett. Jetzt bin ich wohl zum dauernden Erfolg verdammt.« Matvej küsste mich auf die Nase.

Müde und glücklich mit unseren Einkäufen und miteinander kehrten wir auf die Jacht zurück. Der Skipper hatte anscheinend nicht mehr auf uns warten wollen und den Fisch, den wir am Morgen gekauft hatten, bereits gekocht. Zur Feier unseres erfolgreichen Beutezugs öffneten wir eine Flasche kroatischen Wein und zündeten Kerzen an. Als wir uns mit der Jacht auf den Wellen wiegten, die Sterne herauskamen und wir das gute Essen und den Wein genossen hatten, waren wir in philosophischer Stimmung und dachten an die Zukunft. Heute war unsere letzte Nacht an Bord, dann kam noch eine Übernachtung in Split und dann würden wir wieder heimfliegen.

»Möchtest du wirklich schon nach Hause?«, fragte ich Matvej. Er hatte den Kopf in meinem Schoß und sah in den Sternenhimmel.

»Möchte ich nach Hause?«, murmelte er. »Möchte ich in meine Junggesellenbude zurück, wo mich niemand füttert, streichelt, massiert und beschenkt?«

»Hm, das klingt aber ganz furchtbar.«

»Ein bisschen Mitleid und Hilfe könnte ich schon gebrauchen.«

»Und wie soll ich dir helfen?«

»Lass deinen albernen Verlobten sitzen und reiß mit mir aus.«

»Er ist nicht albern«, verteidigte ich den fiktiven Bräutigam.

»Wer so ein Gesicht hat wie der auf den Fotos, ist jedenfalls nicht besonders intelligent.«

»Haben dir die Bilder nicht gefallen?«

»Als ich sie gesehen habe, da war mir auf einmal klar, dass ich dich nicht verlieren will. Aber ich konnte mir einfach nicht vorstellen, mein ganzes Leben mit einer einzigen Frau zu verbringen.«

›Das ist der Anfang vom Ende‹, dachte ich, ›jetzt erklärt er mir gleich mit vernünftigen Argumenten, warum er mir keinen Antrag machen kann – schließlich lebt er in Moskau und ich wohne und arbeite in St. Petersburg ...‹

»Es wird natürlich schwierig werden, in Moskau einen Job zu finden. Und du bist ja auch an deine eigene Wohnung gewöhnt, und in Moskau werden wir eine mieten müssen ...«, fuhr er fort.

»Matvej, wovon sprichst du?« Ich gab vor, gar nicht zu verstehen, was er meinte. Wir saßen einander gegenüber; die riesige orange Scheibe des Mondes hing über uns, und ich dachte, eine solche Nacht wäre eigentlich perfekt für romantische Liebesversprechen anstatt kalter Situationsanalysen. Alle meine Bemühungen waren umsonst gewesen. Ich war erschöpft und wäre am liebsten in Tränen ausgebrochen. Matvej bemerkte, wie meine Wimpern im Mondlicht zu glänzen begannen, wirkte verwirrt, umarmte mich und setzte mich auf seinen Schoß, wobei er mich sanft küsste.

»Mein liebes Mädchen, entschuldige, ich rede Unsinn. Wir denken uns schon eine Lösung aus. Verlass diesen Feigling und heirate mich!« Offensichtlich kamen diese Worte für ihn selbst un-erwartet. Ich erstarrte und wusste plötzlich mit aller Klarheit, dass ich Matvej nicht heiraten wollte. Er hatte Recht – er konnte nicht sein ganzes Leben mit einer einzigen Frau verbringen, und ich wollte nicht in ständigem Konkurrenzkampf zu allen anderen Mäd-chen stehen, die hinter ihm her waren. Und unsere Romanze war schließlich nichts weiter als die Umsetzung der von mir erlernten theoretischen Regeln in die Praxis. Ich hatte bewiesen, dass sie funk-tionieren, dass ein Verstoß gegen sie mit Angstgefühlen bezahlt wird, dass Männer sich seit Tausenden von Jahren nicht verändert haben und dass sie immer noch der Frau mit dem größten Energiepotenzial nachstellen, weil nur eine solche Frau ihnen helfen kann. Also sah ich Matvej in die Augen und entgegnete zu meiner eigenen Überraschung: »Zu spät.«

1904 »Zu spät«, erwiderte ich, als Mark um meine Hand anhielt. Die Worte überraschten mich selbst. Auf dem ganzen Weg von Genf nach Chamonix hatte ich geschwiegen und mit mir selbst darum gerungen, ob ich ihn heiraten wollte – jetzt, wo sich mir solche Möglichkeiten eröffneten und ich die Regeln verstanden hatte, nach denen die Beziehungen zwischen Männern und Frauen abliefen. Vielleicht hatte meine Tante ja Recht, Mark war gar nicht der Richtige für mich und der interessanteste Teil meines Lebens lag noch vor mir? Ich kannte die Regeln; ich konnte jeden Mann an mich binden und zum Wahnsinn treiben: Könige, Präsidenten, Scheichs. Ich konnte die Welt verändern. Vielleicht waren das auch Illusionen, aber bevor ich sie verwarf, sollte ich sie vielleicht wenigstens ausprobieren. Mark respektierte mein Schweigen; er spürte, dass ich nachdachte. Erst als wir in Chamonix angekommen waren, uns umgezogen hatten und beim Tee auf der Veranda saßen, sprachen wir wieder.

»Gefällt dir der Ring wirklich?«, fragte Mark interessiert und zog das Kästchen hervor. Die Sonne funkelte auf den Facetten des Schliffs.

»Ja, er ist wunderschön! Ich bin wieder einmal erstaunt, was für einen guten Geschmack du hast!«, freute ich mich und bewunderte den Stein.

»Aber das ist doch nichts gegen deine Schönheit!«, erwiderte Mark mit einem uralten Klischee, und ich sah ihn misstrauisch an. Als er bemerkte, was er für eine Plattitüde von sich gegeben hatte, verbesserte er sich: »Ich umgebe mich wirklich gerne mit schönen Dingen.« Aber das klang noch seltsamer, als ob ich eines dieser schönen Dinge sei.

»Mein Gott, Varja, ich bin tausend Kilometer gefahren, um dir zu sagen, dass ich dich liebe, und jetzt fasele ich hier von der Schönheit eines Diamanten!« Er räusperte sich. Dann gestand er mir seine Liebe, nahm den Ring und steckte ihn mir an den Finger. »Willst du meine Frau werden?«

Als er meine Antwort hörte, verlor er die Sprache.

»Wieso zu spät? Was hat sich in den letzten drei Monaten geändert?« Mark war offensichtlich verwirrt und auf diesen Umschwung nicht vorbereitet.

»Ich habe mich geändert.« Und das sollte mich mehr als ihn überzeugen.

2004 »Ich habe mich geändert!«, fällte ich das Urteil über mich selbst. »Ich habe mich im letzten Jahr wirklich verändert!«, sagte ich laut und schon optimistischer. Ich stellte mich vor den Spiegel und erklärte: »Ich habe mich verändert!« Dankeschön, Urgroßmutter!

Matvej und ich kehrten völlig verändert aus Kroatien zurück; als hätten wir in jener Mondnacht alles endgültig entschieden und Worte seien nicht mehr nötig.

Das Seltsamste war, dass ich überhaupt nicht wütend oder enttäuscht war. Anscheinend waren alle Erfahrungen und Emotionen in dem Moment, als ich meine Entscheidung getroffen hatte, die Geschichte zu beenden, ausgebrannt. Auch der Lehrgang an der Business School war fast zu Ende; wir würden nur noch ein Seminar gemeinsam absolvieren.

In diesem vergangenen Jahr hatten sich viele Dinge verändert; vor allem ich selbst. Ich wollte unbedingt nach Chamonix zurückkehren und den Hotelbesitzer nach weiteren Einzelheiten fragen. Vielleicht hing dort wirklich das Bild meiner Urgroßmutter und die Stimme des Blutes hatte mich an den richtigen Ort geführt. ›Ich werde wirklich noch gefeuert‹, dachte ich, aber aus irgendeinem

Grund fand ich diese Aussicht nicht einmal beängstigend. ›Dann kann ich eine Schule für junge Närrinnen eröffnen, wie ich eine war‹, dachte ich, ›und ihnen die Regeln der Welt des Mannes beibringen – und wie man sie beherrscht.‹

Am nächsten Morgen rief ich meinen Arbeitgeber an und informierte ihn, dass ich wegen einer Familienangelegenheit dringend nach Chamonix zurück musste.

»Und wann arbeiten Sie mal wieder?«, kam die erwartete und berechtigte Frage meines Chefs.

»Wahrscheinlich arbeite ich sowieso nur noch etwa zwei Monate, wenn ich zurückkomme, und dann gehe ich«, erklärte ich so vernünftig wie möglich.

»Ich wusste, ich hätte Ihnen den Kurs an der Business School nicht genehmigen sollen«, seufzte der Chef. »Man hatte mich gewarnt, dass die Absolventen meistens kündigen, aber ich wollte es ja nicht glauben.«

»Nicht ärgern«, versuchte ich, ihn zu beruhigen. »Sobald der Übermut verfliegt, kommen viele bestimmt auch wieder. Aber ich muss wirklich ein paar Dinge regeln. Ich fliege am Donnerstagabend und bin Montag wieder zurück. Ich brauche also nur den Freitag frei«, bettelte ich.

»Na dann«, erbarmte sich mein Chef. »Fliegen Sie nach Chamonix. Bringen Sie mir eine Flasche französischen Wein mit, dann können wir auf Ihr neues Leben anstoßen.«

KAPITEL 22:

Der Beginn des nächsten Lebens, aber nicht des letzten

1904 »Nun, lass uns auf den Beginn deines neuen Lebens trinken!«, sagte meine Tante und hob das Glas mit französischem Wein.

Zwei Wochen waren vergangen, seit Mark abgereist war, und endlich war auch meine Tante eingetroffen. Ich freute mich sehr über ihren Besuch. Wir saßen am selben Tisch auf der Veranda, wo ich vor kurzem noch mit Mark Wein getrunken hatte.

»Auf den Begin meines Lebens!«, wiederholte ich den Toast. »Ich weiß zwar noch nicht, wie es aussehen wird, aber etwas sagt mir, dass du es bereits weißt.« Ich sah sie liebevoll an und rief aus: »Oh Tante! Wie glücklich ich bin, dich zu sehen! Ich habe dich so sehr vermisst!«

»Das glaube ich, liebes Mädchen, das glaube ich! Ich sehe, du bist nicht besonders wütend oder enttäuscht wegen Mark.«

»War ich schon, als er gegangen ist. Und ich bin mir immer noch nicht sicher, ob es richtig von mir war, seinen Antrag abzulehnen.

Ich musste alle Rituale zum Ablegen von Traurigkeit durchführen«, vertraute ich ihr an.

»Siehst du, gut, dass du etwas zu tun hattest«, lächelte sie. »Und welches hat dir am meisten geholfen?«

»Ich bin in parallele Welten gereist! Ich habe mich in eine imaginäre Zeitmaschine gesetzt und bin fünf Jahre in die Zukunft gereist, erst in eine Zukunft mit Mark und dann ohne Mark«, sagte ich.

»Habe ich dir das beigebracht?«, fragte meine Tante überrascht.

»Nein, das habe ich mir selbst ausgedacht. Es war eine schwere Zeit für mich, ich habe sehr gezweifelt. Ich wollte ihm gerne nachlaufen und ihn anbetteln zurückzukommen. Ich konnte nicht schlafen und fast nichts mehr essen. Und in einer dieser schlaflosen Nächte habe ich mir gesagt: Auch wenn ich nicht in die Zukunft blicken kann, spüre ich dennoch, dass ich richtig entschieden habe.

Und dann bin ich in einer goldenen Kugel in den 107. Stock aufgestiegen und 17 Stufen zum 108. Stock hinaufgegangen, habe einen Zeitkorridor betreten und eine Tür zu einem Zimmer mit einem fliegenden Schiff geöffnet. Ich setzte mich hinein und fuhr in die Zukunft. Ich schaute mir unser gemeinsames Leben an – und dann ein Leben ohne ihn.«

Ich versuchte, meiner Tante alles ganz genau zu beschreiben.

»Ja, liebe Varja, das hast du offensichtlich gut hinbekommen.« Meine Tante schaute mich neugierig an. »Und was hast du gesehen?«

»In der Welt, in der ich mit Mark zusammenlebte, saßen wir in Chaiselonguen am Strand und schauten liebevoll einem kleinen Jungen zu, wahrscheinlich unserem Sohn. Es war ein sehr friedliches und glückliches Bild.«

»Und was hast du in der Welt ohne Mark gesehen?« Meine Tante war wirklich neugierig.

»Ich sah mich selbst mitten in einer Halle, umgeben von einer Menge fröhlich lachender Mädchen, vielleicht meiner Schulkameradinnen. Ein Mann kam auf mich zu. Seine Augen waren erfüllt von Liebe und Anbetung. Ich konnte die innere Kraft in ihm sehen, seine Autorität, und ich verstand, dass ich ohne diese Begegnung den Rest meines Lebens auf der Suche nach etwas sein würde. Weißt du, Tante, es wäre ja besser gewesen, wenn eines der Bilder dunkel und düster und das andere hell und fröhlich gewesen wäre, aber sie waren beide sehr schön.«

»Warum hast du dich nicht für Mark entschieden?«, fragte meine Tante.

»Als ich von dieser Reise zurückkehrte, verstand ich plötzlich, dass es unaufrichtig von mir wäre, zu Mark zurückzukehren. Selbst, wenn ich ihn heiratete, würde ich doch weiter den Ruf dieses anderen Mannes spüren. Vielleicht war es nur eine Einbildung und in fünf Jahren stehe ich einsam und unglücklich da, heule in deinen Schoß und mache mir lauter Selbstvorwürfe.« Ich sah meine Tante an.

»Man muss sich ständig entscheiden! Jede einzelne Sekunde entscheiden wir uns für einen bestimmten Weg, und du hast den allerschwierigsten gewählt. Der Mann, von dem du sprichst, ist einer von denen, die über das Schicksal der Welt bestimmen, und er wird dich, so wie du jetzt bist, nicht einmal anschauen, wie viel du auch weißt und kannst. Du hast bis jetzt nur die Grundlagen gelernt, aber bevor du alle männlichen Archetypen verstehst und in dir selbst neue weibliche Archetypen entdeckst, bist du nicht wirklich deine eigene Herrin.«

Meine Tante sah mich scharf an.

»Vielleicht dauert es fünf Jahre, vielleicht länger. Wer weiß? Du kannst immer noch zu Mark zurückgehen. Im Moment ist er enttäuscht und fühlt sich zurückgesetzt, aber er liebt dich und würde dich wieder nehmen, wenn du es wolltest.« Sie schenkte mir Wein nach.

Wir schwiegen, genossen den Wein und dachten über unser Leben nach. Ich schaute zu, wie die Berggipfel sich in den letzten Sonnenstrahlen rosa färbten, und dachte daran, wie viele Liebesgeschichten sie schon gesehen hatten. Welche dieser Geschichten hatten die Welt verändert – und welche waren einfach vergessen worden? Außerdem fragte ich mich, was für eine Geschichte ich wohl einmal über meine eigene Liebe schreiben könnte. Meine Tante unterbrach meine Gedanken.

»Also packen wir jetzt und fahren nach St. Petersburg zurück, oder ...«, fing sie an.

»Oder was?«, fragte ich zurück.

»Oder bist du bereit, dich ins Unbekannte zu stürzen und die wirkliche Herrscherin deiner Welt zu werden?«

»Habe ich denn eine Chance?«, fragte ich, noch immer im Unklaren über mein Schicksal.

»Eine Chance gibt es immer. Es hängt ganz von dir ab. Du kannst die Begegnung mit deiner anderen Hälfte nicht vermeiden, aber du kannst entscheiden, ob diese Begegnung dir nur Bedauern bringen oder ob sie die Welt verändern wird.« Sie wartete auf meine Antwort.

»Aber warum hängt alles von mir ab? Warum kann nicht einfach irgendein Mann kommen und mich auf seinen Armen in eine andere Welt tragen? Warum findet er mich nicht und sagt mir ganz einfach, dass ich sein Schicksal bin?«, fragte ich erneut.

Meine Tante sah mich traurig an und sagte: »Ach, ich sehe schon, da muss ich wohl wieder ganz von vorne anfangen. Die Liebe ist die Sache der Frau; der Mann hat andere Aufgaben, und weil du dem wahren Richter ins Auge gefallen bist, musst du von einem Rohdiamanten zu einem geschliffenen Brillanten werden. Der Vergleich hinkt natürlich, dennoch stimmt er. Und je mehr Facetten du bekommst, desto mehr Blicke wirst du auf dich lenken.«

Da dachte ich wieder an den Diamanten, den ich von Mark bekommen hatte. »Tante, ich habe dir noch gar nicht den Ring gezeigt, den mir Mark geschenkt hat.« Ich eilte ins Haus zurück und kehrte nach wenigen Minuten mit der Schachtel zurück.

»Schau nur, wie wunderschön er ist«, sagte ich zu meiner Tante. »Wo ich Mark doch jetzt verlassen habe, muss ich ihn da nicht zurückgeben?«

»Nein, er hat ihn dir als Gegenleistung für die Zeit und die Liebe geschenkt, die du ihm gegeben hast. Also, wie entscheidest du dich?«

»Habe ich noch Bedenkzeit?«, versuchte ich, die Sache hinauszuzögern.

»Nein«, erwiderte Sofija Nikolajevna und blinzelte.

2004 »Ich habe eine Überraschung für Sie«, erklärte der Hotelbesitzer.

Ich war wirklich nach Chamonix zurückgereist. Am Donnerstagabend kam ich bereits wieder in das Hotel – und ich sah es jetzt mit völlig anderen Augen. Mir schien, jeder Stein enthalte Erinnerungen an meine Urgroßmutter.

Ich brachte meine Koffer hinein, ging um das Gebäude herum und erreichte die Veranda mit dem Blick auf den Mont Blanc. Die Sonne wärmte mich und die Terrassenmöbel waren bereits aufgestellt. Ich schaute mir den eleganten Tisch und die Stühle, beide aus Korb geflochten, an und stellte mir die Szene vor, die sich vor hundert Jahren hier abgespielt hatte. Noch einmal schaute ich zu den Bergen hinauf und kehrte dann ins Hotel zurück. Das Gespräch mit dem Hotelbesitzer war erst für den nächsten Tag vereinbart; ich hatte noch die ganze Nacht vor mir.

›Wie interessant‹, dachte ich, ›als ich zum ersten Mal hier hereingekommen bin, kam mir alles ganz anders vor. Ich musste erst herausfinden, dass es meiner Urgroßmutter gehört hat, und jetzt hat alles eine besondere Bedeutung.‹

Die Revolution hatte viele Familienheime zerstört, und viele Menschen haben alles verloren, vor allem aber jene Orte, an denen sie ihre Stärke zurückgewinnen konnten. Leider versteht man das erst, wenn man auf die Dreißig zugeht, wenn man Familienwerte plötzlich anders betrachtet und Wert auf alles zu legen beginnt, was die Vorfahren mit Liebe zusammengetragen haben. Das Wissen um die eigene Familiengeschichte verleiht Kraft, wenn man die schlafende Macht der Vorfahren zurückgewinnt. Ich ging die Treppe hinauf und blieb wieder vor dem Gemälde der Fürstin Renar stehen.

»Was meinst du, war es richtig, Matvej zu verlassen?«, fragte ich meine Urgroßmutter im Stillen. Ihre großen türkisblauen Augen schauten mich scharf und nachdenklich an, und nur ihre zwei kleinen Grübchen in den Wangen ließen sie ein ganz klein wenig verschmitzt wirken. Meine Urgroßmutter antwortete nicht, aber schon zu wissen, dass sie einst dieselben Zweifel erlebt hatte, machte mir Mut.

Am Morgen traf ich dann den neuen Eigentümer des Hotels. Antoine war ein schlanker, aber zäher Franzose mit grünen Augen und dichten Wimpern, der mehr wie ein Skilehrer als ein Hotelbesitzer wirkte. Er sah meinen überraschten Blick, lächelte und erklärte, er sei früher Skilehrer gewesen, dann für einige Jahre nach Australien gegangen und habe bei seiner Rückkehr dieses Haus gekauft und zu einem Hotel umgebaut.

»Leider war fast die ganze Einrichtung verkauft worden oder verloren gegangen, als ich es erwarb; wir haben vieles nach alten Fotografien restauriert, aber ich glaube, ich habe die Jugendstilatmosphäre wieder ganz gut hinbekommen.« Antoine war offensichtlich sehr stolz auf seine Leistung.

»Ja, da haben Sie wirklich etwas sehr Bemerkenswertes erreicht. Ich kann mir gut vorstellen, wie viel Zeit, Energie und Geld Sie da hineingesteckt haben«, lobte ich ihn. Dann erzählte ich ihm von dem wahren Grund meiner zweiten Reise nach Chamonix. Er musterte mich und kam zu demselben Schluss wie ich:

»Sie sehen wirklich wie Ihre Urgroßmutter aus. Wissen Sie«, er lächelte scheu, »als ich ihr Gemälde zum ersten Mal sah, dachte ich gleich, sie sei eine Frau, die ich gerne kennengelernt hätte, und ich habe sehr bedauert, dass sie bereits seit hundert Jahren tot ist. Selbst in meinen kühnsten Träumen hätte ich nicht geglaubt, dass ich ihr eines Tages sozusagen doch noch begegnen würde«, fuhr er leise fort.

Ich senkte verlegen den Blick.

»Ich hoffe, dass ich ihr nicht nur im Äußeren gleiche«, erwiderte ich genauso leise.

»Dann würden Sie sicher gerne etwas über sie erfahren.« Antoine erhob sich vom Tisch und ging voran. Ich folgte ihm neugierig. Wir kamen in den zweiten Stock und betraten das Büro. Die gebeizten französischen Möbel konnten sogar ein sachliches Büro in einen hellen, luftigen Raum verwandeln. Ein kleiner Tisch mit geschwungenen Beinen, ein Kamin aus weißem Marmor, offene Regale voller Bücher in mehreren Sprachen und das Bild mit der vierblättrigen Mohnblüte über dem Kamin ließen mich glauben, ich sei ins

Boudoir der Fürstin Renar getreten. Ich stellte mir vor, wie schön es sich auf dem karamellfarbenen Ledersofa liegen musste, um ein Buch zu lesen oder den Mont Blanc zu bewundern.

Während ich so vor mich hinträumte, war Antoine an den eleganten Sekretär herangetreten und hatte ein Diadem aus altersdunklem Silber herausgeholt. »Hier habe ich eine Überraschung für Sie!«, sagte er feierlich und überreichte es mir. »Als ich hörte, dass Sie sich für die Fürstin Renar interessieren, erinnerte ich mich wieder daran, und ich glaube, Sie möchten es bestimmt gerne haben.«

Mit zitternden Händen nahm ich das antike Diadem und blickte sprachlos auf diesen Schatz, den ich für immer verloren geglaubt hatte.

1904 Ich schwieg immer noch erinnerungsverloren. Wieder erinnerte ich mich an alle meine Begegnungen mit Mark, alle Zärtlichkeiten, allen Schmerz, alle Verrücktheit meiner Liebe und daran, was ich dank meiner Tante über weibliche Energie gelernt hatte, über die Zustände der Liebhaberin, des Mädchens, der Geliebten und der Königin. Mir war, als habe ich gerade erst die Grundschule beendet und als lägen noch viele Möglichkeiten vor mir, mich zu vervollkommnen. Und je vollkommener ich würde, desto größer wäre auch die Belohnung, die mich am Ende erwartete.

»Wenn Mark dich wirklich für immer haben wollte, würde er sich nicht so einfach geschlagen geben«, brach meine Tante das Schweigen. »Er würde dich mit Briefen bombardieren oder dich mit Gewalt nach St. Petersburg entführen. Aber er hatte sich in Wirklichkeit bereits entschieden. Du hast nur die Quälerei verlängert«, erklärte sie ernst. »Manchmal hilft nur eine Amputation, damit der Patient überlebt!«

»Liebe Tante, warum sind meine Entscheidungen so wichtig? Kann ich nicht die Archetypen studieren und gleichzeitig mit Mark zusammenleben?« Ich versuchte einen Ad-hoc-Kompromiss, um das Unausweichliche hinauszuzögern.

»Nein. Während dein Herz und dein Verstand sich mit ihm beschäftigen, bist du für andere Männer unerreichbar. Sie spüren, dass du bereits vergeben bist. Es wird Zeit für drastische Schritte«, sagte meine Tante. »Wir müssen amputieren!«

»Was denn?«, fragte ich ängstlich.

»Deine alberne Zuneigung.« Meine Tante war unerschütterlich.

»Steh auf und stell dir vor, dass an der Stelle deines Dritten Auges ein Lichtstrahl hervorbricht, der ein Bild Marks aus der Dunkelheit holt. Siehst du das vor dir?«

»Ja«, erwiderte ich.

»Jetzt führe mit deiner rechten Hand schneidende Bewegungen von oben nach unten und von rechts nach links aus, mit denen du diesen Lichtstrahl durchtrennst und so Marks Bild aus deinen Gedanken entfernst. Wiederhole diese Bewegungen drei Mal.«

Ich wiederholte sie und sah mit meinem inneren Auge, wie Marks Bild zu schmelzen begann.

»Jetzt stell dir vor, dass der Lichtstrahl aus deinem Herzen kommt und leuchtet, wie in einem Moment, als ihr Zärtlichkeit füreinander empfunden habt.«

Ich stellte mir den Augenblick vor, als Mark mich in der Schneefestung getröstet hatte.

»Führe dieselben Schneidebewegungen nochmals aus und durchtrenne auch diese Verbindung«, befahl meine Tante. Ich schnitt die Verbindung durch und fühlte, wie etwas aus meiner Brust herausgezogen wurde.

»Und jetzt stell dir einen Lichtstrahl vor, der aus deinem Solarplexus herausdringt und aus der Dunkelheit einen Moment holt, in dem du dich um Mark gekümmert und ihn umsorgt hast.«

Ich erinnerte mich daran, wie ich Borschtsch für Mark gekocht hatte, und durchtrennte auch diese Verbindung.

»Und jetzt stell dir einen Lichtstrahl vor, der aus deiner Magengrube dringt und dein leidenschaftlichstes Erlebnis mit ihm beleuchtet.«

Ich dachte an unsere erste Nacht, durchlebte noch einmal die Lust und die Leidenschaft und durchtrennte mit großem Bedauern auch diese Verbindung. Ich stand eine Weile still, spürte meinen Empfindungen nach und merkte plötzlich, dass ich mich in die Luft erheben wollte, als sei ich jetzt von den Ketten befreit, die ich mir selbst angelegt hatte.

»Jetzt bin ich bereit für neue Entdeckungen«, sagte ich zu meiner Tante.

2004 »Jetzt bin ich bereit für neue Entdeckungen.« Das war alles, was ich sagen konnte, als ich das Diadem betrachtete und an die alte Legende dachte. Ich wandte mich Antoine zu und lächelte. »Und der interessanteste Teil hat wohl gerade erst begonnen.«

»Ja, das Interessanteste ist immer die Zukunft«, stimmte Antoine zu. »Oh«, fiel ihm plötzlich ein, »ich habe ja noch etwas für Sie. Heute sind fünf Russinnen eingetroffen und haben mich gebeten, Ihnen eine Einladung zu einer Veranstaltung zu geben.«

»Eine Einladung?« Ich war überrascht. »Ich dachte, die Veranstaltungen hier seien immer für alle Gäste offen, und ich kenne hier ja niemanden, der mich eigens einladen könnte. Ich erwarte auch niemanden.«

Antoine führte mich in die Halle zum Rezeptionstisch und überreichte mir einen Umschlag. Als ich ihn öffnete, fand ich darin die offizielle Einladung zu einer Veranstaltung, die sich »Die Geburt der Frau im Tanz der Elemente« nannte, gedruckt auf wertvollem silbernen Papier. Ich zuckte interessiert und neugierig die Schultern und sah ungeduldig dem angegeben Zeitpunkt – zwanzig Uhr – entgegen.

Als ich am Abend in die Halle hinunterkam, traf ich unerwartet auf Aruna.

»Woher hast du gewusst, dass ich hier bin?«, war meine erste Frage an sie.

»Ich habe Marina angerufen; sie wusste, wo du zu finden bist«, erwiderte Aruna. »Wir müssen los, die anderen warten schon.«

»Wer denn?«

»Die Priesterinnen der Elemente«, erwiderte Aruna unerschütterlich. Ich wusste immer noch nicht, ob das ein Scherz sein sollte oder ob sie es ernst meinte. »Geh in dein Zimmer und hole das antike Diadem, du wirst es brauchen.«

Ich fragte nicht, woher sie davon wusste, sondern entschloss mich, alles so zu nehmen, wie es kam. Also holte ich das unschätzbare Stück.

»Gib es fürs Erste mir«, befahl Aruna und lächelte besänftigend, als sie mein Zögern bemerkte. »Du bekommst es wieder, keine Sorge. Noch niemandem ist es gelungen, alle Steine zu sammeln«, fügte sie noch hinzu, um mich zu beruhigen, und wir verließen das Hotel. Wenige Minuten später erreichten wir einen verlassenen Garten und gingen auf ein verfallenes Gebäude zu, das einen deutlichen Schwefelgeruch ausströmte.

»Wo sind wir hier?«, brach ich das Schweigen.

»Vor langer Zeit gab es hier eine Heilquelle. Sie wird nicht mehr benutzt, aber die Kraft und Energie sind dem Ort geblieben«, erklärte Aruna. Plötzlich flammte rund um das Gebäude ein Kreis von Fackeln auf und verwandelte es in einen mystischen Tempel. Musik setzte ein, Aruna nahm meine Hände und führte mich nach drinnen. In der Mitte sah ich einen tiefen Brunnen, um den vier Mädchen in blauen, gelben, roten und grünen Kleidern standen. Die Gewänder glichen jenen, die meine Urgroßmutter beschrieben hatte.

Ich fühlte mich unwohl in meinen Jeans und dem Sweater. Aruna spürte das und überreichte mir ein weißes Kleid, dazu eine schöne, aber leere Schachtel und nahm meine Kleidung mit sich, als sie verschwand. Die Musik wurde lauter und das Mädchen im grünen Kleid, die Priesterin des Elementes Wasser, begann den Tanz. Sie wirkte geradeheraus und direkt. Sie hatte keine Angst, lächerlich und fröhlich zu wirken. Ihr Tanz war freudig. Sie gab sich ihm ganz hin; sie tanzte für sich selbst und gestattete den anderen, sie zu bewundern. Sie verkörperte die Lust am Leben und am Begehren, die sie mit der ganzen Welt teilen wollte. Ich gesellte mich zu ihr und bemühte mich, genauso fröhlich zu tanzen wie sie. Ich fühlte mich wie ein sorgloses und verspieltes Mädchen. Dann endete die Musik, das Mädchen im grünen Kleid hörte auf zu tanzen und reichte mir einen Saphir.

»In diesem Stein ist der Geist des Elements Wasser. Wasser gibt dir emotionale Autorität. Nimm ihn und herrsche über die Herzen der Männer, so wie du diesen Stein besitzt«, sagte sie und verschwand. Ich hielt den Stein in den Händen, wusste aber nicht, was ich damit tun sollte. Da fiel mir das Kästchen ein, und ich legte den Stein sorgfältig auf den weichen Samt, mit dem es ausgeschlagen war.

Das schlanke Mädchen mit dem goldgelben Kleid trat näher. Ihr Tanz war besonnen und ruhig, gemessen und gründlich. Ihre Schritte waren wie ein Stampfen und wurden immer kräftiger. Ich versuchte, mich dieser Energie anzupassen, fand es aber schwierig, mit ihr zu verschmelzen. Deshalb war ich erleichtert, als das Mädchen im goldenen Kleid aufhörte zu tanzen und mir einen Smaragd reichte.

»In diesem Stein ist der Geist des Elementes Erde. Die Erde gibt dir physische Autorität. Nimm diesen Stein und beherrsche die Körper der Männer genauso, wie du diesen Stein besitzt«, sagte das Mädchen im goldgelben Kleid und löste sich in der Dunkelheit der Nacht auf.

Sobald ich den Stein in mein Kästchen gelegt hatte, lief das Mädchen mit der knabenhaften Figur in dem blauen Kleid nach vorne. Sie sah mutig und ungerührt aus, befehlsgewohnt und selbstsicher. Ihr Tanz erinnerte mich an den Tanz der freiheitsliebenden Amazonen, er war energisch und schnell. Ich fiel in den Tanz ein, aber es gelang mir nicht, den Rhythmus zu finden und in diesen Zustand einzutauchen. Mit der Zeit aber erinnerte ich mich an die Methoden, in den Zustand der Königin zu gelangen, und folgte den fordernden und unabhängigen Rhythmen.

Als der Tanz endete, überreichte mir das Mädchen einen Diamanten und sagte: »In diesem Stein ist der Geist des Elementes Luft. Er gibt dir geistige Autorität. Nimm diesen Stein und besitze den Willen und Geist der Männer ebenso, wie du diesen Stein besitzt.«

Dann verschwand das Mädchen im blauen Kleid. ›Jetzt muss noch die Priesterin des Feuers kommen‹, dachte ich, und schon flammte ein Feuerwerk um mich herum auf. Während ich die bunten Flammen bewunderte, begann auf einer steinernen Brunnenabdeckung ein Feuer zu brennen. Die unsichtbare Musik wurde noch lauter, und plötzlich erschien das dunkelhaarige Mädchen mit dem roten Kleid.

»Stell dir vor, dass die Flammen deinem Leidenschaftszentrum entspringen, und wiederhole alle meine Bewegungen!« Sie warf ihr Kleid ab, legte sich die Hände auf die Magengrube und stand nackt da. Nur der rotgoldene Gürtel schmückte ihre Hüften.

Trommeln setzten ein und die Priesterin des Elementes Feuer begann ihren Tanz. Ihre Hüften wanden sich wie Feuerzungen in Kreisen und Achten. Der Rhythmus wurde schneller und sie begann die Hüften vor- und zurückzustoßen, als ob sie mit dem Feuer einen Liebesakt vollziehe. Ihre Füße standen fest auf dem Boden. Beim Einatmen schob sie die Hüften gegen die Flammen vor und zog sie beim Ausatmen zurück. Allmählich erfasste der Rhythmus auch mich und, bereits halb in Trance, wiederholte ich ihre Bewegungen und versuchte, mich mit der Flamme zu verbinden. Ich war so in meine Bewegungen vertieft, dass ich nicht bemerkte, wie ein nackter Mann neben die Priesterin trat.

Nur ein Lendenschurz bedeckte seine Blöße. Er war groß und sehnig. Er strahlte eine animalische Leidenschaft und urtümliche Kraft aus. Er stand der Priesterin gegenüber und begann, ihre Bewegungen in entgegengesetzter Richtung auszuführen; beim Einatmen zog er seine Hüften zurück und beim Ausatmen schob er sie vor. Die beiden bewegten sich in vollkommenem Einklang miteinander und näherten sich einander an. Ich hielt verzaubert von der Schönheit und Koordination dieser Bewegungen inne. Wieder näherten sie sich einander langsam und verschmolzen nach kurzer Zeit miteinander, wobei sie ihre Bewegungen fortsetzten. Nun begannen sie, sich langsam wieder voneinander zu lösen, und plötzlich wandte der Mann sich einladend mir zu, um das Ritual mit ihm zu wiederholen. Eine kraftvolle Welle ging von ihm aus, der ich nicht widerstehen konnte. Voller Scheu bewegte ich mich auf ihn zu und wagte nicht, den Blick zu heben. Er kam auf mich zu, hob mein Kinn und sah mich mit einem Blick an, der dunkel vor Leidenschaft war. Ich ergriff seine ausgestreckte Hand und fiel in seine Bewegungen ein.

Ich sah ihm in die Augen und langsam erfassten mich Rhythmus und Geräusch seines Atems, und als ich seine Körperwärme spürte, durchströmte mich ein tiefes Vertrauen. Fordernd und kraftvoll drängte er sich an mich, und eine Zeit lang bewegten wir uns in einem gemeinsamen Rhythmus, als seien wir miteinander verschmolzen. Durch den Stoff unserer Kleider hindurch spürte ich seine Erregung. Ich erschauerte vor Verlangen. Die Musik wurde leiser, als er mich losließ und mit dem Gesicht zum Feuer drehte, wobei er meine Schultern umarmte. Das Mädchen mit dem roten Gürtel trat auf mich zu und reichte mir einen Rubin.

»In diesem Stein ist der Geist des Elementes Feuer. Er gibt dir sexuelle Autorität. Nimm ihn und besitze das Begehren der Männer, so wie du diesen Stein besitzt.«

Und das rote Mädchen verschwand. Ich stand vor dem Feuer, hielt das Kästchen mit den Juwelen und wusste nicht, was ich als Nächstes tun sollte. Wieder erschien Aruna mit den vier Priesterinnen, die feierlich auf einem goldenen Tablett mein Diadem hereintrugen. Erstaunt sah ich, dass die vier Steine genau in die vier Fassungen des Diadems passten. Die Priesterinnen stellten sich um mich herum auf und schlossen den Kreis. Die linke Hand mit der Handfläche nach oben ist die gebende Hand; die rechte Hand mit der Handfläche nach unten ist die nehmende Hand. Aruna sprach mit tiefer Stimme: »Feuriges Magma aus dem Zentrum der Erde tritt in unsere Füße ein und steigt auf bis in unsere Gebärmutter, von oben tritt der transparente, leuchtende und leichte Energiestrom des Universums durch unsere Handflächen ein und sinkt hinab in unsere Gebärmutter. Im Verschmelzen bilden diese beiden Ströme einen Strudel. Der Strudel steigt höher und höher und erreicht allmählich unsere Fingerspitzen und verschmilzt zu einem einzigen Strom weiblicher

Energie. Durch diesen Energiestrom sind alle Frauen der Welt miteinander vereint, alle, die vor uns gelebt haben, alle, die jetzt leben, und alle, die nach uns leben werden.«

»Die Zeit der Verwandlung ist gekommen«, sagte Aruna und setzte mir das Diadem auf. »Ich gratuliere dir, du hast alle Kreise weiblicher Macht durchlaufen. Jetzt solltest du dieses Wissen an andere weitergeben. Wenn du weitere vier Steine erhalten hast, wirst du würdig sein, die Weisheit und Macht der wahren Frau in der Welt zu verbreiten.«

Über die Autorin

Die russische Autorin Larisa Renar ist Psychologin und Biologin. Sie hält regelmäßig Vorträge über die Psychologie des Stresses auf internationalen Kongressen. Vor fünf Jahren gründete sie in Russland die *Academy of the Private Life*, wo sie Frauen in die Energie der Elemente und die Geheimnisse der Verführung einweiht.

Weiterführende Informationen zu
Büchern, Autoren und den Aktivitäten
des Silberschnur Verlages erhalten Sie unter:
www.silberschnur.de

Natürlich können Sie uns auch gerne den
Antwort-Coupon aus dem beiliegenden
Lesezeichenflyer zusenden.

Ihr Interesse wird belohnt!

192 Seiten, broschiert
ISBN 978-3-89845-393-6
€ [D] 14,95

Gabriele~Saskia Drungowski

Das Beste für dich
Der Weg vom Unbewussten zum Bewussten

Öffnen Sie die Tür zu Ihren innersten Räumen, in denen Sie Erstaunliches über sich selbst und Ihre Beziehungen erfahren. Dieses Wissen hilft Ihnen, sich selbst wahrhaft zu erkennen und zu verstehen, dass Sie verantwortlich für Ihr Leben sind. Mit diesem Verständnis können Sie nicht nur Ihr eigenes Leben in die Hand nehmen, sondern auch die Welt verändern.

Die praktischen Anleitungen, Übungen und Meditationen in diesem Buch unterstützen Sie zu begreifen, wer Sie eigentlich sind. Dank dieses Wissens stehen Sie am Anfang einer ungeahnt tiefen Bewusstheit, die alles umfasst, was Sie für Ihr Leben und Ihren eigenen Weg benötigen.

296 Seiten, broschiert
ISBN 978-3-89845-469-8
€ [D] 16,95

Usha Gönnawein

33 kosmische Gesetze zum Verstehen des wahren Seins

Usha Gönnawein macht Sie mit den 33 kosmischen Energiegesetzen vertraut und gibt Ihnen die Möglichkeit, die Neue Energie zu erkennen, zu deuten und anzuwenden. Die geistigen Gesetze dieses Buches helfen Ihnen zu begreifen, warum Sie hier sind, wie Sie sind, was Sie noch lernen dürfen und wie Sie das Gelernte anwenden können, damit Sie als Mensch Ihre Göttlichkeit erkennen.

Weit mehr als ein Ratgeber oder ein Übungsbuch, beflügelt Sie dieses Bewusstseinsbuch behutsam zu einem neuen Verstehen Ihres wahren Seins – für ein leichteres und zufriedeneres Leben in Fülle!

152 Seiten, broschiert,
durchgehend farbig mit Abb.
ISBN 978-3-89845-267-0
€ [D] 16,90

Yves Réquéna & Marie Borrel

DelikatesSEX
Lust und Energie mit dem Tao der Liebe

Wissen Sie, dass man durch Sex länger und gesünder leben kann? Der erfahrene Arzt und TCM-Spezialist Yves Réquéna öffnet in diesem leicht verständlichen und reich illustrierten Buch die Schatztruhe zum uralten sexuellen Wissen der chinesischen Tradition und zeigt Methoden, um Lust und Begehren zu intensivieren.

DelikatesSEX ist der einfühlsame Schlüssel zu dieser hohen Kunst, den beide Partner brauchen, um sexuelle Erfüllung zu finden – im Einklang mit dem Tao der Liebe. Erkunden Sie die Finessen Ihrer Sexualität neu – einfühlsam und sinnlich!

Richard Webster

Magische Liebessymbole

Düfte · Edelsteine · Blumen · Farben · Tarot

Magische Symbole der Liebe und Romantik sind Ausdruck von Gefühlen und Emotionen. Von Perlen bis Granatäpfel oder von Wodka bis Venus – dieses Buch führt Sie durch die Geschichte der Liebesikonografie und verrät, wie Sie mit der kraftvollen archetypischen Energie der Symbole Ihr Leben mit Romantik, Leidenschaft und dauerhafter Liebe bereichern können.

Einfache Anleitungen zeigen Ihnen, wie Sie Ihr Liebesleben mit Hilfe dieser Sinnbilder durch Meditation, Traumarbeit und Zauberei auf eine neue Ebene heben können.

248 Seiten, broschiert
ISBN 978-3-89845-306-6
€ [D] 14,90

Allan G. Hunter

Die 6 Archetypen der Liebe

Vom Unschuldigen zum Magier

Die Rolle der Liebe im Leben verstehen – für viele ist das ein nur schwer greifbares Thema. Allan G. Hunter lädt Sie ein auf eine Reise zur Liebe, die sowohl Station macht bei den alten Weisheiten des Tarots wie auch bei Liebespaaren aus dem alltäglichen Leben. Er verknüpft gekonnt Popkultur mit mystischem Wissen und verrät Ihnen, wie unterschiedliche Liebestypen sich verhalten – sowohl innerhalb als auch außerhalb des Schlafzimmers. Erkennen Sie, wie Sie alle Facetten der Liebe ergründen können. Und entdecken Sie, wie Sie die Liebe finden und sie erfolgreich in Ihrem Leben halten.

336 Seiten, Klappenbroschur
ISBN 978-3-89845-385-1
€ [D] 18,95

Petra Schmidt-Decker

52 Verträge mit mir selbst

Das Geheimnis der Gewinner

52 VERTRÄGE MIT MIR SELBST wirken wie eine unerwartet positive Nachricht: Sie bekommen bereits beim Lesen gute Laune, werden zuversichtlich, strahlen aus, dass auch Sie das Gewinner-Gen in sich tragen. Dieses Buch zeigt Ihnen, wie Sie es aktivieren können.

Das lang gehütete Geheimnis, wie man Angst, Unsicherheit, Niedergeschlagenheit in Zuversicht, Optimismus, Lebensfreude, in Mut, Energie und Anerkennung umwandelt, wird hier zum ersten Mal gelüftet.

160 Seiten, broschiert,
2-farbig
ISBN 978-3-89845-302-8
€ [D] 14,90

160 Seiten, broschiert
ISBN 978-3-89845-413-1
€ [D] 12,95

Fritz Weber

Finde was dir dein Partner nicht geben kann

In unserer Partnerschaft sind wir oft gefangen in unerfüllten Sehnsüchten und benutzen einander, um uns scheinbar besser und glücklicher zu fühlen. Damit versuchen wir unbewusst, von der Energie des anderen zu leben, statt in uns selbst die wahre Quelle der Erfüllung zu finden und unser Lebensglück selbstverantwortlich in die Hand zu nehmen.

Fritz Weber lädt uns zu einer spannenden Wandlungsreise zu unserem eigenen, großartigen Potenzial an Liebe, an Glücksfähigkeit und damit auch an neuer Freude am Leben ein. Sein Buch ist kein üblicher Beziehungsratgeber, sondern ein Weg zur Heilung und Erfüllung unserer tiefen Sehnsucht nach Liebe.

272 Seiten, 4-fbg., gebunden
ISBN 978-3-89845-431-5
€ [D] 16,95

Hagen van Beeck

Zauber der Düfte

Gewinnung, Wirkung und Anwendung

Erleben Sie den Zauber der Düfte und entdecken Sie, wie Sie Duftmischungen für die perfekte Wohlfühlstimmung im Wohn- und Arbeitsbereich herstellen. Kreieren Sie Parfüms und Liebesdüfte und unterstützen Sie Ihre Schlankheitskur mit ätherischen Ölen. Hagen van Beeck präsentiert die Vielfalt der ätherischen Öle, ihre Heilwirkung und Psychologie, ihre Geschichte und astrologische Bestimmung sowie ihren mystischen Hintergrund. Erfahren Sie, warum Pflanzen ätherische Öle produzieren, wie die Öle aus den Pflanzen gewonnen werden und wie sie auf den Menschen wirken.

Viele praktische Ratschläge helfen Ihnen, Ihr Leben mit diesen wunderbaren Mitteln der Natur zu bereichern.

208 Seiten, 2-fbg., broschiert
ISBN 978-3-89845-470-4
€ [D] 14,95

Jessica Lütge

Liebe deine Kilos und du wirst schlank

Der spirituelle Weg zum Wohlfühlgewicht

Abnehmen ohne Diät und ohne Fitnessstudio? Ja!

In diesem Buch finden Sie keine Rezepte und auch keine anstrengenden Sportübungen. Trotzdem können Sie leicht, spielerisch und mit Spaß abnehmen. Sie erkennen die versteckten Ursachen Ihres Übergewichts und erfahren, wie Sie die überflüssigen Kilos loslassen können. Jessica Lütges Motivationsplan hilft Ihnen dabei, die schwierigen ersten Tage ganz ohne Stress und Heißhunger zu überstehen ... und anschließend wird Abnehmen immer leichter!

Erleben Sie Ihr Traumgewicht!